해상활동의 고고학적 기원과 전개

해상활동의 고고학적 기원과 전개

이청규 지음

| 차례 |

머리말

고고학은 과거 사람들이 남긴 물질자료를 통해서 그들의 생활상과 문화, 그리고 역사를 설명하는 것을 목적으로 한다. 그 대부분은 발굴과 지표조사를 통해서 육지에서 이루어진 사람의 활동을 설명한다. 그러한 고고학이 바다에서 이루어지는 사람의 활동을 설명하는 데에 일정한 한계가 있다.

선사시대의 경우 바닷가에 위치한 유적에서 발견되는 해양동물의 유체(遺體)와 어로 도구 같은 자료를 토대로 접근한 것이 있을 뿐으로, 이를 근거로 당시 사람들의 어로생활이 설명된다. 고대와 중세에 들어와 바다에 난파된 배에 대한 수중고고학의 발굴조사를 통하여 선박의 구조와 항해술, 그리고 해상무역에 대하여 집중적으로 논의된 바 있다. 패총과 난파선을 대상으로 한 연구 이외의 다른 분야에서는 총체적이고도 체계적으로 접근되지 못하였던 것이다.

따라서 고고학 자료로써 사람의 해상활동을 설명하는 경우 그 대부분 문헌기록이나 구전(口傳)을 통해서 알려진 내용과 조합할 수밖에 없다. 그렇게 문헌기록과 고고학 자료를 조합한 접근은 고고학자가 아닌 고대사학자들이 지금까지 주도하여 왔다. 최근에 들어서서 해상활동에 대한 고고학적 연구는 다른 분야와의 학제간(學際間) 협력을 도모하면서, 나름대로 그 연구대상과 방법이 세계 전 지역에 걸쳐서 체계를 갖추어야 한다는 목소리가 높아지고 있다.

영국 케임브리지대학의 맥도날드 고고학연구소에서 2007년에 개최되고 2010년에 그 성과가 출판된 〈세계 해상활동의 기원과 그 전개〉라는 주제의 학술대회를 살펴보면, 선박 건조와 항해기술, 조류, 바람 등과 관련된 해양환경, 주민 집단의 이동과 정주, 교역과 전쟁, 그리고 도서지역의 사회 발

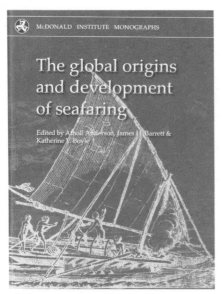

〈세계 해상활동의 기원과 전개〉 책표지
(케임브리지대학 맥도날드 고고학연구소, 2010)

전 등등과 관련한 세부주제를 제시하고 있다. 전 세계 각 지역에 걸쳐 다양하게 설명되면서도 이들을 서로 엮는 학문적 체계를 정립하기 위해서 나름대로 모색하는 모습을 살필 수 있었다.

이와 같은 총체적인 접근은 많은 학문적 노력과 경험이 필요한 것은 두말할 필요가 없다. 수중 환경에서의 고고학 연구조사의 방법에도 정통해야함은 물론이거니와, 생물유체나 해양지질 등에 대한 자연과학적 지식, 그리고 어로방법에 대한 민족지(民族誌)는 물론 무엇보다도 선박의 제작과 항해기술에 대한 충분한 이해가 있지 않으면 어려운 작업이다. 더 나아가 선적된 많은 유물, 특히 아시아와 유럽 지역의 고대 중세 난파선의 경우 도자기와 화폐에 대한 조예가 없으면 더욱 그러하다. 그러므로 각 분야에 대해 정통한 연구자들이 공동으로 참여하지 않으면 해양고고학과 관련하여 일정한 수준 이상의 성과를 내기 어렵다 하겠다. 더군다나 원거리 해상활동은 다수의 국가와 지역이 연계되어 있으므로 국제적인 네트워크가 절대 필요한 것이다.

그러므로 식견(識見)이 충분하지 않은 필자가 단독으로 이에 대한 소개를 시도한 것은 무리이다. 그럼에도 불구하고 감히 용기를 내어 일반인들은 물론 무엇보다도 육상의 고고학자들이 이에 대해서 관심을 가지게 할 목적으로 이 글을 준비하였다. 우리나라에서 그동안 산발적으로 이루어진 해양고고학 관련 조사연구 성과를 초보적이나마 인근 중국과 일본은 물론 세계의 다른 지역의 사례와 간헐적으로 비교하면서 묶어 정리하고자 한 것이다.

한반도와 그 주변을 둘러싸고 이루어진 해상활동에 대해서 설명할 수 있는 주제에 대해서 고고학적 맥락에서 정리하면, 크게 식량자원을 획득하는 어로경제, 외래 물자와 기술 정보의 유통, 교통 수단으로써 선박의 제작과 구조, 그리고 바다로 둘러싸인 도서지역의 사회 등으로 나누어 볼 수 있다.

우선 어로경제 활동에 관련해서는 우리나라에서는 어로도구, 식량자원에 대한 연구가 기본을 이룬다. 후자는 대개의 경우 해안도서 지역에 형성된 패총의 발굴을 통해서 획득된 동물자원의 동정(同正)에 대한 연구가 기초를 이룬다. 어로활동은 바다에 서식하는 생물을 획득하는 작업으로서 해수(海獸)나 대형 어족일 경우와 소형의 어류일 경우 동원되는 기술은 각기 다르다. 무엇보다도 도구가 다르며, 이에 대해서는 다른 주제보다 고고학적인 조사를 통해서 쉽게 접근될 수 있다.

그러한 어로활동은 오늘날에 이르기까지 그 기술이 지속 발전하여 왔는데, 지금까지 고고학 자료를 통해서 보다 중점 두어 설명하는 것은 그 초기 단계인 신석기시대이다. 동 시대에 농경을 통해서 획득되는 식량자원이 많지 않고 상당부분 어로자원에 의존하기 때문이다. 앞서도 지적하였다시피 이에 대해서는 생물유체와 어로도구를 통해서 설명되고 있지만, 울산 반구대의 사례로 대표되듯이 고래 등의 해양서식 동물과 이를 포획하는 데에 동원되는 선박 등이 표현된 암각화를 통해서도 접근될 수 있는 것이다.

한반도와 부속도서의 원시고대 주민의 해상이동은 크게 그 이동거리에 따라서 근거리와 원거리 등으로 나누어 볼 수 있다. 대체로 절대적 거리를 따져서 구분할 수도 있지만, 한편으로는 해상루트 상에서 출발지와 목적지 또는 경유지가 육안으로 관찰되는지 혹은 징검다리가 있는지 여부가 또한 중요한 기준일 수도 있겠다. 단순히 거리로 따질 경우 대체로 50~60km가 그 경계가 될 수 있는데, 그것은 한낮에 이동할 수 있는 최대

거리인 것이다. 여하튼 절대거리를 기준으로 할 경우 원거리는 서해를 통한 중원지역, 동해를 통한 울릉도, 남해를 통한 제주도와 오키나와, 그리고 대한해협을 통한 일본 규슈지역과의 이동거리를 들 수 있다. 근거리는 물론 한반도 근해의 해안 또는 도서간의 이동거리가 해당된다.

이처럼 이동거리와 관련해서 설명할 경우 무엇보다 중요한 것은 지금으로부터 6천년 이전 신석기시대 초기 혹은 구석기시대의 해상 환경에 대한 이해이다. 잘 알려지다시피 이 시대는 플라이스토세 후기와 홀로세 초기로서 추운 기후에 빙하가 발달하거나 해빙하기 시작하는 무렵으로서 해수면이 지금보다 낮아 해상거리가 훨씬 좁거나 연륙(連陸)되어 있는 경우가 많다. 따라서 당대 해상거리가 지금보다 짧은 사실에 주의해야 한다.

해상이동을 살피기 위해서는 출발지와 도착지에서 발견되는 상호 유사한 유물을 살피는 것이 그 토대가 된다. 신석기시대의 경우 석기와 토기가 그 증거로 제시되지만, 청동기시대 이후에는 금속유물이 제시되기도 한다. 이들 유물은 원산지, 제작지가 소비지와 각각 다를 수도 있는데, 후자의 경우 더욱 그러하다. 구신석기시대의 경우 특히 흑요석과 관련해서 세계 전 지역에서 그 원산지를 추적하여 동 시기부터 해상이동의 증거로 삼는 경우가 많은데 우리나라도 마찬가지이다.

고대 이후가 되면 그러한 해상이동과 관련된 제품으로서 특히 주목되는 것은 그 제작기술의 특이성과 난이도 때문에 제작지가 비교적 명확하게 알려진 도자기이다. 특히 중세에 이르면 대규모로 선적하고, 그에 담긴 내용물이 받는 사람의 이름과 연대가 적힌 명문(銘文) 자료와 함께 발견되는 경우가 적지 않아, 그 유통과 관련한 도자무역 연구에 많은 정보를 제공하고 있다. 또한 선사시대와 달라서 그 구체적인 내용이 문헌기록을 통하여 설명될 수 있다.

한편 바다를 건너 주민의 이주와 정착이 이루어지는 경우 그들의 주거 가옥이나 무덤 양식을 통해서 간접적으로 설명할 수 있는 사례도 있다. 그것은 주거와 무덤의 양식이 일정집단마다 전통적으로 유지된다는 사실에 근거한다. 단순 모방의 사례도 전혀 없지 않음을 주의해야 하는 바, 백제 무령왕릉의 무덤양식이 그 대표적인 사례라 하겠다.

항해를 함에 필요한 수단은 두말할 것도 없이 선박이다. 선박에 대해서 고고학적으로 발굴조사되어 그 실물이 알려진 가장 많은 사례는 한반도 서해안 해역에 침몰된 13~14세기의 고려시대 난파선이다. 이 자료를 통하여 연안항로를 따라 운행한 내국 교역선은 물론 중국과 일본을 왕래한 외국 무역선의 실체를 제대로 파악할 수 있게 되었다. 우리나라에서 바다속의 난파선을 조사하는 이른바 수중고고학의 발굴 성과는 적지 않게 축적되어 있다. 이에 대해서 다 아는 바처럼 〈국립해양문화재연구소〉가 주도하고 있는데, 그 성과를 신속하고도 꾸준하게 소개하고 있어 이 글을 준비하는 데에도 큰 도움이 되었다.

해양선박 실물자료로서 최근에 신석기시대의 통나무배 사례도 있으므로 이에 대해서도 소개하고자 한다. 청동기시대부터 역사시대 초기에 이르는 고대의 선박이 발굴된 사례는 전세계적으로 적지 않으며, 이웃 중국과 일본에서도 다수의 사례가 있다. 삼국시대에 들어서서는 당시 실물을 모방한 토제품(土製品)이 또한 다수 출토된 바 있어 이를 통하여 간접적으로나마 당시의 선박 모양을 파악할 수 있다. 또한 중국과 일본에서도 고대의 토제 모형품의 사례가 다수 출토하여 상호 비교가 가능한 바, 초보적이나마 이와 관련해서도 설명하고자 한다.

풍력을 이용한 범선의 등장은 전 세계적으로 해상이동 수단의 혁신으로 평가된다. 우리나라에서 다수가 발굴된 12~14세기의 난파선도 그 대부분이 범선으로서 세부적인 배의 구조는 선박의 용도와 해상지리의 환경에 따라 다른 바, 실물 사례를 중심으로 그 구조를 살펴보고자 한다. 선박의 항해와 관련해서 중요한 고고학적 시설 유구(遺構)는 당대 포구 시설과 제사 유적이다. 최근에 삼국시대와 통일신라시대에 해당하는 사례가 서해안

과 제주도 등지에서 발굴조사된 바 있으므로 이를 간략하게나마 살필 것이다. 가까운 일본에서는 한반도로 이어지는 해상루트 한 가운데에 오키노시마[沖ノ島] 섬이 있어 고대의 오랜 기간 항해 안전을 위한 제사가 이루어졌는 바, 이에 대해서도 간단히 살펴보고자 한다.

해양에 둘러싸여 해상의 교류와 활동이 지역문화와 사회의 발전에 직접적으로 연결되는 도서지역에 대해서는 관계적 위치, 그 크기와 자연환경 등과 주민들과의 관계를 주제로 한 학제간의 연구가 서구에서는 활발하다. 단순공동체로부터 문명국가에 이르기까지 다양한 도서 사회의 대외교류활동과 사회적 관계에 대한 설명이 고고학적 증거를 통해서 이루어지고 있다. 지중해의 크레타 섬이나 사이프러스와 같은 문명 중심지역 도서, 남서태평양의 통가나 하와이에서 확인되는 족장사회단계의 도서, 알류산열도 근처에서 해상동물의 포획을 통해서 꾸려나가는 단순사회의 도서 등 각기 다른 입지와 규모의 도서사회에 대한 설명이 바로 그것이다.

한반도연안에서는 해안에 인접하고 신석기시대부터 일정규모 이상의 인구집단이 거주한 도서가 많이 있지만, 고고학적으로 체계적인 설명이 제대로 이루어지고 있지 않음은 다 아는 사실이다. 그러한 맥락에서 고대사회에 소국 수준의 형성과 발전을 고고학적으로 살펴 볼 수 있는 좋은 사례가 울릉도와 제주도인 것이다. 두 섬은 그 입지상 해상루트의 중간지점으로서 기능을 하고 있지 못하다. 얼핏 보면 전자는 동해의 한가운데 후자는 동중국해상의 한가운데에 있어 교역거점으로서 기능할 것처럼 이해되지만, 그러나 인접하거나 중계하는 대륙과의 지리적 관계가 그러한 역할을 하기가 어렵다. 이와는 대조적으로 인접한 해상에 있으면서 해상루트의 한가운데에 징검다리 역할을 도서로서 오키나와가 있다. 이들 세 섬의 사례를 중심으로 하여 도서지역에서의 사회발전 과정과 대외교류를 고고학적으로 설명하고자 한다.

이러한 해상활동 각론에 들어가기에 앞서 그 무대인 한반도를 둘러싼 해양환경을 제대로 이해하는 것이 중요하다. 우선 한반도 3면으로 그 활동의 거점이 되는 해안과 도서지역의 자연환경을 살필 것이다. 또한 우리와 다른 문화권인 중국 대륙, 일본열도와의 원거리 항해를 이해하는데 필요한 지리적 환경을 살피고자 한다. 또한 선사시대의 경우 플라이스토세에 지금보다 훨씬 추워 해수면이 지금보다 100m 이하로 내려가 3면의 바다 상당 부분이 육지일 경우가 있는 등 지금과 해양환경이 전혀 달라, 이를 무대로 한 인간의 활동 또한 다를 수 밖에 없음을 이해하여야 한다.

원시적인 항해기술로써 장거리 항해가 이루어진 남서태평양, 몬순 계절풍을 이용한 해상무역이 일찍이 발달한 인도양, 많은 섬들이 가시거리(可視距離) 안에 있어 근거리 항해를 통해서 문명사회를 이룩한 에게 해, 고대 해상민족들의 활동으로 널리 알려진 북유럽 해 등등, 각기 다른 곳의 사례를 제대로 숙지할 때, 한반도를 둘러싼 해상활동을 제대로 파악할 수 있는 것이다.

1부

세계의
해상활동과
바다환경

1장
세계의 해상환경과 항해

논의 주제

해상활동의 무대가 되는 바다는 지구 면적의 반을 차지하고 있다. 육지와 달라서 바다는 식량자원을 제공하고 있기는 하나, 정착이 불가능하고, 이동하는 공간이다. 장기간 정착하거나 휴식할 수 있는 공간은 해안내륙이나 도서지역임은 물론이다. 세계의 바다는 동일한 높이로 모두 이어져 있음에도 대륙과의 거리와 도서의 분포 등이 달라서 각기 다른 해상활동을 보여주는 조건으로 작용한다. 게다가 해상 공간에서의 이동은 조류의 방향이나 바람에 의해서 크게 영향을 받는다. 이처럼 바다와 관련된 여러 요소들이 전세계 각 수역 별로 각기 다르게 결합되고, 그것이 각기 고유한 해상활동을 보여주는 일차적인 배경이 된다 하겠다.

세계 전 지역에서 이루어진 해상활동의 역사를 설명하는데 여러 관점이 있지만, 돛을 달아 바람을 이용한 선박의 등장이 언제 등장하였는가에 중점을 둔 것이 널리 알려져 있다. 오스트레일리아의 고고학자 앤더슨(Atholl Anderson)은 그림 또는 실물 등의 고고학 자료 혹은 문헌 기록을 통하여 범선이 언제 운항되기 시작하였는가에 따라서 전 세계 바다를 크게 6개 구역

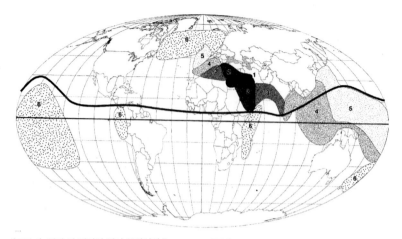

〈그림 1〉 세계 각 해역의 범선 등장시기 (A. Andrson, 2010)
(1:5,500–5,000BP, 2:4,500BP, 3:4,000BP, 4:3,000BP, 5:2,000BP, 6:1,000BP)

으로 구분한 바 있다〈그림 1〉.

5,500~5,000년 전에 최초의 범선이 활동한 제1단계 수역은 이집트와 메소포타미아 문명권에 인접한 지중해 동부로서 고대문명이 본격적으로 등장할 무렵에 범선이 적극 활용된 수역이다. 그 다음 2단계 수역은 4,500년 전에 그 주변인 아드리아해와 에게해, 그리고 페르시아해와 홍해로서, 동부 지중해 문명권이 형성되면서 동부아프리카와 이란남부 지역으로 무역이 활발하게 이루어진 구역이다.

3단계는 4,000년 전에 해당되는데 이란 남부와 인도 서부를 아우르는 인도양 수역, 다음 4단계는 3천년 전으로서 태평양 서부와 남부를 아우르는 수역이다. 후자 수역에서의 해상활동은 구석기시대까지 거슬러 올라가지만, 범선을 활용한 원거리 항해는 이 시기에 비로소 시작된 것으로 추정되고 있다. 지중해 서부연안 또한 이 단계에 비로소 범선이 등장한 것으로 이해된다. 2천년 전의 5단계에는 한반도 남부의 동중국해와 멜라네시아 해역, 그리고 영국과 프랑스 북부 사이의 북해와 발틱해 수역이 해당된다.

그리고 가장 늦은 단계인 1천년 전에 아프리카 동부 연안의 인도양 서부, 태평양 남부의 폴리네시아 수역, 스칸디나비아 반도 서부와 아이슬란드, 그린랜드를 연결하는 북대서양 북부에서 범선이 등장한 것으로 설명하고 있다. 그 이외의 수역인 카리브해, 아메리카 서부 연안과 아프리카 동부 연안 수역에서는 유럽의 대항해시대에 비로소 범선이 등장한다고 설명하였다. 이러한 설명은 새로운 조사 성과에 의하여 얼마든지 변경될 수 있다. 특히 중국과 한반도, 일본을 잇는 동아시아 수역에서 새로운 조사 성과가 기대되고 그에 따라 새로운 설명이 있을 수 있다. 그러나 전 세계적으로 전개되는 해상활동의 흐름을 이해하는 데에는 큰 무리가 없다고 하겠다.

중세의 대항해 시대 이전에 전 세계에서 확인되는 해상활동과 관련하여 고고학분야에서 대략 4~5개 수역에 대해서 상대적으로 더 많은 관심을 갖고 있다. 첫째로 들 수 있는 것이 태평양 서남부로서 이 수역에서는 구석기시대에 최초의 항해가 이루지고 원시항법으로 수백 km 이상의 바다를 현지주민이 이동한 증거가 있다. 두번째로 단순사회의 바다사람들이 고래 등을 포획하는 것으로 유명한 알류우산 열도와 북아메리카의 태평양 연안 수역이 있다. 세 번째는 인도양으로 동서양의 고대문명이 처음 해상을 통하여 교류한 수역이다. 네 번째는 지중해 수역으로 도서지역에서 초기문명이 형성되었을 뿐만 아니라, 고대에 무역과 전쟁이 가장 활발하게 전개되었으며, 다섯 번째 북유럽의 북해 주변 수역은 고대에 바이킹등의 해상민족의 활동한 공간으로 더욱 큰 고고학적 관심의 대상이 되고 있다.

이와 같은 전 세계 모든 해양수역에서의 활동을 동일한 수준과 관점에서 살피는 것은 불가능하다. 그러한 한계를 인정하면서 여기서는 한반도 주변의 해상활동을 이해하는데 필요한 최소한 수준에서 이에 대해서 설명하고자 한다. 설명의 상당부분은 앞서 소개한 바 있는 케임브리지대학 맥도날드 고고학연구소에서 출간한 〈The global origins and development of seafaring〉(2010)에 게재된 7편의 논문에서 발췌한 것이다. 또한 최근에 한국에서도 번역된 바 있는 브라이언 페이건(Braian Fagan)의 〈Beyond The

Blue Horizon〉(2012)에서도 상당부분 도움을 받았음을 밝혀 둔다.

Ⅰ. 남서 태평양 수역

이 수역을 살피는데 무엇보다도 먼저 설명되어야 할 것은 지금의 동남 아시아 여러 섬과 오스트레일리아 큰 대륙의 해상환경이다. 현재 아시아 대륙의 끝에 위치한 말레이 반도로부터 오스트레일리아 사이에는 많은 크고 작은 섬이 분포한다. 지금보다 해수면이 120m 이상 낮은 플라이스토세 후기에는 이들 대륙과 도서가 연륙되고 낮은 해저면이 육지를 형성하였다. 그렇게 하여 지금은 바다 밑으로 가라앉은 두 개의 대륙 순다(Sunda)와 사훌(Sahul)이 있음을 주의하여야 한다〈그림 2〉.

순다는 태국 남부의 동남아 해역이 전부 육지화된 것으로, 말레이 반도와 보르네오, 그리고 수마트라와 자바의 섬이 모두 연륙되어 조성되었다. 순다 대륙의 해안선은 동쪽으로 술라웨시 섬과 발리 섬에는 미치지 못하고, 그 사이에 해협이 형성되어 있다. 술라웨시와 발리 섬 서쪽을 잇는 경계에 대해서 미국 인류학자 버드셀(Birdsell)이 윌러스 선(Wallace Line)이라고 규정한 바 있는데, 그는 이 선이 인류는 물론 육상동물이 이주하는 경계라고 설명하는 바, 오스트레일리아는 물론 동쪽의 파푸아뉴기니아로 이동하고자 하는 인류가 첫 번째 마주치는 해상 관문이라고 할 수 있겠다.

순다가 동남아 내륙과 연결되는 구대륙이라면, 오스트레일리아와 연결되는 신대륙으로서 사훌이 있다. 이는 오늘날 북쪽으로 뉴기니아섬과 남쪽으로 오스트레일리아 사이에 형성된 토러스 해협과 카펀테리아만의 해저대륙이 드러나서 조성된 것이다. 플라이스토세의 언제부터 이 지역에 바닷물이 들어왔는지에 따라서 논의되는 해상활동의 내용이 달라지는 것은 물론이다. 또한 바다를 이루더라도 두 큰 섬 사이의 해협 거리, 그리고 해안 주변의 자연환경이 어 떠한지 살피는 것도 중요하 다. 이 수역에서 인류 역사 상 가장 이른 해상 이주가 있었다고 주장하는 것은 연 안 수역에 풍부한 어족자원 이 형성될 수 있는 망글로브 와 산호초가 서식하기 때문 이라고 한다. 구석기인들이 이들 수산생물을 포획하기

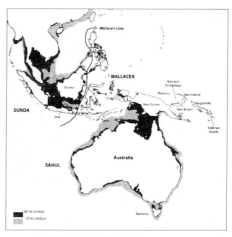

〈그림 2〉 순다와 사훌 대륙 (J.F. O'Connell 외, 2010)

위해 연안바다에서 활동하다가 이주하였다는 것이다.

이러한 순다와 사훌 대륙이 형성되었거나 해수면이 상승하여 얕은 바다 가 조성되기 시작하는 플라이스토세 말 홀로세 초기에 인류가 동남아에서 오스트레일리아로 건너갔는 바, 그 루트는 두가지가 있다고 하는 것이 버 드셀의 주장이다. 하나는 말레이시아 반도에서 보르네오 섬을 거쳐 술라 웨시, 그리고 뉴기니아를 경유하여 오스트레일리아 동북부로 가는 루트이 고, 다른 하나는 수마트라에서 쟈바, 롬복 그리고 티모르 섬을 거쳐 오스트 레일리아 북부 중앙 해안으로 가는 루트이다. 홀로세 이후에 가장 거리가 좁은 바다 사이는 후자로서 뉴기니아 남부와 오스트레일리아 북부의 토러 스 해협인데 그 거리는 150km 정도이다. 더욱이 이 해협 사이에는 여러 섬 이 있어 이동이 수월한 지역인 바, 그러한 이유로 뉴기니아의 구석기시대 주민들이 남긴 유적의 위치에 많은 관심이 주어지고 있다.

뉴기니아와 오스트레일리아까지 인류가 비교적 이른 단계에 해상 이주 하였다고 하지만, 그 동쪽의 태평양 수역에 분포하는 많은 도서지역으로 이주하는 것은 비교적 늦은 시기이다. 그 이유는 도서 간의 거리가 수백 km가 넘는 사례가 적지 않기 때문인데, 그럼에도 불구하고 대항해시대에

유럽의 선박들이 진출하기 훨씬 이전에 이곳 원주민들이 원시적인 항법으로 거의 모든 도서에 이주하였다는 사실 때문에 인류항해의 역사에 주목을 받게 된다.

이 수역은 오세아니아의 근해와 원해로 구분할 수 있는데, 전자는 비스마르크 제도와 솔로몬 제도를 포괄한다. 인류학자 말리노브스키(Malinowski)의 쿨라 링(Kula Ring)으로 유명한 트로브리안드 제도는 뉴기니아 동쪽 끝의 휴온 반도에 인접해 있는 도서군으로, 앞서 두 제도에 비하면 섬의 크기는 물론 그 전체가 차지하는 수역도 훨씬 작다. 오세아니아 원해는 그로부터 동쪽으로 더 나아가는데, 뉴칼레도니아 섬을 비롯한 많은 섬들이 포함된다. 남쪽으로는 큰 섬 뉴질랜드가 있다. 이들의 분포를 따져서 몇 개의 해역으로 나누기도 하는데, 앞서 비스마르크, 솔로몬 제도, 피지와 뉴칼레도니아를 합쳐 멜라네시아, 그리고 나머지 섬들을 모두 포괄하여 폴리네시아로 부르고, 그밖에 멜라네시아 북부에 있는 작은 섬 마리아와 마셜제도 등을 묶어 미크로네시아라고 한다.

홀로세 이후 이 지역에 바다를 건너 인류가 정주한 사례로 라피타 양식(Lapita Style)의 토기로 대표되는 라피타 문화를 들 수 있다. 이 문화는 서기전 3천년에 앞서 오세아니아 근해의 여러 섬에서 확인되는 바, 이들 섬 사이의 해상에서는 섬들이 100km 미만의 가시거리에 있다. 그러나 원해로 넘어 가서는 거리가 멀어 섬들이 보이지 않는 수역이 존재하는 바, 그러한 이유로 원해에 위치한 폴리네시아로의 해상이동은 훨씬 늦은 서기전후한 시기에 시작한다.

그러한 원거리 항해는 통가 섬을 중심으로 이루어지는데, 그것은 이 수역에서는 태풍이나 사이클론 등이 발생하지 않을 뿐만 아니라, 계절에 따라 달라지는 무역풍도 거의 안정적이기 때문이다. 그러한 항해는 한두 사람이 아닌 다수의 사람들이 조직적으로 참여할 때 비로소 가능한 것으로, 이 지역 도서주민집단이 단순사회에서 족장사회로 이행하는 것과 맥락을 같이 한다, 폴리네시아 수역의 북쪽 끝에 있는 하와이와 동쪽 끝에 있는 라 파누이가 그러한 복합사회를 고고학적으로 증거하는 유적들이 적지 않게 전한다. 이들 폴리네시아 섬과 남아메리카 연안 사이는 수천 km가 되는데, 적지 않은 연구자들이 양 지역 간에 해상교류가 있었다고 주장하지만, 아직 이를 단정할만한 고고학적 증거는 명확하게 제시되지 않고 있다.

Ⅱ. 북동태평양 수역

북아메리카의 동부 태평양 해역은 최근까지 원주민 집단의 전통적인 해상활동을 엿볼 수 있는 곳으로 크게 2개 구역으로 구분할 수 있다. 첫 번째는 아메리카 북쪽 끝 알래스카 남단의 알류우산열도가 위치한 구역이고, 두 번째는 그 남쪽 캐나다에서 멕시코 만으로 이어지는 해안과 그 부속도서 구역이다.

우선 첫 번째 구역에서 알래스카는 베링해협을 사이에 두고 시베리아 동부지역과 마주하고 있는데, 시베리아 캄차카 반도 쪽으로 알류우산 열도가 길게 뻗쳐서 그 북쪽의 베링해를 감싸고 있다. 그 대부분이 대륙붕으로 플라이스토세 말기 빙하기에 거의 연륙되어 있다시피하여, 호모 사피엔스가 아메리카 쪽으로 건너올 때에는 해협이 아닌 육상이었을 것이다. 홀로세 초기 1만년 전후부터 비로소 이곳에는 좁은 해협이 형성되어 사람들이 항해하였을 가능성이 높다 하겠다.

세찬 바람과 추위, 거치른 파도와 빙하가 떠다니므로 항해의 난이도가 높은 수역이지만, 해안과 섬 사이는 물론 섬과 섬 사이가 가시거리 내에 있을 뿐만 아니라, 바다표범과 바다사자, 고래와 대구 등의 포유류와 어족 자원이 풍부하여 원주민들의 활발한 해상활동이 이루어져 왔다. 이를 일상적으로 포획하는 알류트(Aleut) 족에 대해서는 민족지 자료가 풍부한데, 그

〈그림 3〉 16세기말의 바이다르카 그림 (A.L.Rowse, 1979)

중에서 특히 항해와 관련하여 주목되는 것은 그들의 선박이다.

이 지역에서 목재를 구하기 어려운 대신 바다 포유류를 포획하여 짐승 가죽을 구하는 것은 용이하다. 그러한 이유로 가죽을 활용한 선박 바이다 르카(Baidarka)와 우미악(Umiak)이 널리 제작되었는데〈그림 3〉, 원거리 항해 용이 아니어서 도서와 해안 주변의 해상동물을 포획하는 데에 활용된다.

바이다르카는 나뭇가지를 엮어 프레임을 짠 다음, 바다사자 4~6마리 개 체분의 가죽을 씌워서 만드는데, 배 상부에는 한 두 사람이 상체를 내놓고 앉을 수 있는 구멍을 만들어 조였다 풀었다 할 수 있게 하였다. 한사람이 1.8m 길이의 노를 갖고 좌우로 번갈아가며 젓는데, 이러한 배가 신석기시 대부터 코디액(Kodiak)섬과 그 주변에서 해상활동하는 데에 동원된 것으로 추정된다. 우미악은 15~20 개체의 가죽을 사용해서 만든 중형 선박으로 다수의 인원이 승선할 수 있다. 어로용 혹은 화물 운송용 등에 따라서 배의 디자인과 크기가 다양하다. 이러한 배는 팽팽하게 잡아당긴 짐승가죽을 포유류 힘줄로 촘촘하게 꿰매어 제작되는데, 2~3일 이상 항해할 경우 육지로 끌어 올려 건조시켜야 하는 약점이 있다. 그 당대의 직접적인 증거를 확보하기 어렵지만, 홀로세 초기인 서기전 7천 년부터 이곳은 물론 유럽 북부의 연안바다에서도 제작 사용한 것으로 추정된다.

캐나다 북부 브리티쉬 컬럼비아에서 미국 남부 캘리포니아에 이르기까지 태평양 연안의 두 번째 수역은 길어서 그 길이가 2,100~2,250km에 이른다. 북쪽으로는 굴곡이 심한 피요르드 지형이 발달하고, 남쪽으로는 곧바른 사주 지형 많다. 동쪽 내륙에서 서쪽 태평양 해안으로 흐르는 많은 강 하류에는 연어를 비롯한 회유성 어류 등의 식량자원이 풍부하여, 이를 기반으로 많은 인디언 부족들이 신석기시대 이래 그 근처에 크고 작은 마을을 이루고 거주하였다. 또한 크고 작은 섬들이 연안을 따라 수십 km 이내의 근거리에 배치되어 있어 집단 간에 교역이 활발하게 이루어진 것으로 전한다.

브리티시 컬럼비아에 거주하는 침샨(Tshimshian) 부족은 연어 떼의 계절적 이동에 맞추어, 내륙으로 이어지는 하천을 따라 오가면서 생활한 것으로 전한다. 홀로세 이후 발달한 인근 숲에서 삼나무, 미송나무 등의 통나무를 구하여 제작한 대형의 통나무배는 18~21m 길이의 것도 있어서 20명의 전사를 태운 전투선으로 동원되기도 한다. 그러나 대부분의 통나무배는 5.5~10.5m의 크기로 무역과 고기잡이에 활용된다.

올림픽 반도 플레터리 곶 근처에 거주하는 마카(Makah) 부족은 대형 통나무배를 활용하여 고래를 사냥한 것으로 잘 알려져 있다. 고래잡이의 과정을 관찰한 바에 따르면 바닷가에서 고래를 발견하면 여덟 명이 통나무 카누를 타고 노를 저어 접근한 다음, 뱃머리 쪽의 사람이 작살을 던진다. 그리고 작살에 맞은 고래를 따라 오랜 시간 쫓아다니다가, 고래가 지쳐 수면으로 올라오면 창으로 찔러 죽여 포획하는 것이다. 이처럼 고래를 포획하는 경우를 제외하고는 태평양 동부해안의 많은 인디언 주민들이 카누를 타고 먼 바다로 나아가는 일은 없다고 한다.

캘리포니아 남부 해역은 멸치 등의 어류가 풍부한 곳으로, 이 지역에 추마시(Chumash) 인디언들이 18세기 경에 높은 인구 밀도를 보이며 거주한 것으로 전한다. 이 지역에서는 통나무를 구하기 어려워 목재 유체를 모아서 조립하여 만든 토몰(Tomol)이라는 배가 사용되었다. 토몰은 용골을 축으로 하여 나무 널판을 서로 꿰매는 방식으로 제작된 것으로, 이물과 고물이 높고 길이가 3.7m에서 9m에 이르기까지 다양하다. 여섯 명까지 탈 수 있으며, 당시 중요 교역품목인 내륙산 도토리와 해안도서의 조가비 장식품을 싣고 바다를 왕래한 것으로 전한다. 이러한 교역을 통해서 축적된 부를 토대로, 토몰 카누를 소유한 사람이 실력자가 되어 지역집단의 조직과 규모를 발전시켰다는 것이다.

바다 주민들의 사회적 모습은 퀸샬렛 제도의 닌스틴즈에 거주한 하이다(Haida)족의 마을에 세워진 토템기둥을 통하여 확인된다. 20세기 초에 저명한 인류학자 보아스(Frantz Boas)가 이들 토템 기둥이 바다와 해안선을 따라서 이루어졌던 집단 간의 경쟁과 갈등, 그리고 동맹관계가 반영하였음을 설명한 바 있다. 또한 족장과 친족들이 다른 족장과 친족들이나 집단 구성원을 위하여 베푸는 의례적 축제도 관찰 보고된 바 있다. 결혼 등의 중요한 행사가 있을 경우 정교한 의례를 통해서 음식과 의복 등을 분배 공유함으로서 집단 간 혹은 집단내의 결속력을 다지는 포틀래치(Potlach)가 바로 그것이다.

Ⅲ. 인도양 해역

동 해역은 서쪽으로 아라비아반도, 아프리카 대륙이 있고 북쪽으로 이란고원과 인도대륙, 그리고 동쪽으로 말레이반도, 남쪽으로 마다가스카르 섬으로 둘러싸여 있다. 아라비아 반도 북쪽과 남쪽에는 폭이 100km에 미치지 않으면서 그 길이가 1천 km가 넘는 바다로서 북쪽으로 페르시아해, 남쪽으로 홍해가 자리잡고 있다. 각각 서기전 3천 년기부터 인접한 이집트와 메소포타미아, 그리고 하라파 문명의 국가와 도시 간에 이루어진 해상무역의 루트임이 발굴된 유적과 유물을 통해서 잘 알려져 있다.

그중 저명한 사례는 룩소르에 있는 이집트 신왕조의 하셉수트(Hapseshut) 여왕 장제 신전에 새겨진 부조로서, 당시 홍해 연안의 푼트(Punt)에서 많은 화물을 선적하는 범선을 생생하게 묘사하고 있다. 페르시아 해의 경우도 유프라테스, 티그리스 강 하류의 우르(Ur) 등 여러 도시국가에서 강하구를 거쳐 이란과 인도지역으로 무역선이 왕래하던 해상루트였다. 메소포타미아의 딜문(Dilmun) 등 여러 항구도시에서 출토된 바 있는 인더스의 그림 문자가 새겨진 장식품이 바로 그 증거이다.

그러한 페르시아해와 홍해는 물살이 빠르고 암초가 많은 문제가 있지만, 그 중간에 섬들이 있고 연안내륙을 가시권에 두고 있어 원거리 운항이 용이한 해역이다. 플라이스토세 후기에 는 현재 해협의 최단폭이 27km 밖에 안되는 홍해의 경우, 아프리카 북동부지역에서 일찍부터 거주한 구석기시대 인류들이 쉽게 도항할 수 있는 해역이 되겠다. 지질학적 변동이 심하여 정확하게 알아내기 어렵지만 당시 폭이 좁은 해협이 조성되었을 것으로 추정된다. 그러한 바다를 구석기시대 인류가 원시적인 선박을 이용하여 건너갈 가능성이 많은 것으로 다수의 연구자들이 추정하고 있다.

이 수역의 해상활동에 대해서는 서기전 1세경 그리이스 사람이 저술한 "에리투리아 항해기"가 유명하다. 당시 홍해는 물론 아프리카 동부연안 그리고 인도 서해안에 이르는 항해를 기록한 것으로, 이미 연안항로를 벗어나 홍해연안에서 인도양을 가로질러 인도서부 말라바르 해안에 이르는 해역을 왕래한 사실을 기록하고 있다. 서기전 1세기 이전에 수십 일의 장기

〈그림 4〉 인도양 항해루트 (스카레 외, 이청규 역, 2015)

간에 걸쳐 운항할 수 있었던 것은 이 지역에 계절마다 예측이 가능한 몬순 계절풍을 이용한 덕택이다. 5~10월 여름철에는 북동풍, 11~3월 겨울에는 남서풍이 불어 돛을 이용한 범선이라면, 그리고 정확한 바람방향 주기를 알 수 있다면 왕래할 수가 있는 것이다〈그림 4〉.

그렇게 하여 인도 동남부까지 원거리 무역권이 형성되면서 인도산 후추, 차 등의 물품이 아프리카, 아라비아 반도로 전달될 수 있게 되고, 더나아가 동쪽으로 동남아시아를 거쳐 중국, 그리고 서쪽으로는 지중해연안을 거쳐 로마에까지 이어지는 이른바 해상 실크로드가 발달할 수 있게 된다. 수세기 지나서 아라비아 반도의 이슬람권 국가의 상인들의 활동이 두드러지는데, 7세기 후반경 그들 고유의 범선인 다우선을 활용하여 페르시아 만에서 직접 중국 남부 광저우까지 왕래하는 사례가 기록과 유물로 적지 않게 확인되는 것이다. 그 이후로도 인도양을 둘러싸고, 원거리 무역이 빈번하게 이루어졌음이 페르시아만 일대와 아프리카 동북부에서 발견되는 중국 자기 등의 유물을 통해서 확인이 된다. 확실한 고고학적 증거가 확보되고 있지 않지만 이 시기에 동남 아시아 혹은 서남태평양 해역에서 아프리카 동부연안 혹은 마다카스카르 섬에 이르는 항해가 이루어졌으리라 추정되고 있다.

무엇보다 극적인 것은 1400년대 초에 이루어진 중국 대규모 선단의 항해이다. 중국 명나라 영락 황제의 명을 받아 정화(鄭和)가 인솔하는 62척의 정크선과 225척의 호위선박, 그리고 28,000명이 되는 인원으로 구성된 원정대가 1405년 동남아시아 해역을 거쳐 인도양을 횡단하였다. 기록으로 추정한 바에 따르면 최대 규모의 선박은 길이가 134m, 폭 55m로서 당시 세계 최대 규모의 범선이었던 것이다.

1405년에 시작하여 1433년에 이르기까지 7차례의 원정이 이루어졌는데, 처음 세 번까지는 인도 서남부 말라바르, 네 번째에는 페르시아만 호르무즈까지 진출하였다. 다섯 번째에는 아프리카 북부 소말리아를 거쳐 남부 케냐 해안까지 진출하여 그곳의 코끼리 상아, 낙타, 타조 등을 싣고 돌아온 것으로 전한다. 이러한 정화 선단은 중국 황제의 천하관을 실현하고 조공체체를 확립하기 위한 것으로 순수한 무역활동은 아니어서 더 이상 진전되지 못했지만, 포르투갈 사람 바스코다가마가 선도한 유럽의 대항해 훨씬 이전에 인도양을 둘러싸고 고도로 발달한 범선을 이용한 원거리 항해가 활발하게 이루어졌음을 보여주는 것이다.

Ⅳ. 지중해 수역

잘 알려져 있다시피 지중해는 고대 해상무역이 세계 어느 해역보다 활발하게 전개되었던 구역이다. 그러한 지중해 수역은 다른 대양과 달리 대륙으로 거의 둘러싸여 있는 것이 특징으로 다만 지중해 서쪽 끝에 현재 14km 폭의 지브랄타 해협을 통하여 대서양으로 연결되어 있을 뿐이다. 이탈리아 반도와 시칠리 섬을 중간에 두고 동부와 서부로 나눌 수 있는데, 동부는 동쪽의 중동, 북쪽의 터어키, 남쪽의 이집트로 둘러싸인 동지중해 수역, 서쪽에 그리이스 반도와 동쪽의 터어키 그리고 남쪽 크레타 섬으로 둘러싸인 에게 해 수역이 포함된다.

지중해의 서부는 동쪽으로 이탈리아 반도, 서쪽으로 이베리아, 북쪽으로 프랑스, 그리고 남쪽으로는 아프리카로 둘러싸인 수역으로 그 중간에는 시칠리아와 샤르데나 섬이 자리잡고 있다. 대부분의 수역이 수심이 200m 이상 1500m로서, 앞서 서남태평양과 달리 플라이스토세 후기에도 다소 면적의 차이가 있으나 오늘날 보는 도서지역은 대부분 그대로 유지된 것으로 추정된다.

지중해 동부에서 도서 사이의 해상을 이동한 증거는 8천년 전 신석기시대 이전으로 거슬러 올라가지 않는다. 청동기시대 이후 활발하게 교류가 이루어졌던 에게 해의 경우, 대부분의 도서가 상호 20~40km를 넘지 않아 가시거리 범위 내에 있지만 물살이 세고 바람이 세찬 경우가 많을 뿐만 아니라, 도서 자체에 정주하는데 필요한 농경에 적합한 환경이 드물기 때문이다. 서기전 4천년을 거슬러 올라가는 농경 취락이 형성된 증거가 낙소스 섬 등에서 일부 확인된 바 있을 뿐이다.

신석기시대 전기로 거슬러 올라가는 해상이동은 당시 도구의 핵심 자재인 흑요석이 산출되는 밀로스 섬을 둘러싸고 이루어진 것으로 알려지고 있다. 그리이스 반도는 물론 에게 해의 키클라데스 제도와 주변도서 간에 해상이동이 활발하였음이 각 지점에서 출토한 흑요석의 산지분석을 통해서 확인이 된다.

이 당시에 이용된 선박은 전세계 대부분이 그렇듯이 석제 도구로 제작이 가능한 통나무배나 뗏목일 것으로 추정된다. 그러한 단순한 선박을 노 저어 가시거리 내에 있는 목적지 도서나 해안에 왕래하였던 것이다〈그림 5〉.

본격적으로 다수의 사람들이 원거리 항해를 한 증거는 이집트 고왕국

〈그림 5〉 에게해 청동기시대 배모양 토기와 토제인형 (크레타박물관, 이청규 사진)

시대의 서관(書官)이 남긴 기록을 통해서 확인된다. 서기전 2,600년경 중동의 지중해 연안의 비블로스에 삼나무 목재를 40척의 배로 실어 날랐다는 것으로, 이들 배는 중동과 이집트의 지중해 연안을 따라서 지문항법(地文航法)으로 항해한 것이다. 그 배가 돛을 단 범선일 가능성이 높은 것은 서기전 4천년경으로 추정되는 이집트 토기의 문양을 미루어 짐작할 수 있다. 서기전 5~4,000년경으로 더 올라가는 사례로서 쿠웨이트에서 출토된 토기편의 문양이 있다고 주장되지만, 그러나 아직 그 상한연대에 대해서는 논란이 있다.

유명한 고대문명의 해상왕국 크레타섬을 왕래한 서기전 2천년기의 선박에 대해서는 그리이스 산토리니 섬에서 발견된 벽화를 통해서 간접적으로 확인된 바 있다〈그림 6〉. 대략 15m 길이에 양쪽에 15명씩 앉은 노잡이가 있고, 사각돛을 달고 있는 형태를 갖추고 있는 것이다. 그 직접적인 증

〈그림 6〉 산토리니섬 아크로티리의 유적과 배그림 벽화 (렌프류 외, 2015; 이청규 사진)

거는 크레타 섬 북동해안에서 발견되었는데, 10~15m 길이로 추정되는 난파선으로서 올리브 기름과 포도주가 담긴 암포라가 실려 있었다. 이 배는 크레타섬 연안을 따라 왕래한 것으로 추정되는데 발견된 토기의 형식으로 보아 서기전 1,800~1,675년에 해당된다고 한다.

발굴조사된 직접적인 고고학적 증거로서 유명한 사례는 서기전 1,300년경 터키 남부의 울루부룬(Ulburun)에서 침몰된 난파선이다. 11년간 터키 고고학자 케말 플라크(Cemal Pulak)가 수심 60~40m의 해저의 발굴조사를 통하여 확인되었는데, 길이 15~18m에 널을 잇대어 만든 구조선으로 사각돛을

〈그림 7〉 그리스 전투선 항해실험과 토기그림 (렌프류 외, 2015; 산토리니박물관, 이청규 사진)

갖춘 것으로 추정되는 선박이다. 이집트에서 레반트 지역을 거쳐 터키 남부를 돌아 크레타까지 항해했던 무역선임이 선적되어 있는 화물을 통해서 밝혀졌다. 무엇보다 주목되는 화물은 350개 이상의 구리 주괴와 십수 개의 주석 주괴로서 전자는 각 몇십 kg 정도의 무게를 지닌 것이다. 이들 주괴는 산지분석을 통해 구리는 키프로스 섬 인근, 주석은 터키 중부 혹은 아프가니스탄에서 산출된 것이 확인되었다. 또한 이집트의 상형문자와 네페르타리 왕비의 이름이 새겨진 장식품, 메소포타미아 산의 유리구슬과 파이앙스, 흑단, 가나안과 키프로스 산 토기 등등이 확인되어 동 난파선은 적어도 아홉 곳을 거친 국제 무역선임을 알 수 있다. 학자들은 이 배가 동부 지중해 뿐만 아니라 서부 지중해를 거쳐 아프리카 북부연안을 따라 순회하였을 가능성도 있다고 주장한다. 당시는 이집트의 신왕조, 크레타의 미노스 왕조, 터어키와 레반트 지역의 히타이트가 번창할 때로서, 이들 고대 왕국 간에 활발하게 이루어진 원거리 해상무역의 실상을 잘 보여주고 있다.

서기전 1천년기 이후가 되면 유명한 무역상인 페니키아 인들이 레반트 연안의 비블로스, 티레, 시돈 등을 거점으로 하여 원거리 해상무역을 독점하다시피 한다. 동부 지중해의 서쪽 경계인 시칠리아와 사르데니아까지 활동범위를 확대하고 북부 아프리카의 카르타고를 주요 무역의 전진기지로 개척하였다. 그러면서 지중해 해상 무역권을 둘러싸고 여러 집단 간에 무력적 충돌이 벌어지게 되는데, 그러면서 전투를 전문으로 한 선박이 등장하게 되는 것이다. 서기전 500년경이 되면서 코린트를 비롯한 그리이스 도시국가에서는 충돌에 견딜 수 있게 뱃전에 충각을 갖추고, 병사들이 서서 싸울 수 있는 갑판, 그리고 속도를 높일 수 있게 많은 노잡이가 동원될 수 있는 갤리 3단노선이 지중해 전역을 누비게 된다〈그림 7〉.

지중해의 서부 수역에서도 이미 신석기시대에 시칠리아 섬 북부 도서에서 산출되는 흑요석을 둘러싸고 해상이동한 증거가 있지만, 범선을 이용한 원거리 항해는 앞서 지적하였듯이 훨씬 늦게 이루어진다.

Ⅴ. 북부유럽의 바다 수역

북부 유럽의 바다는 크게 3개의 수역으로 구분된다〈그림 8〉. 첫째는 발틱해(A)로서 동쪽으로 핀란드, 북쪽으로 스칸디나비아의 스웨덴, 서쪽으로 덴마크반도, 그리고 남쪽으로 독일, 폴란드와 리투아니아, 라트비아, 에스토니아, 러시아 등의 다수 국가가 분포한 북부유럽 대륙으로 둘러싸여 있다. 두 번째로 북해(B)가 있는데, 서쪽으로 영국 섬, 남쪽으로 네덜란드, 벨기에, 독일 그리고 동쪽으로 덴마크 반도와 스칸디나비아반도 북부의 노르웨이로 둘러싸여 있다. 다시 그 서쪽으로 더 나아간 세 번째 해역(C)은 동남쪽으로 도우버 해협을 경유하여 이베리아반도

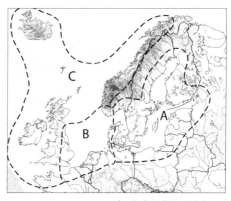

〈그림 8〉 북유럽 바다의 구분
(Ole Crumlin-Pederson, 2010)

와 지중해에 이르는 연안루트가 있고, 서북쪽으로는 대서양의 그린란드로 연결되는데, 그 중간에 아이슬란드가 자리잡고 있는 것이다.

북해와 발틱해는 그 대부분이 수심 100m 미만인 대륙붕이거나 빙하가 떠다니는 수역으로, 홍적세 말기와 홀로세 초기에는 상당 부분이 연륙되거나 늪지대가 조성되었다. 따라서 지금보다 훨씬 좁은 공간에서 해상활동이 이루어졌는데, 포유류 동물의 가죽을 이용한 가죽배나 통나무배 혹은 골풀, 갈대를 이용한 뗏목이 신석기시대 초기에 사용되었을 것으로 추정된다. 홀로세 이후로 해수면이 상승하면서 바다가 너르게 조성되면서, 이곳의 청어 등의 어족자원을 포획하는 해상 민족들의 무대가 된다.

이 해역에서는 바이킹이 활동하였는바, 그들이 운항하던 선박의 실물자료가 적지 않게 발굴되어 고대 선박을 복원하는데 많은 도움을 주고 있다. 직접적인 자료 이외에도 해안의 바위절벽에 새기거나 청동칼 등에 장식된 그림 중에 당대 선박의 모습을 추정할 수 있는 간접적인 자료도 풍부하다. 이밖에 고대 로마의 기록을 통하여 이 지역 토착 선박의 모습을 추정할 수도 있다.

우선 가장 이른 사례는 원시선박으로서 통나무를 파내어 만들거나 짐승

가죽이나 나무껍질을 누벼 만든 배들이 있다. 아일랜드와 웨일즈의 커라크(Currak)라고 불리는 선박이 그 대표적인 사례이다. 스칸디나비아 청동기와 암각화에 묘사된 서기전 2,000~1,000년경의 선박을 보면, 이물과 고물이 가파른 곡선을 그리면서 좁고 긴 선체를 갖추고 다수의 사람이 노를 젓게 되어 있다. 연구자들은 나무틀에 짐승가죽을 씌운 배로 추정하고 있다. 나무껍질로 만든 배로 스웨덴 서부 비스래트(Byslatt)에서 발굴된 서기전 1천년기 철기시대 선박의 사례가 있는데, 연안항로의 운항에 활용된 것임은 물론이다.

통나무배 또한 신석기시대부터 사용되었음은 실제로 덴마크의 티브린드 빅(Tybrind Vig)에서 출토한 10m 길이의 실물을 비롯한 다수의 고고학적 증거를 통해서 확인된다. 그러나 그 대부분은 폭이 좁고 선체가 상대적으로 높아 항해하기 어려운 것으로, 안정성을 높이기 위하여 그 폭을 넓힌 개량형 통나무배가 핀란드 등지에서 발견되었다. 통나무 선체를 불로 지져 잡아 늘이고, 안쪽에 횡목을 일정한 간격으로 시설한 것이다. 다수의 통나무 부재를 연결하여 그 폭과 길이를 더욱 늘인 사례가 영국의 여러 청동기시대 유적에 확인된 바 있다.

여러개의 판재를 잇대어 만든 본격적인 구조선의 이른 사례로서 서기전 2천년기의 청동기시대에 영국의 도버(Dover)와 페리비(Ferriby)에서 제작 사용된 선박 실물이 발견된 바 있다. 전자는 서기전 1,550년경, 후자는 서기전 2,030~1,680년 사이에 속하는 것으로 추정되는데, 바닥에 길고 평평한 판재를 연결하고 측면에 휘어진 판재를 덧붙인 것이다. 특히 후자는 청동제 공구를 적극 활용한 목제 가공기술이 발휘된 선박으로 평가되고 있다.

청동기시대 전기인 서기전 1,500년경의 청동칼에 장식되거나 청동기시대 후기 혹은 초기철기시대에 스칸디나비아 반도 등지에 바위나 암벽에 새겨진 그림에는 길고 날렵하게 생긴 배를 20여명 내외의 사람들이 노를 저어 항해하는 전투용 선박이 적지 않게 확인된다. 이를 직접 증거하는 서기전 4세기 난파선의 잔해가 덴마크의 알스(Als) 섬의 요트스프링(Hjortspring)에서 발견된 바 있다. 선체는 길이 13m가 넘고, 이물과 고물이 뾰족하면서 치켜 올려졌으며 평면 물고기 모양을 갖춘 것이다. 노 젓는 사람의 자리 용도로도 사용된 횡목이 10여개가 확인되었으며, 선체의 무게가 앞서 페리비 배보다 1m 길이당 8~10배가량 가벼워 쾌속 항해가 가능한 것으로 추정된다.

서기전 1세기경에 로마의 시저가 영국을 침공할 때 항해하였다는 사실이 기록되어 있는 대형선박이 런던을 비롯한 영국 연안 여러 지역에서 조사된 바가 있다. 로마 켈트식이라고 불리는 그 배들은 바닥의 용골과 횡목을 먼저 조립한 다음 판재를 덧붙인 방식으로 제작되었다. 이와 같은 조선기술은 이전의 가죽배로부터 영향을 받은 것으로 북해와 발틱해 연안 다른 지역의 비슷한 시기 사례와 구분이 된다.

배의 측현을 구성하는 판재를 접합할 때, 각각의 경계부위를 서로 겹치게 하여 상부의 것이 바깥에 오게 하는 이른바 클링커(clinker) 방식은 아시아 유럽할 것 없이 전 세계에 걸쳐 중세 이후의 선박에서 널리 채용되는 방식이다. 서기 4세기경의 이에 해당하는 선박이 스칸디나비아 슐레빅(Schleswig)의 니덤(Nydam) 유적에서 발견된 바 있는데, 단단한 나무로 제작한 판재의 접합부분에 홈을 내어 연접시켜 제작한 것이다.

역시 북해 연안의 내륙 암각화에 묘사된 고대 선박의 실물로서 7세기에 해당하는 사례가 영국 동남부 셔튼 후(Sutton Hoo)의 수장급 무덤에서 발견된 바 있다〈그림 9〉. 영국 동북 해안을 비롯한 북해 연안에서는 이 시기에 선박을 땅위로 끌어와서 시신을 안치하는 무덤용으로 쓰이는 사례가 많다. 셔튼 후의 경우 지표를 파고 들어가 웅덩이를 만들고 선박을 고정시킨 다음, 배 안쪽 한가운데에 작은 가옥을 짓고 많은 부장품과 함께 시신을 안치한 것이다. 이 배에 대해서는 많은 사람이 노를 저었을 뿐만 아니라 돛을 달았다고 추정한다. 서기전후한 시기에 로마 측의 기록에 범선이 영국 근

〈그림 9〉 셔튼 후 무덤의 고대선박 복원 (영국 셔튼후박물관 전시, 이청규 사진)

해에 항해하고 있다고 전하며, 당대에 제작된 북해 연안의 암각화 유적에서도 돛을 단 배가 다수 묘사되어 있어 이를 방증하여 준다.

10~11세기에 이르면 스칸디나비아 일대에는 바이킹들이 사용하던 많은 선박들이 발굴조사된다. 오세베르그(Oseberg)를 비롯하여 스쿨드레프(Skuldelev), 그리고 헤더비(Hedeby) 유적의 사례가 대표적으로 큰 돛과 이에 딸린 각종 삭구를 갖춘 것이 특징이다〈그림 10〉. 또한 용도에 따라서 각기 다른 구조의 배가 건조되는데, 그러한 사실은 스쿨드레프에서 발견된 전함 2척, 화물 수송선 2척 그리고 낚시배 1척 등의 사례로 입증된다. 전함은 길고 좁은 선체에 많은 노가 달리고, 화물수송선의 경우 폭이 넓고 깊은 선체를 갖춘 것이 특징이다. 또한 배의 각기 다른 용도에 따라 클링커 건조방식이 변용되고, 접합부위에 사용하는 못의 재질도 또한 다른 사실이 확인된다.

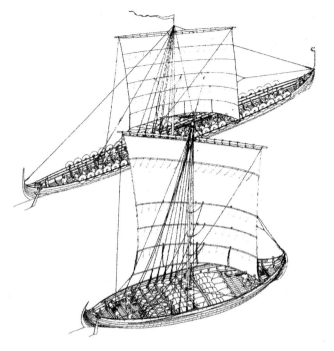

〈그림 10〉 스칸디나비아 헤더비 선박 (Crumlin-Pedersen, 2010)

12세기에 들어서 한자동맹을 맺은 유럽에서는 해상무역이 활발하게 이루어지는 바 이 시기에 제작 사용되는 화물선으로 코크선(Cog ship)이 있다. 로스킬데(Roskilde)에서 발견된 사례를 보면, 그 선적량이 60여톤을 넘는다. 선체가 높으면서 판재가 견고하게 접합된 것으로, 1150년경의 유틀란드 반도의 콜러럽(Kollerup)에서 발견된 선박에서는 이중으로 구부린 쇠못이 확인된다.

요약

앞서 기술한 세계의 주요 바다 수역별로 인류의 해상활동을 정리하면 다음과 같다. 우선 동남아시아와 오스트레일리아에 걸쳐 있는 남서태평양의 경우 인류가 최초로 바다를 횡단하였다는 사실이 주목된다. 2만년 전에 해수면이 낮아진 이 수역에 순다와 사훌 대륙이 발달하고, 대륙 사이에 바다가 폭이 좁아져 이를 인류가 건너가게 된다. 오스트레일리아 북부 연안에 정착한 구석기시대 원주민의 후손이 오늘날의 에버리진(Aborigine)인 것이다. 서기전 3천년에 신석기시대 라피타인이 뉴기니아 비스마르크 섬을 출발하여 멜라네시아, 그리고 서기 1천경에 폴리네시아 동쪽 끝 통가와 북쪽 끝 하와이까지 도달하게 된다.

알류우산열도와 아메리카 서부해안의 북동대평양 수역에서는 18~19세기에 이르기까지 원시적인 통나무배 혹은 가죽배가 널리 활용되었는 바, 그것은 원거리 항해가 아니라 연안 항해를 위한 것이다. 바다사자 등의 가죽으로 만든 우미악과 바이다르카는 알류우샨 열도의 알류우트족이 바다포유류와 어족을 사냥하는데 주로 사용한다. 한편으로 통나무배를 기본으로 카누가 고래잡이와 교역은 물론 전투용으로 활용되기도 한다.

인도양 수역에서는 유럽과 아시아 문명권 사이의 해상 교역이 처음 이루어진 곳으로, 지중해 수역과 달리 아프리카 동북부에서 인도 서남부까지 공해상을 경유하는 해상루트가 서기 1천년기 초반에 개발된 사실이 주목된다. 그것은 몬순 계절풍을 이용한 것으로 이를 계기로 인도 동쪽의 동남아시아와 중국과의 해상통교도 이루어지게 된다. 15세기에 이르러서는 정화가 이끄는 중국 명나라 선단이 중국남부에서 아프리카 북부에 이르기까지 수행한 원거리 항해가 그 대표적인 사례이다.

지중해 수역에서는 서기전 3천년 경부터 고대문명의 중심국가들 간에 교역과 전쟁이 해상에서 활발하게 이루어진 사실이 널리 알려져 있다. 터어키 남부의 울루부룬 난파선에 이집트의 장신구, 터어키의 청동소재, 가나안의 토기가 출토하여 이집트 북부에서 메소포타미아 서부를 거쳐, 에게해 연안의 문명 국가 간에 원거리 교역이 이루어졌음을 알 수 있다. 또한 비슷한 시기에 이미 범선이 제작 운용되었으며, 서기전 1천년기에 이르면 그리이스에서는 속도가 빠르고 전투용으로 개발된 갤리 3단노선이 개발되어 유럽 전역의 선박 제작에 큰 촉매제 역할을 한다.

유럽북부의 북해와 발틱해 수역은 고대에 해상종족 바이킹의 활동 근거지임은 잘 알려진 사실이다. 이 수역에서는 서기전 2천년기부터 구조선이 제작 활용되었음이 영국 페리비 등지에서 발굴된 난파선을 통해서 확인된 바 있다. 서기 1천년기 중엽에는 수장의 무덤으로 배를 활용하는 장송의례가 널리 유행하는데, 영국의 셔튼후 유적의 사례가 대표적이다. 10~12세기에 이르면 스칸디나비아에서 바이킹들이 활용한 이물과 고물이 크게 솟은 선박들이 오세베르그, 스쿨드레프 등지에서 발굴된다.

〈참고문헌〉

[국문]

브라이언 페이건 지음, 최파일 옮김, 2014, 『인류의 대항해: 뗏목과 카누로
　　　　바다를 정복한 최초의 항해자들』, 미지북스
스카레·페이건 저, 이청규 역, 2015, 『고대문명의 이해』, 사회평론
이병철 편저, 1989, 『발굴과 인양』, 미지에의 도전(2), 아카데미서적
콜린 렌프류·폴 반 저, 이희준 역, 2006, 『현대고고학의이해』, 사회평론
최몽룡, 2011, 『인류문명발달사-고고학으로 본 세계문화사』, 주류성

[영문]

Colin Renfrew & Paul Bahn, 2015, *Archaeology:Theories, Methods
　　　　and Practice*, Thames & Hudson
Christopher Scarre & Brian M. Fagan 2009, *Ancient Civilization(3rd)*,
　　　　Pearson Education.
A.L. Rowse, 1979, *The Story of the Britain*, Artus Publishing
　　　　Company
Brian Fagan, 2012, *Beyond The Blue Horizon*, Bloomsbury
　　　　Publishing PLC.
Atholl Anderson, James H. Barrett & Katherine V. Boyle ed., 2010,
　　　　The global origins and development of seafaring, MacDonald
　　　　Institue for Archaeological Research
※ 아래의 논문은 모두 위의 문헌에 게재된 것임.
Atholl Anderson, 2010, The Origin and Development of Seafaring:
　　　　Towards a Global Approach
Sue O'Connor, 2010, Pleistocene Migration and Colonization in the
　　　　Indo-Pacific Region
James F. O'Connell, Jim Allen & Kristen Hawkes, 2010, Pleistocene

Sahul and the Origins of Seafaring

Ben Fitzhugh & Douglas J. Kenett, 2010, Seafaring Intensity and Island−Mainland Interaction along the Pacific Coast of North America

Albert J. Ammerman, 2010, The First Aronauts: Towards the Study of the Earliest Seafaring in the Mediterranean

Sean McGail, 2010, The Global Origins of Seagoing Water Transport

Ole Crumlin−Pedersen, 2010, Aspects of the Origin of Atlantic and Baltic Seafaring

Geoffrey Irwin, 2010, Pacific Voyaging and Settlement: Isssues of Biogeography and Archaeology, Canoe Performance and Computer Simulation

Cyprian Broodbank, 2010, 'Ships a−sail from over the rim of the sea' :Voyaging, Sailing and the Making of Mediterranean Societies c. 3500−800 BC

2장
한반도 주변의 해상환경과 항로

논의 주제

우리나라에서 해상활동에 대하여 고고학적으로 연구한다고 하여 그 대상과 방법에 대해서 지금까지 체계적이고도 충분하게 논의된 바가 없다. 우선 공간적으로 연근해 부속도서를 범위에 넣는 것은 당연하지만, 연안을 벗어나 공해상 혹은 다른 나라의 수역에 대해서는 명확한 준거 틀이 제시된 적이 없다.

우리나라 사람이 빈번하게 드나들었던 중국과 일본 사이의 황해와 동해 바다, 그리고 남해의 공해는 당연한 공간적 범위로 삼는다. 또한 한반도 사람이 바다를 건너 도달하거나, 또한 우리 해역과 내륙으로 들어오는 사람과 물자가 떠난 이웃나라의 해안과 인근 수역의 경우도 또한 연구의 대상에서 제외할 수 없다. 그렇다고 한다면 황해, 동해 그리고 남해가 이어지는 중국 동부해안, 일본열도의 서부와 동부 해안 수역에도 관심을 가져야 함은 물론이다.

그러한 관점에서 한반도를 둘러싼 해상교류를 설명하는 데에 여러 연구자들이 제시한 남방문화론과 동아지중해론은 검토할만하다. 전자에 대해서는 일제강점기에 일본을 중심으로하여 주장된 대동아공영권과 맞물려 있다는 비판이 있고, 후자에 대해서는 한반도 주변 수역을 유럽의 지중해 개념으로 접근하기 어려울 뿐만 아니라, 지나치게 자국 중심적인 관점이라는 비판이 있다. 그러나 그동안 동아시아 지역 간의 교류를 육상 혹은 내륙 공간에 치중하고 바다 공간은 소홀히 다루었던 점을 반성해야 한다는 동아시아 해양문화론의 관점은 크게 경청할만하다. 이러한 맥락에서 한반도 주변 해상활동의 역사를 설명할 때, 한민족이 남긴 기록과 고고학적 증거만을 다룰 수 없는 것이다.

또 다른 문제는 설혹 한반도 주변의 수역을 그 공간적 범위로 하는 데에 동의한다고 하더라도, 그 수역이 플라이스토세부터 홀로세 초기에 이르기까지 지금과 크게 다르다는 점이다. 지중해와 달리 현재 수심이 100m를 넘지 않는 낮은 대륙붕 지역이므로, 수심 120~140m 이하로 내려간 플라이스토 후기에는 황해와 남해는 거의 전 수역이 연륙되어 있다는 것이다. 홀로세 초기가 되면서 해수면이 상승하고 수역은 점진적으로 넓어지는 바, 경계를 정하여 접근할 수가 없다. 물론 서해안과 남해안 일대에 많은 도서 또한 고정된 것이 아님을 주의해야 한다. 그로 인하여 구석기시대나 신석기시대 초기에 인류가 거주하고 활동하였던 곳이 지금 바다 밑으로 들어가 있음을 염두에 두어야 하는 것이다.

한편 해상은 육상과 달라서 산과 계곡, 분지 등의 지형지물과 하천 호수, 늪지 등이 복잡하게 얽혀 있지 않아, 얼핏 왕래하기가 용이한 것으로 착각할 수 있다. 지형지물이 없으므로 목적지에 이르는 루트를 찾기가 쉬운 듯하여 수백 km가 넘는 장거리 항해가 중세 이전에 수월한 것으로 쉽게 상정하는 연구자들이 의외로 많다. 그러나 나침반을 갖고 있다 하더라도 공해상에서 장기간 항해하는 동안 악천후로 인한 풍랑을 만나기 십상이다. 또한 표류되었다가 귀환하는 경우가 있다고 해서 그 표류 루트를 통해서 쉽게 항해할 수 있다고 생각하는 경향이 있는데, 그것은 출항 당시 정해진 목적지와는 다른 곳에 도달한 경우인 바, 목숨을 담보하는 비정상적인 항해임에 주의하여야 한다.

연안 바다에서의 단 기간 항해에서도 빠른 물살과 암초 등으로 좌초되는 위험에 닥치는 경우가 빈번한 것이다. 특히 한반도 서해와 남해 연안 수역 경우, 해안선의 굴곡이 심하고 크고 작은 섬이 많을 뿐만 아니라 바다 밑의 지형 또한 복잡하여 더욱 그러하다. 따라서 이글에서는 제대로 다루고 있지 못하지만 실제 항해를 경험한 전문가들이 제공하는 정보가 절대적임은 두말할 것도 없다.

Ⅰ. 한반도 주변 해양문화권에 대한 이해

많은 연구자들이 동아시아를 한국을 중심으로 주변과의 교류를 살펴 볼 때 중국과 일본문화권 이외에 대륙과 연결된 북방문화권과 해양으로 연결된 남방문화권을 제시한다.

남방문화권에 대해서 역사학자 변태섭(邊太燮)은 양자강 이남과 인도차이나 반도, 말레이시아, 인도네시아, 인도 등 남양과 동남아 지방을 총칭하는 것으로 본 바 있다. 그의 남방 개념은 장광쯔(K.C. Chang)와 솔하임(W.G. Soleheim) 등이 주장한 동남아(Southeast Asia)의 지리적 범위와 대응된다. 그러나 오늘날의 동남아시아에 대한 사전적 정의를 보면 인도와 중국 남부등이 빠져 있어 이와 차이가 나는 문제가 있다.

인류학자 이광규(李光圭)는 벼농사 문화의 분포권을 따지면서 남중국해 영역(South China Sea Area)이라는 개념을 제시한 바 있다. 이 개념에는 중국의 화남지방과 한반도 한강이남, 그리고 일본의 규슈[九州]가 포함되어 있다. 동중국해를 무대로 하고 있다는 점에서는 앞의 개념과 서로 통하지만, 남한과 일본 규슈를 각각 한반도와 일본열도의 다른 지역에서 떼내어 구분하고 있는 점에서 문제가 있다.

이러한 남방문화론은 실상 2차대전 당시 일본제국주의가 내세우던 대동아공영권 혹은 남방 공영권과 관련되었다는 주장에 먼저 주의할 필요가 있다. 일본학자들이 처음 제시한 남방권, 남방문화론은 대동아회의(大東亞會議) 개최연도인 1943년 전후하여 발표되었음을 상기할 때, 이러한 지적은 타당하다고 할 수 있다. 그러나 당시 회의에 참석한 국가는 일본을 비롯하여 중국 친일 괴뢰정권, 필리핀, 만주국, 타이, 미얀마 등이고, 인도 임시정부가 배석하였으므로, 고고학이나 민속학 등에서 전파론적인 입장에서 말하는 남방과는 다소 차이가 난다.

한편 문화사학자 조지훈(趙芝薰)에 의해서 문화의 분포권역이라는 관점보다는 문화요소가 들어오는 경로를 살피는 관점을 제시한 바 있다. 그는 문화이동선이라는 이름으로, 앞서 문화권 개념과 달리 한반도를 중심으로 하여 중국문화선, 북방문화선, 해양문화선이라는 개념을 제시하였다. 구체적으로 중국문화선은 요동반도와 산동반도에서 한반도 서해안으로 들어오는 선이고, 북방문화선은 중국 동북부지방으로 들어오는 선 그리고 해양문화선은 남쪽 해상을 통하여 들어오는 선으로 이해되고 있다.

해양문화선은 앞서 말한 남방문화권에 비견되는 개념이지만, 일본으로 이어지는 문화선이 언급되어 있지 않고, 중국 화남지방과의 루트는 제외되고 있는 점에서 차이가 있다. 고대 이전에 돌멘, 가락국이나 신라의 전설, 제주도 민속의 남양적 요소가 이를 통하여 들어왔다고 이해하는 것이다. 근대 이전에는 가장 주변적인 외부문화의 유입선이었지만, 19세기 이후에 와서는 오히려 근대화된 서양의 문화의 본격적인 루트가 되었다고 설명한다.

해양문화선론과 유사하면서 최근에 제기된 주장이 동아지중해권설이다. 잘 알려지다시피 해상을 통하여 활발하게 교류하면서 고대 문명과 도시가 발달한 유럽의 지중해가 있다. 동아지중해권설은 그것을 염두에 두고 동아시아지역에서 해상에서의 교류를 중요시 하는 관점에서 제시된 것이다.

이 개념을 최초로 제시한 것은 고구부 나오이치[國分直一]인데, 그는 인류학과 민속학의 관점에서 아시아 대륙 동쪽의 오호츠크해, 캄챠카해, 동해, 황해, 남해, 그리고 남중국해 전체에 걸친 해역을 동문화권의 공간적 범위로 삼았다. 그것은 일본열도와 그 남쪽의 류큐열도, 그리고 북쪽의 홋가이도를 기준으로 삼아 그 서북쪽에 면한 중국, 한국, 일본의 대륙과의 해상교류를 살피기 위한 것이었다. 그러한 동아지중해권 개념은 1990년대에 센다 미노루[千田稔]에 의해서 일부 수정되었는데, 그것은 앞서의 해역 중에서 보다 고대 중세에 교류가 활발하게 이루어졌던 황해를 중심으로 하여 남중국해, 동해로 축소하여 범위를 설정한 것이다.

동아시아지중해론 한국인 학자로서 윤명철(尹明喆)이 처음 제시하였는바, 우리나라의 고대 역사연구가 한반도라는 지리적 경계에 한정되면서 대륙과의 관계에만 치중하였다는 점에 문제 있다고 하면서 주장하였다. 육상 이외에 해상으로 전하는 역사와 문화 교류를 무시할 수 없다는 것이다. 아울러 하나의 국가를 중심으로 한 일국사관(一國史觀)에서 탈피하여 바다를 둘러싼 여러 국가 간의 역사에 관심을 가져야 한다는 관점으로 상당한 부분에서 조지훈의 해양문화선론과 유사하다고 할 수 있겠다. 이러한 관점에서 접근할 때, 우리나라의 경우 중국, 러시아와 일본을 아울러 갈등을 조정하고 상호 교류함에 주도적이고도 조정적인 역할을 하는 모습이 부각될 수 있다고 주장한다.

이러한 동아시아지중해론에 대해서 역사학자 권덕영(權悳永)은 개념상의 문제가 있음을 지적한 바, 우선 지중해라는 개념은 자연지리학적으로 볼 때 대륙으로 둘러싸인 바다라는 점에서 틀리다는 것이다. 유럽 지중해와 같은 대지중해, 페르시아 해와 같은 소지중해의 사례에서 보듯이 거의 대륙으로 둘러싸이고, 다만 한 쪽으로 좁은 해협이 있어 대양과 연결되는 형국이라는 점을 지적한다. 이러한 점에서 본다면 동지중해는 태평양 쪽으로 대륙으로 둘러싸인 것이 아니라, 류큐 열도를 사이에 두고 거의 대양에 연결되어 있다는 점에서 지중해라고 볼 수 없다는 것이다.

또한 역사 혹은 인문지리의 관점에서 볼 때도 유럽 지중해의 경우 그 안에 있는 여러 섬들과 주변 연안 지역간에 해상교류가 지속적이고도 활발하게 전개된 것과 달리, 동아지중해의 경우 간헐적이고 제한적으로 이루어졌다는 것이다. 이러한 점에서 지중해라는 용어보다는 오히려 '동아시아 해역' 혹은 '동아시아 연해'라는 용어가 더 적합할 것이라고 주장한다.

이러한 여러 연구자들의 주장을 종합할 때, 동아시아 연해 등 동아시아 지중해든 간에 앞서 남방문화론에서 지적한 내용에 더하여 동해 수역을 통해서 이루어지는 인근 연안의 집단들 간의 해상활동에 대한 관심이 더욱 증대될 필요가 있음이 확인된다.

유럽 지중해의 경우 해상교류는 로마시대 이전까지는 주로 이탈리아 동쪽의 지중해 동부지역에서 활발하였고, 그 서부지역에서는 그 이후에 본격적으로 이루어졌다. 그것은 고대문명권의 중심이 이집트, 메소포타미아, 미케네 등에 집중되어 있을 뿐만 아니라, 지문항법으로 근거리에 도달할 수 있는 많은 섬들이 산재한 에게해 수역 또한 이 동부 지중해 연안에 위치하기 때문이다.

동아시아의 경우 유럽의 동부지중해 수역처럼 중국 고대문명권에 인접하여 있다. 연안을 따라 항해가 상대적으로 용이하고, 항해루트와 징검다리 기능을 하는 발해 남쪽의 묘도열도와 한반도 서남해안의 부속도서가 황해에 자리잡고 있으며, 이 글에서도 이 수역에서의 해상교류가 적지 않게 설명된다. 그러나 동해를 대상으로 한 해상활동에 대한 설명은 거의 없다시피 한데, 그것은 〈동아지중해론〉의 관점에서의 연구성과가 아직 충분하지 않기도 하지만 필자의 소양이 부족한 데에 연유한다.

황해에서의 해상활동과 마찬가지로 동해의 연안, 러시아 동부, 한반도 동해안, 그리고 일본 북부해안의 주민과 그들의 해상활동에 대하여 해양지리는 물론 역사, 고고학, 인류학 등에서 폭넓게 관심을 가질 때 비로소 〈동아시아 지중해〉 혹은 〈동아시아연해〉의 개념이 제대로 작동될 것이다.

Ⅱ. 해수면의 변화

지구의 기후는 인류가 등장했던 3백만년 전부터 지금에 이르기까지 많은 변화가 있어 왔다. 지금보다 훨씬 따뜻한 적이 있었는가 하면 엄청난 추위가 몰아친 적도 있다. 육상에서 서식하는 동식물상에 결정적으로 영향을 미치는 기후의 변동은 양극 지역이나 높은 산 정상에 있었던 빙하의 해빙 현상과 관련된다. 빙하가 얼었을 경우 하천의 수량이 줄고 바다로 유출되는 물도 적어 해수면이 낮아지지만, 기후가 따뜻하여 빙하가 녹아 흘러내릴 경우 하천의 수량도 늘면서 동시에 해수면이 상승하게 된다.

해수면이 오르락 내리락 하면서 대륙의 형태는 물론 섬 자체가 없다가 생기기도 하는 것이다. 해수면이 올라갈 경우 해안선이 내륙으로 후퇴하고, 섬의 면적이 줄어들거나 높이가 낮은 섬은 아예 바다에 잠겨 없어지기도 한다. 반대로 해수면이 내려갈 경우 해안선이 바다 멀리 나아가며, 없던 섬이 생기거나 그 면적이 넓어지게 되는 것이다. 당연한 일이지만, 기온이 낮은 빙기의 경우 육지와 도서 사이의 거리는 멀어질 수 밖에 없고, 그 반대인 경우 좁아진다.

해수면은 세계적으로 동일하게 변화하기도 하지만, 국지적으로 발생하는 지각변동이나 퇴적 풍화현상에 따라서 지역마다 조금씩 다른 해진과 해퇴현상이 보이기도 한다. 이를테면 육지가 융기하거나 토사가 내륙에서 씻겨 내려가는 경우 또는 바람에 의해 해안에 흙모래가 퇴적될 경우 해퇴현상이 일어나지만, 육지가 침강하거나 바닷물에 의해 침식되는 경우 해

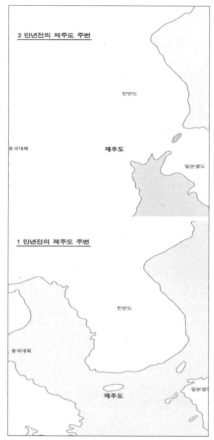

〈그림 1〉 충적세 전후의 한반도 주변
(제주사정립위, 1998)

진현상이 일어나는 것이다. 물론 오늘날 바다의 깊이가 얕은 해역은 조금만 해수면이 내려가도 육지가 되기가 용이하고, 깊을 경우는 웬만한 기후변동에도 바다상태를 그대로 유지하게 된다. 또한 해안에 저지대가 넓게 발달한 경우는 해수면의 변동에 따라 해안선이 크게 달라지지만, 고지대가 발달한 경우는 그 반대인 것이다.

동북아시아 전체를 볼 때 대체로 200~300만년 전부터 시작하는 플라이스토세 기간에 적어도 4~5번의 추운 빙기가 있었다고 전한다. 그리고 그 사이에 따스한 간빙기가 있었는데, 마지막 빙기가 끝나는 1만년 전부터 비로소 오늘날의 기후와 거의 같았다. 1만년전 이전 구석기시대에 해당하는 플라이스토세에 따뜻한 간빙기에는 지금보다 연평균 기온이 7~11도 이상 올라간 적이 있지만, 마지막 빙하 극성기에는 그 반대로 4~7도 이하로 떨어진 경우도 있게 된다. 지금부터 2만년 전을 전후한 시기에는 해수면이 100m 이상 최대 140m 미만으로 낮아진 것으로 추정되고 있다.

따라서 한반도에서 발견되는 구석기 유적이 속한다고 생각되는 10~20만년에서 1만 2천년 전의 시간적 범위에 한반도와 중국 사이에 있는 발해

와 황해, 그리고 동중국해
는 현재의 최대 수심이 60m
으로서 바다를 이루고 있지
못하였다. 한반도와 제주도
사이의 남해 또한 그 대부분
수심 100m를 넘지 않으므로
육지이었던 것이다〈그림 1〉.
결론적으로 말하면 한반도
와 그 주변에 사람이 거주하
면서 3면이 바다를 이루었
던 것은 신석기시대에 들어
와서이다. 1만6천년 전부터
해수면이 상승하게 되는데,
그 상승속도가 빨라지는 것
은 1만년 전부터 5천년 전에
이르는 동안이다.

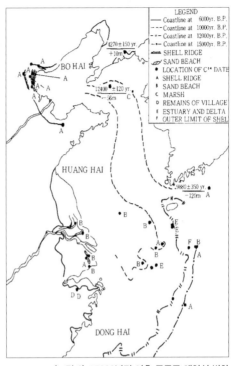

〈그림 2〉 15000년전 이후 동중국 해안선 변화
(Huang, 1984)

　신석기시대 이후 각 지역별로 해수면을 살펴볼 때, 우선 중국 동남해
안의 경우 발해만, 산동반도 그리고 화남지역 별로 이루어진 조사 성과
에 따르면, 발해 연안에서는 신석기시대 이후 세차례 해진이 있었으며, 최
대 해진 시기인 6천년 혹은 7천년~5천년 전에 들어와 현재보다 해안선이
70~100km 더 내륙으로 후퇴하였다고 한다. 산동반도 해안에서도 6천년
에 지금보다 4~5m 상승하였다. 그 이후 오늘날까지 5m 상승하거나 2m
하강하는 변화를 되풀이하게 된다〈그림 2〉.

　양자강 유역에서는 해수면이 가장 높았던 것은 7천년 전 전후로 이때
해안선은 현재보다 약 200km 내륙으로 들어갔다고 본다. 그 하구에서는 1
만년전 27~21m 정도 내려갔다가, 8천년전에는 7~8m 정도로 상승하였다

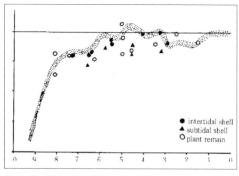

고 추정된다.

일본의 경우 지각운동과 화산활동이 활발하여 해수면 변동을 추정하기가 어려운 것으로 전한다. 그렇지만 조사성과를 종합하면 일본 일대의 해수면은 11,000년 전에 지금보다 20~30m 밑에 머물러 있다

〈그림 3〉 일본 구주해안의 해수면 변동 (下山正一, 곽종철,1991)

가, 10,000년 전에 40m 이하로 내려갔었다. 그리고 6000년 전에는 지금보다 2~3m 오히려 높아져, 해안선이 내륙으로 들어와 한반도와 마주 보는 북규슈 등지의 해안선이 복잡하게 된다. 4,500~2,000년 전에 해수면이 낮아지면서 해퇴현상이 일어나면서 2천 년 전에는 지금보다 3m 정도 내려갔다고 한다〈그림 3〉.

한반도 남해안과 마주하는 후쿠오카시의 주변에서는 1만년 전에 지금보다 20m 아래, 8~7천 년 전에 4m 아래, 그리고 6천 년 전에 지금과 같은 수준에 이르다가, 4,700년 전 즈음에 지금보다도 수m 높은 것으로 알려져 있다. 그리고 앞서 지적한 바와 마찬가지로 3~2천년 전에는 지금보다 2~3m 낮다고 해석되고 있는 것이다. 그렇게 되면 이 시기에 한반도 남해안과 바다거리는 지금보다 짧아지는 결과를 낳게 된다.

한반도에서 후빙기 해수면 변동에 대한 황상일(黃相一)의 연구를 보면 6천 년 전에 일본, 중국 해안과 달리 지금보다 해수면이 4.5m 낮은 것으로 되어 있다. 그러나 다른 연구에 따르면 오히려 2~3m 높았다고 되어 있는 의견 차이가 있다. 최근에 서해안 일산 해안의 토탄층을 통해서 조사한 결과를 보면 5,500~5,000년 전에 지금보다 3~4m 높았던 것으로 추정하고 있다.

또한 동해안의 해수면에 대해서 해안 퇴적층에서의 화분과 규조류 분석을 통해서 10,000년 전에 25m, 7,000년 전에 10m, 그리고 6,000년 전에 현재와 같고, 그 이후로는 거의 변화 없이 지금에 이른 것으로 추정하고 있다. 포항 울산을 중심으로 한 동남해안에서는 5,000년 전에 3~5m 상승하였다고 주장되고 있는 것이다. 남해안 쪽도 6,000년 전에 지금보다 2~3m 높았다고 보고되어 있다〈그림 4〉.

이를 종합해보면 오늘날 볼 수 있는 한반도의 해안선과 도서의 모습이 비로소 갖추어진 것은 지금으로부터 8천년 전인

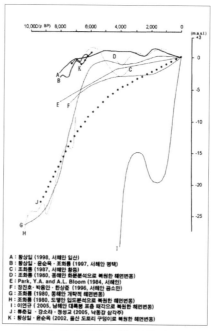

〈그림 4〉 한반도 해수면 변동에 대한 견해
(황상일 외, 2002)

셈이다. 6천년 전에는 지금보다 해수면이 수m 높아 내륙으로 상당한 위치까지 바닷물이 들어와 해안선을 형성하였으며, 특히 서해안과 남해안의 경우 그러한 것이다. 그와는 반대로 2만 년 전에는 해수면이 100m 아래에 있어 서해는 전역, 그리고 남해는 쓰시마와의 사이 일부를 제외하고는 그 대부분이 육지이었다. 그래서 서쪽으로 중국은 물론 남쪽으로 대만에 이르기까지 육지로 연결되어 있어 해상활동을 논의할 수 있는 환경이 되지 못한다. 바꾸어 말하면 해상활동은 지금으로부터 1만여 년 전 홀로세가 시작되면서 비로소 논의할 수 있는 것으로, 고고학적으로 보면 신석기시대에 들어와서이다.

홀로세에 들어왔다 하더라도 해수면의 높이에 따라, 중국과 일본과의 해상거리는 지금보다 훨씬 짧은 시기가 그 이른 단계에 있었음을 유의하

여야 한다. 2천 년 전 역사시대에 들어와서도 해진 해퇴 혹은 하천의 퇴적 등으로 해안지형이 지금과 같지 않은 곳이 적지 않다. 지금은 해안으로부터 수 km 떨어진 김해 예안리 등은 원래 바다에 바로 맞닿은 해안선이었다. 따라서 당시 포구는 내륙으로 수 km 들어와 있었음을 염두에 두어야 한다는 것이다.

Ⅲ. 해상항로의 환경

바다의 환경은 크게 두 가지로 나누어 볼 수 있는데, 첫째는 식량자원의 대상이 되는 어족과 조개류, 바다동물의 생물학적 환경이다. 둘째는 사람이 선박을 이용하여 왕래하는 데 영향을 주는 물리적 환경이다. 전자는 너른 면을 이루지만, 후자는 좁은 선을 이루는 것이다. 전자는 한반도 해안에 가까운 해역과 며칠 배로 나갔다 나와야 하는 먼 해역, 후자는 다른 문화권역으로 오가는 원양항로와 한반도 연안을 따라 오가는 연안항로로 구분할수 있다. 여기서는 해상교류와 관련된 후자를 중심으로 설명하고자 한다.

항로가 개설된 해상공간은 한반도 3면을 기준으로 세 구역으로 나누어볼 수 있다. 하나는 서해상에서 중원지역으로 왕래하는 공간, 다른 하나는 동해상에서 일본열도에 이르는 공간, 그리고 남해상에 일본이나 류큐열도나 대만으로 나아가는 동중국해 공간을 들 수 있다.

해상항로는 그 절대거리가 100km 이상이 되면 돛을 달아 바람을 이용한다 하더라도 시속 5노트 미만 속도의 근대 이전의 항법으로는 통상 하루가 넘는다. 육안으로 관찰이 가능한 시인거리가 항해에 크게 영향을 주지만 역시 더욱 중요한 조건은 운항시간이고, 그것은 절대거리가 주된 변수임은 두말할 것도 없다.

이러한 사실을 고려하여 그 운항거리가 1~2일 정도이고 한반도 해안에서 조망될 수 있는 시인거리가 100km 내외를 근거리라 하고, 그 이상 200km 내외를 중거리, 그리고 300km 이상을 원거리로 구분할 수 있다. 이는 전적으로 편의적인 것으로 절대적인 기준이 될 수 없음은 물론이다. 같은 거리라 할지라도 지리적 환경과 기후 조건의 변수가 많기 때문이다.

1. 근거리 연안 항로와 도서환경

한반도와 그 주변의 연근해 항로의 환경은 대체로 서해안과 남해안 수역은 유사하지만, 동해안 수역은 크게 차이가 난다. 전자는 해안선이 굴곡이 많은 리아시스 식이고 부속도서가 많은데 비해, 후자는 비교적 단순한 해안선을 갖고 있으며 딸린 섬도 거의 없다시피하다.

해안의 북쪽 끝이라 할 수 있는 요동반도 끝에서 압록강 하구를 거쳐 대동강 하구에 이르는 해안선은 크게 곡선을 그리며 꺾인다. 따라서 요남지구 해안과 서북 해안지구가 서로 마주보는 형국을 하고 있다. 섬이 가장 많이 분포하는 곳은 요남해안 서부 지구로서 해안에서 불과 5km도 떨어지지 않은 흑도(黑島)나 평도(坪島)를 비롯하여, 멀리는 100km 떨어진 해양도(海洋島)를 사이에 두고 수십 개의 크고 작은 섬이 대부분 2~5km 간격으로 분포하고 있다. 그 중에 큰 섬인 광록도(廣鹿島) 대장산도(大長山島), 석성도(石城島)는 그 면적이 100km² 정도의 섬으로, 이들 섬을 거점으로 중원지역이나 한반도로 가는 연근해 항로가 개설된 것은 물론, 신석기시대부터 어로활동이 활발하게 이루어진 사실이 근대 이전의 기록과 고고학적 유적을 통해 확인된다〈그림 5〉.

압록강 이남으로 내려와 청천강 하구 북쪽 철산군, 선천군, 곽산군의 평남지역 해안가에 많은 섬들이 집중되어 있다. 도서 간의 거리는 더욱 가까우며 가장 멀리 나아가 있는 대화도나 솔밭섬도 해안선에서 30km 이내이다. 가장 큰 섬인 만도나 조롱도는 면적이 100km² 정도이고, 육지에서

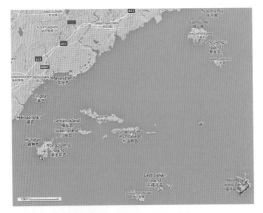

〈그림 5〉 요동반도 남단의 부속 도서 (구글지도)

〈그림 6〉 황해남부와 경기 서부 해역 (네이버지도)

2km 이내에 있다.

황해남도 이남에서 전남의 해남에 이르는 서해안 남부 구간을 살펴볼 때, 복잡한 리아시스식 해안선에 부속도서가 밀집되어 있는 것이 주목된다. 그중에서도 해안선이 더욱 복잡한 구역으로 황해남도 장산곶과 충남의 태안반도 연안을 들 수 있고, 보다 많은 섬이 분포하는 곳은 옹진반도 주변, 그 이남 경기도 서해안, 그리고 전남 서해안 인근 수역이다.

서해를 향해 크게 돌출된 장산곶에서 15km 채 떨어지지 않은 곳에 백령도가 있고, 그로부터 7km 떨어져 대청도, 다시 3km 떨어져 소청도가 있어, 연안항로의 중요한 길목이 된다. 황해남도 남부의 굴곡이 심한 옹진군 해안 남쪽 아래에 15km 안쪽 거리에 연평도가 자리한다〈그림 6〉. 그 아래 임진강과 한강의 하구 가까이에 우리나라에서 5번째로 큰 섬 강화도가 있는데, 해안에서의 거리는 1km가 채 않된다. 남쪽 태안반도 가는 길에 위치한 덕적군도에 속하는 20여개의 섬들과 가덕도 등이 서해안으로부터 50~70km 떨어져 있지만, 그 사이에 역시 섬들이 이어져 상호 가시거리 내에 있다.

서해 쪽으로 돌출한 태안반도는 옹진반도와 직선거리가 100km 되지 않으며, 그 사이에 연평도와 덕적군도가 자리한다. 덕적도에는 해발 292m의 산이 있어 50km 거리에서 보이므로, 이를 지표로 하여 황해남도 또는 충청남도의 해안을 막바로 가로 질러 갈 수 있다. 태안반도 구역에서는 무엇보다 반

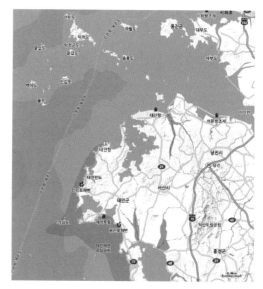

〈그림 7〉 태안반도 일대 해안선과 부속도서 (네이버지도)

도 남쪽으로 바로 붙어 길이 20km의 남북으로 긴 안면도가 주목된다〈그림 7〉. 안면도 동쪽으로 서해안 사이에 내해가 형성되고, 외해 쪽으로는 작은 섬들이 10km 내외의 거리를 두고 위치한다. 가장 멀리 서쪽으로 떨어져 있는 섬은 어청도로서 안면도 남단에서 남서방향으로 50km 떨어져 있다. 이 섬이 만경강 하구인 군산이나 영산강 하구의 목포로 이어지는 항로의 지표 역할을 한 것으로 보인다. 만경강 하구에는 고군산군도가 서해안으로부터 15km 떨어져 있고, 그 아래 변산반도 인근에는 역시 비슷한 거리에 위도가 있어 항로의 길잡이가 되고 있다.

서해안에서 가장 많은 섬들이 분포한 영산강 하구는 또한 남해안으로 연결되는 길목에 있다. 다음에 설명하겠지만, 한반도에서 중국 서남해안과 직선거리상으로 가장 가까운 지점에 있기도 하다. 북쪽으로 해제반도와 임자도, 남쪽으로 화원반도와 큰 섬 진도에 이르기까지 장산도, 자은도, 암태도, 비금도, 도초도, 가좌도, 하의도, 하조도 등의 작지 않은 섬을 비롯

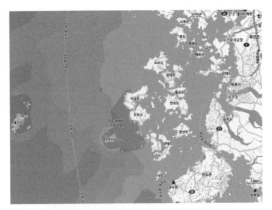

<그림 8> 전남해안 수역 (네이버지도)

하여 100여개의 섬이 상호 3km 이내의 거리를 두고 빽빽하게 분포한다. 이들 군도의 끝자락 섬 우이도에서 서쪽으로 32km 떨어져 50km² 면적의 흑산도가 있고, 남서쪽으로 100km 정도 떨어져 있는 작은 섬으로 가거도가 있어 동 해역의 외연을 이루고 있다〈그림 8〉.

이러한 서해의 연안항로를 통하여 일찍부터 많은 선박이 왕래하였음이 기록을 통해서 널리 알려진 바 있다. 최근에는 고려시대의 선박이 난파되어 수중 발굴을 통해서 확인되는 사례가 크게 늘어나고 있다. 이를 통해서 고려시대에 당시 수도 개경에서 호남 해안에 이르는 구간에 조운선이 빈번하게 운항되었음과 동시에 난파의 위험이 뒤따른다는 사실이 확인된 셈이다.

350km²의 면적을 가진 비교적 큰 섬 진도를 서쪽 경계로 하고 동쪽으로 낙동강 하구에 이르기까지의 남해안 구간은 서해안보다도 복잡한 해안선과 더 많은 부속도서가 분포한다. 특히 고흥반도와 여수반도처럼 크게 돌출한 반도가 있을 뿐만 아니라, 해안에서 떨어진 거리가 1km가 채 않되는 면적 380km²의 거제도, 면적 300km²의 남해도가 있어 연안을 따르는 항로는 대단히 복잡하다. 따라서 연안에 근접하여 남해를 항해한다는 것은 현지 주민이 아니고서는 불가능에 가깝다고 할 수 있겠다. 그러한 이유로 한반도 서해안을 돌아 일본 규슈로 이어지는 해상루트는 연안은 물론, 많은 섬들이 밀집하여 분포한 수역에서 일정 거리 떨어진 외곽에 형성되었을

것으로 판단된다.

이러한 남해안 수역은 해남 땅 끝에서 여수반도까지의 서부와 그 동쪽에서 낙동강 하구에 이르는 동부로 구분하여 살펴 볼 수 있다. 서부의 서쪽 끝에는 해남 땅끝 해안에서 남쪽으로 12km 떨어져 보길도, 40km 떨어져 추자도가 있고, 직선거리로 85km 떨어져 제주도가 있다. 제주도는 1,850km²의 한반도 최대 섬으로 일찍부터 사람들이 건너가 거주한 고고학적 증거가 있다. 또한 해발 1950m 의 한라산

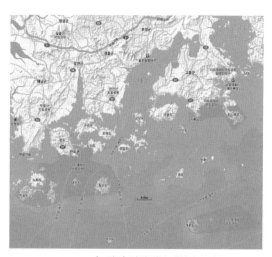

〈그림 9〉 남해 서부 해안과 도서 (네이버지도)

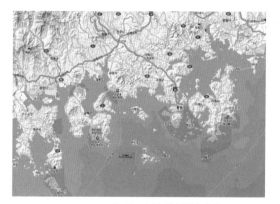

〈그림 10〉 남해안 동부 해역 (네이버지도)

이 있어 해남에서 날이 좋은 날이면 보이는 시인거리 내에 있다. 더군다나 그 중간에 추자도가 역시 징검다리 역할을 하고 있어 더욱 이 항로로 통교하기가 용이한 것이다.

한편 남해 서부의 중앙에 위치한 고흥반도에서 남쪽으로 45km 떨어진 곳에 거문도가 위치한다. 이곳에서 한 대 화폐가 다량 발견된 바 있어 고대에 서해에서 남해를 경유하는 항로를 추정하는 단서가 된다.〈그림 9, 10〉.

여수 반도 바로 동쪽으로는 섬진강 하구가 자리 잡고 있어, 일본으로 진출하는 백제와 대가야의 주요 항로 거점이었음은 문헌 기록과 고고학자료를 통해서 잘 알려져 있다. 남해 동부지역은 앞서도 보다시피 큰 반도가 없는 대신 큰 섬 거제도와 남해도가 있다. 그 면적을 보면 전자는 380km², 후자는 300km²인데, 내륙해안과의 거리가 1km가 채 않되는 좁은 해협이 있어 이를 이용하여 연안항로가 조성될 수 있음은 물론이다. 서기전후한 시기부터 그러한 연안항로가 활용되었음은 남해도와 이웃 창선도에 근접한 사천 늑도의 고고학적 조사를 통해서 잘 알려진 바 있다.

2. 중거리의 주요 항로

황해 해역에서 확인되는 주요항로를 살펴면, 우선 산동지역의 서쪽 끝 교동반도(膠東半島)와 요동반도를 잇는 루트가 확인된다. 요동반도와 교동반도는 서해의 북서쪽에 치우쳐 각각 서해상에 돌출되어 있어 북쪽의 발해와 남쪽의 황해를 구분하는 경계가 된다. 요동반도 서남단 여순과 교동반도의 북부 해안의 중앙에 돌출된 봉래시와의 상호 최단거리가 140km 정도로서, 이 거리는 한반도 동남부해안 김해, 부산에서 일본의 규슈 후쿠오카 해안에 이르는 거리, 또는 서남해안 강진에서 제주도 제주시에 이르는 거리와 크게 차이가 나지 않는다.

더군다나 교동반도 봉래시에

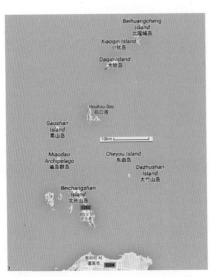

〈그림 11〉 교동반도 연안의 묘도열도 (구글지도)

인접하여 상호 10 km 채 안 떨어져 수십개의 섬으로 구성된 묘도열도(廟島列島)가 요동반도 쪽으로 뻗쳐 있어 더욱 왕래하기가 수월한 것이다〈그림 11〉. 묘도열도의 북쪽 끝에 있는 북황성도(北皇城島)와 요동반도 남단 노철산(老鐵山) 사이의 거리는 50km가 채 않 된다. 육지나 지형지물을 보고 항해하는 지문항법이 가능한 루트로서, 해상이동을 하기 시작한 신석기시대부터 이 항로를 통하여 왕래한 사실을 입증하는 고고학적 증거가 확인되는 것이다. 연구

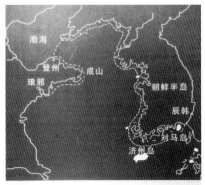

〈그림 12〉 진시황 파견 서복 추정항로
(옌타이박물관 전시)

자에 따라서 서해 북부 연안항로, 북부 항로 또는 노철산수도 항로라고 명명하였다〈그림 12〉.

　다음 항로는 서해 중부 횡단항로 또는 한중 횡단항로라는 이름이 붙여진 것으로서 교동반도와 황해남도로 통하는 서해 공해상의 루트이다. 양지역 간의 최단거리는 180km 정도로서 그 사이에 앞서 북부항로와 달리섬이 분포하지 않는다. 다만 황해남도 해안에서 20km 채 떨어지지 않아 백령도가 있을 뿐으로, 시인거리에 미치지 못하여 지문항법이 불가능한 구역이 중간 공해상에 있는 것이다. 이 횡단항로는 목적지 해안에 대한 정보를 확보하고 있지 않으면 찾아가기가 어려운 항로이다. 오랜 시행착오를 거쳐 양쪽 해안의 지형을 숙지하였을 때 비로소 왕래가 가능한 루트이다. 그러한 상황은 결국 고조선 후기 혹은 한군현이 황해남도에 중심지로 자리잡은 이후 조성된 것으로 보인다〈그림 13〉

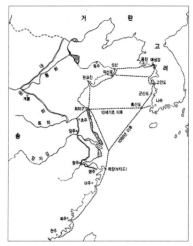

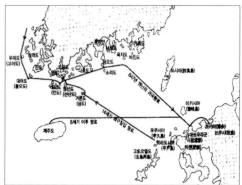

〈그림 13〉 중국과 한반도 사이의 고대해상항
(정진술, 2009)

〈그림 14〉 한반도 남해안과 일본 북구주 사이의 고대해상항로
(정진술, 2009)

다음 한반도 남해상의 항로를 살펴보면, 중국 동해안 전역이 한반도 서해안과 마주보고 있는 것과 달리, 일본과 연결되는 항로로서 한반도 남해안의 경남 동남해안, 일본의 경우 북규슈 지역이 마주하고 있다. 최단거리인 김해에서 북규슈 가라츠[唐津]해안까지 120km 정도로서 서남해안과 제주도의 거리와 비슷하다. 그러나 동남해안에서는 바로 붙어 거제도 섬이 있을 뿐만 아니라, 김해에서 40km 떨어져 웬만한 한반도 부속도서와의 이격거리 수준인 징검다리 쓰시마가 있어 항해에 유리하다. 거의 이어지다시피한 두개의 섬으로 된 쓰시마는 남북 30km로 길게 뻗쳐 있어 더욱 항해에 유리한 것이다. 또한 일본 북규슈의 앞바다에는 해안선에서 30km 떨어져 또다른 징검다리 역할을 하는 이키[壹岐] 섬이 위치한다〈그림 14〉.

세번째로 동해를 사이에 두고 한반도와 일본열도 사이에 형성된 항로를 보면 가장 가까운 거리에 울산 동남해안과 야마구치[山口] 나가토[長門]가 있다. 그 직선거리는 140km 정도로서 김해에서 북규슈 후쿠오카와의 거리와 같다. 그러나 그 사이에 징검다리 역할을 하는 섬이 없어 이 루트를 따라 왕래하는 것은 역시 상호 목적지에 대한 정보가 상당히 축적된 이후가 될 수 밖에 없다.

3. 원거리 주요항로

원거리 항로는 삼국시대에 이미 개척되었다는 주장도 있지만, 대체로 통일신라 혹은 발해가 들어선 이후에 본격적으로 이용된 것으로 추정된다. 그 항해 횟수가 많지 않으며, 상당수 표류에 의해 사람들이 왕래한 사실이 기록으로 전한다.

우선 서해에서 한중간에 이루어지는 항로를 살피면 이른바 중국 남부의 사단항로가 있는데, 대체로 한반도 서남해안에서 중국의 양쯔강 하구로 이어지는 항로를 말한다. 구체적으로 보면 중국 서남해안 중 가장 튀어나온 상해 부근에서 서남해안의 목포, 해남을 중심으로 한 지역과 연결되는 루트이다. 그 최단거리가 400km로서 서해 횡단항로의 두 배 거리이다. 이 항로에서는 서남해안에서 가장 바다로 나아간 섬으로 100km 정도 떨어진 가거도가 있다.

나침반 등의 장비를 갖추지 않고서는 따라가기가 어려운 항로이다. 이 남쪽으로 한반도를 향한 항로가 중국 남부와 제주도 사이를 연결하는 노선으로서, 제주도를 포함하는 남해 연안 지역과 대만과 류큐 열도를 연결하는 동중국해 남북 항로이다. 중간에 징검다리 역할을 하는 섬이 없는 점은 앞서 서해 사단항로와 같은데, 제주도와 600km, 한반도 남해안과 700km 정도 떨어져 있다. 조선시대에 태풍을 만나 표류한 기록이 있는 루트인 바, 정식 항로로 개설한 적은 없다. 조선시대 제주도 사람 김비의(金非衣)가 오키나와 남쪽 이시가와 섬에 표류한 사실이 이에 속한다. 네덜란드 사람 하멜이 대만 북쪽에서 표류하여 제주도에 도착하거나, 류큐 사람이 제주도에 표착한 바닷길 또한 이에 해당한다 하겠다.

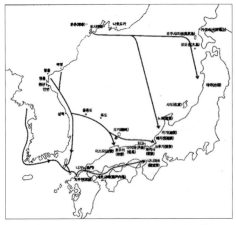

〈그림 15〉 한반도와 일본열도 사이의 동해 고대해상항로
(정진술, 2009)

동해 구역에서는 연해주나 함북 해안에서 일본 혼슈 북부 해안으로 이르는 800km가 넘는 거리의 해상 루트로서 동해 사단항로가 있다. 이 항로 또한 먼 거리이면서도 징검다리 섬이 없어, 원시고대의 항법으로 따라가기 어려운 항로이다. 기록에 발해와 일본을 왕래하는 항로라고 추정하는 견해도 있지만, 실제로 운항된 항로는 연해주보다 더 남쪽으로 동해안을 따라 내려오다가 한반도 동남해안 근처에서 혼슈 북부 연안을 따라 이르는 것으로 추정하는 것이 타당하리라 본다〈그림 15〉.

요약

한반도 주변의 해역에서 이루어진 해상활동을 문화권의 관점에서 설명하고자 하는 시도가 있는데, 남방문화론과 동아지중해설이 바로 그것이다. 전자는 지나친 전파론적 설명에 치우치고 구체적인 문화전달과정에 대해서 소홀히 하고, 후자는 자연이나 인문지리의 관점에서 정작 지중해적인 여건을 조성하지 않은 문제점이 지적된다. 그러나 한반도를 둘러싼 해상에서 여러 국가 간의 교류에 대한 관심을 일깨우는 데에 중요한 역할을 한 것으로 평가된다.

여러 해상루트 중 어느 루트를 택할 것인가는 항로의 난이도와 이를 극

복할 수 있는 기술에 따라 결정될 것이다. 고대에 가장 많이 채택되는 방법은 목적지를 가는 방향을 가름하거나 항해 도중의 피신처를 고려하여 도서와 해안지방을 이어가는 근거리 루트가 많이 이용되었다. 목적지로 가는 뱃길을 잡는 것은 지문항법에 의한 것임을 두말할 것도 없다. 다음 난이도가 높은 항법은 천문항법으로 낮에는 태양, 밤에는 별자리를 가늠하여 뱃길을 잡아 가는 방식으로 먼거리 항로를 취할 때 활용하는 것임은 물론이다.

편의상 100km 내외를 근거리, 200km 내외를 중거리, 300km 이상을 원거리로 구분하여 설명할 수 있지만, 지리적 환경과 기후에 따라서 같은 거리라도 해상 운항의 난이도가 다름은 물론이다.

근거리 수역의 경우 한 중일 간에 해상 왕래가 많았던 서해, 남해를 중점적으로 살피면, 우선 요동반도 남단에서 한반도 서북한에 이르는 수역의 경우 해안선은 단순하지만, 요남지역에서는 장산열도, 서북한에서는 청천강 하구에 조롱도 등의 섬이 있어 연안항로의 지표 역할을 한다. 서해안의 경우 황해남도와 태안반도, 영산강 하구 수역에서 해안선의 굴곡이 심하고 많은 섬들이 분포하고 있어 현지 지리에 익숙하지 않고서는 항해하기 어렵다. 특히 태안반도의 경우 안면도와 해안선으로 둘러싸인 항로가 복잡하고, 영산강 하구에서는 많은 섬이 집중해 있어 난파의 위험이 많은 곳이기도 하다. 남해안의 경우 서부와 동부 수역으로 구분할 수 있는데, 전자는 고흥반도와 여수반도, 후자는 남해도와 거제도가 있어 연안 항로가 더욱 복잡하다. 남해 서부에는 추자도를 징검다리로 하여 제주도로 넘어가는 항로가 있다.

중원지역과 연결되는 항로로는 요동반도에서 교동반도로 연결되는 루트가 있는데 중간에 묘도 열도가 있어 징검 다리 역할을 한다. 이른바 황해 북부항로로서 신석기시대부터 왕래하던 고고학적 증거가 적지 않아 일찍부터 개척되었던 항로였음을 알 수 있다. 마찬가지로 일본과는 남해 동부에 쓰시마와 이키섬이 있어 일찍부터 북부 규슈와 연결되는 항로가 개척되었음이 신석기시대의 고고학적 증거를 통해서 확인된다.

한 중간에 공해상으로 나아가는 중거리 항로로서 교동반도와 황해남부를 잇는 횡단항로가 있는데 중간에 징검다리 섬이 없어, 대체로 서기전후한 시기 이후에나 범선으로 활용된 것으로 보인다. 원거리의 남방 사단항로로서 중국 양즈강 유역에서 한반도 서남부에 도달하는 항로가 있는데 나침판이 발명된 중세가 지나서야 적극적으로 이용된 것으로 보인다. 그 다음 대만과 류큐 열도에서 제주도를 거치거나 이를 끼고 한반도 남단으로 가는 항로는 표류성 항해가 주로 이루어진 구간이다.

동해를 사이에 두고 중국 동북지역 혹은 연해주에서 일본에 이르는 해상항로는 발해관련 기록을 통해서 간헐적으로 이용된 것으로 전한다. 그러나 그 항로는 공해상으로 나아가는 것이 아니라, 한반도 동해안을 따라 남쪽으로 가는 루트일 가능성이 높다.

〈참고문헌〉

[국문]

권덕영, 2011, 「'동아지중해론'과 고대 황해의 지중해적 성격」, 『지중해지역
　　　연구』13권 23호

김원룡, 1977, 『한국문화의 기원』, 탐구당

김정배, 1973, 『한국민족문화의 기원』, 고려대학교출판부

반용부·곽종철, 「낙동강하구 김해지역의 환경과 어로변화」, 『가야문화연구』
　　　제2호

신숙정, 1994, 『우리나라 남해안지방의 신석기문화 연구』, 학연문화사

윤명철, 2004, 「해양사관으로 본 한국고대사의 발전과 종언」, 『한국사연구』
　　　123

이광규, 1968, 「민족학에서 본 한국문화의 기원」, 『한국문화인류학』 2

이청규, 2002, 「한국의 원시고대 남방문화론에 대하여」, 『강좌한국고대사』
　　　9, 가락국사적개발연구원

정진술, 2009, 『한국해양사-고대편』, 경인문화사

조지훈, 1964, 『한국문화사서설』, 탐구당

황상일·김정윤·윤순옥, 2002, 「고김해만 북서지역의 Holocene 후기 환경
　　　변화와 지형발달」, 『한국지형학회지』16권 4호

[영문]

Huang Jinsen, 1984, Changes of sea-level since the late Pleistocene
　　　in China, *The Evolution of the East Asian Environment,*
　　　University of Hong Kong

[일문]

千田稔, 2002, 『海の古代史-東アジア地中海考』, 角川書店

2부

고대 이전의
해상활동

3장
신석기시대의 해상활동

논의 주제

한반도 주변에서 해상활동은 언제 시작되었으며, 그 초기의 상황은 어떠할까. 지금으로부터 2만 년 전에는 황해와 남해는 물론 류큐 열도에 이르는 동중국해의 전 수역이 연륙되다시피 했다. 따라서 이 수역에서 바다 환경을 접하게 되는 것은 1만 년 전 이후로서 그 이전 구석기시대 인류의 해상활동은 원천적으로 불가능한 것이다.

빙하기 때에도 류큐 열도의 본섬 주변은 수심이 깊어 해협이 형성되어 있었다. 그러한 오키나와 본섬에 항천인(港川人)이라고 명명한 화석인골이 2만 년 전에 속하는 것이 확실하다면 그가 해상으로 이동한 최초의 인류일 가능성이 있다. 그러나 한반도 주변에서는 비슷한 시기에 대한해협 근처가 수심이 깊지만 호수를 형성하고 대부분 연륙되어 있었다. 따라서 한반도와 일본 양 지역에서 이 시기에 해당하는 유사한 형식의 좀돌날 석기가 출토하였다고 해서 당시 구석기들이 해상으로 이동하였다고 보기 어렵다.

본격적인 해상활동은 1만 2천년 이후 홀로세로서 지금보다 바다 폭이 훨씬 좁은 남해 수역에서 초기 신석기시대 인들에 의한 것으로 추정된다.

그 시기의 해안선은 지금 바다 밑에 잠겨 있어서, 오늘날 도서 해안 저지대에서 발견되는 신석기시대 유물들은 당시로 보면 내륙에 해당되므로 바다와 직접적인 관계가 없다는 점에 주의하여야 한다.

그러한 상황에서 현재 한반도 전남해안으로부터 최단 직선거리로 100km 채 안되는 제주도의 경우, 서기전 8천년 경으로 추정되는 고산리 유적이 발견됨으로써 적어도 수십 km 되는 바다를 가로 질러 온 정황을 확인할 수 있게 되었다. 지금까지 알려진 바로는 한반도 주변 최초의 바다 사람인 셈이 된다. 발견된 토기의 양식이 지금의 한반도내에서 확인되지 않지만, 황해 혹은 남해의 바다 아래에 잠긴 곳에서 건너 왔으리라고 추정되는 견해도 있다. 고고학적 증거를 통해서 중원지역과 한반도, 그리고 일본열도 사이의 바다를 통하여 왕래한 사실이 본격적으로 확인되는 것은 여러 연구자들의 주장에 따르면 지금으로부터 8~6천 년 전 이후이다. 당시 오늘날과 유사한 해안선이 형성되었는바, 그 이전의 해안가 유적은 있다 하더라도 물속에 잠겼을 가능성이 높다.

사람들의 해상 이동과 이주, 정착과 관련해서는 무엇보다도 앞서 지적하였듯이 그들이 남긴 토기의 양식, 그리고 토기 태토에 대한 산지 분석을 통해서 추적이 가능하다. 양 지역과의 해상왕래는 징검다리 섬들이 바다 가운데 있으면서 비교적 거리가 가까워 상호 보다 접근이 용이했던 요동반도와 교동반도(膠東半島), 그리고 한반도 동남해안과 일본 규슈지역을 중심으로 지속적으로 이루어졌다. 그동안 이에 대해서 한중일 신석기시대 연구자들의 연구성과가 있으므로 이 장에서는 이에 대해서 중점적으로 설명할 것이다.

한편으로 신석기시대의 수상활동에 동원된 선박에 대한 실물자료가 경남 밀양에서 최근에 확인된 바 있다. 전 세계 다른 지역은 물론 이웃 중국과 일본의 해안지역에서도 발견되었던 통나무배로서, 그것이 먼 거리 바다에서 활용되기는 어렵지만 인류가 만든 최초의 선박으로서 논의할 수 있는 근거를 마련해 준다.

그 절대연대가 확실하지 않지만 바위절벽 그림을 통해서 한반도 연안에서 이루어진 신석기시대의 고래잡이에 대해서도 논의할 수 있다. 울산 태화강 상류의 반구대 암각화가 바로 그것으로서, 배를 이용한 고래잡이의 암각화는 유라시아 북부의 북극해 연안 여러 곳에서 확인되고 있어 비교가 된다. 또한 근대까지 현지 원주민에 의해 원시적인 선박을 이용해서 고래를 포획하는 모습들이 알래스카 주변에서 관찰되고 기록된 바 있으므로 이 또한 참고가 된다.

Ⅰ. 신석기시대 토기와 해상이동

신석기시대 토기는 전문 장인에 의해서 제작되는 경우도 있지만, 그 상당수는 비전문가에 의해 제작되는 것으로 전한다. 민족지 자료에 의해서 알려진 바로는 마을 또는 가족 단위로 일상에 필요한 만큼 주로 여성이 주도하여 제작하는 것으로 알려져 있다. 일상 음식을 조리하거나 저장 보관하는 용도로 제작 사용되고, 드물지만 무덤에 부장하거나 제사를 위해 별도로 마련되는 경우도 있다.

이러한 토기가 여러 다른 지점에서 같은 형식에 속하는 것이 판명되었을 경우 사람이 이동한 증거라고 생각할 수 있다. 문제는 사람이 이동한 경로가 육상이 아니라 해상인 경우로 배에 토기 자체를 싣고 가거나, 그렇지 않으면 배를 탄 사람이 도착한 곳에서 토기를 제작한 두 가지 경우가 상정될 수 있다.

토기를 배에 실었다고 한다면 이동하는 사람들이 직접 사용할 의도에서 갖고 가는 것이며, 식량 등을 보관하였을 가능성이 많다. 이 경우 예외가 있겠지만 그 대부분 이동거리가 며칠을 넘기 어렵다. 출발지와 도착지의 토기가 그릇 모양이나 문양은 물론, 그릇 태토의 성분이 유사한 것으로 판명될 것이다. 태토 성분에 대해서는 육안 관찰에 의해서 판단하기도 하지만, 현미경을 통해서 분간하는 경우가 많은데 이는 출발지와 도래지의 토양환경이 전혀 다르다는 것을 전제해야 한다. 가령 화강암계통의 석영, 장석, 운모 성분과 현무암 계통의 감람석, 휘석 등의 성분의 대비에서 보듯이 차별화되는 경우가 있다. 전자가 한반도 내륙이 원산지라 한다면, 후자는 제주도, 울릉도와 같은 지역이 대응된다고 할 것이다.

토기가 운반되지 않고 사람이 이주 혹은 표류에 의하여 원래의 근거지를 떠나 바다 건너 다른 곳에 정착할 경우, 현지의 흙을 빚어 토기를 만들 수도 있다. 이러한 경우 원래 살던 곳에서 만들던 토기 그대로 제작하면 형식이 같을 수가 있는 것이다. 같은 집단에 속했던 사람이라 할지라도 다른 곳에서 토기를 만들 경우 원래 만들던 모양이 변형될 수도 있다. 그것은 동일한 모델을 머리에 두고 제작하더라도 개인에 따른 차이가 발생하기 때문으로, 기억의 정도와 제작기술의 수준에 따른 것이라 하겠다.

한편 같은 신석기시대의 토기라 하더라도 고도의 제작기술을 보유한 전문장인에 의해 제작된 사례가 있다. 대체로 의례에 사용되는 토기로서 조형이 복잡하고 장식성이 강한 형식이 이에 속한다. 중국동북지역과 한반도에 걸쳐 발견되는 사례를 보면 중원계로서 세 발이 달린 세련된 형태의 술잔 종류가 이에 속한다. 그리고 일본 토기로는 화염무늬 장식이 풍부한 토기를 그 대표적인 예로 들 수 있다.

이러한 토기가 바다 건너 왔다면 그것은 해상 이동과 관련된 의례나 신앙을 생각할 수도 있다. 해상 이동이 특히 원거리에 걸쳐 이루어질 경우 항해 안전을 기원하는 주술 의례가 베풀어질 수 있다. 그것은 육상에서 이루어지는 경우가 많겠지만, 항해하는 과정에서 지속적으로 이루어질 수도 있다. 마치 부엌에 귀신을 모시는 성주신앙의 맥락과 같은데, 의기용의 토기를 굳이 배에 실어 옮겨 갔을 경우 그러한 추정을 시도조차 못할 것은 아니다. 아예 신을 모셔가서 원적지의 상황을 그대로 재현하고자 하는 바램에서 의기용의 토기가 운반될 수도 있다.

잘 알려진 것처럼 신석시대의 토기는 다양한 방식으로 다양한 형태의 무늬가 장식된 사례가 많다. 다음에 볼 청동기시대의 토기와는 대조적인 바, 그것은 토기를 단순히 실용적인 것 뿐만 아니라, 상징적인 측면도 고려해서 제작되고 사용되었음을 방증하는 것이다. 그렇기 때문에 지역집단마다 제작되는 토기양식이 각기 다른 바, 그것은 앞서 말한 것처럼 집단간의 차이 내지 집단의 정체성을 과시하기 위한 것임이 분명하다. 그러한 집단 간의 차이는 무엇보다 한반도, 일본열도 그리고 중원대륙의 상위 지역 수준과 한반도 내의 영남, 호남 등 여러 하위지역 수준에서 설명할 수 있다.

상위지역 수준에서의 차이를 보면 삼족기와 흑색마연의 얇은 두께의 정교한 고배, 두형토기가 중원 대륙 토기의 특징이다. 한반도에 토기는 원저포탄형토기로서 겉면에 기하학적인 무늬를 점토띠로 붙이거나 새기는 수법으로 표현한 것이 주목된다. 그리고 일본열도의 경우 새끼 꼰 무늬를 특징으로 하는 죠몬 토기와 입체적인 장식이 많은 화염문 토기로 나타난다. 이러한 각 지역 고유 양식의 토기가 다른 지역에서 발견되면 사람이 이동하였음을 미루어 짐작할 수 있는 것이다.

실제로 연산산맥 이남에서 제작 보급되는 중원계토기가 요동반도에서 집중적으로 발견된 사례가 있다. 그리고 한반도의 빗살무늬토기, 융기문토기는 일본 규슈지역에 발견되고 일본의 죠몬토기는 한반도 남해안에 발견된다. 이에 대해서 각각 토기양식과 연대와 지리적 분포를 구체적으로 살펴보고자 하는 것이 제 3장의 주요 내용이다. 그런 다음 그와 관련된 사람의 해상활동에 대해서 살펴보는데, 구체적인 해상루트와 이동환경, 인구의 규모와 목적 등에 대해서 설명하고자 한다.

한반도 토기가 해상을 통하여 이동되는 경우는 크게 세 가지로 나누어 볼 수 있다. 우선 한반도 내륙에서 주변 도서지역으로 이동되는 경우이다.

대체로 하루의 낮 기간에 이동할 수 있는 근거리로서, 이 경우 그 거리가 신석기시대에도 그러하다는 사실이 먼저 입증되어야 한다. 두 번 째의 경우 비교적 멀리 떨어진 해상도서로서 선사시대의 원시적인 항해방식으로는 며칠을 건너야 가능한 거리에 있는 섬이다. 제주도가 그 대표적인 예가 될 것이다. 세 번 째는 아예 다른 상위 지역 문화권으로 이동하는 경우이다. 일본 혹은 중국 문화권으로의 이동이 바로 그것인데, 각각 쓰시마 혹은 묘도열도가 있어 징검다리 역할을 한다.

여기서는 그중에서 세 번째의 경우에 중점을 두어 살피고자 한다. 그것은 1장에서 지적한 것처럼 동아시아 해양문화권의 관점에서 볼 때 한·중·일 간에 이루어진 해상교류를 살피는 것이 중요하기 때문이다. 다음 6장에서 보듯이 3개의 문화권 간의 해상교류는 세 지역에 고대국가가 형성되면서 활발하게 이루어진다. 이를 제대로 이해하려면 그 토대가 되는 최초의 해상교류가 처음 언제 어느 곳에서 어떻게 이루어졌는지 살펴보는 것이 필요한 것이다.

Ⅱ. 요동반도와 교동반도의 해상 이동

신석기시대를 포함한 상고시대의 한국과 중국문화권은 지금의 국경과 다른 것은 물론이다. 전자는 한반도와 오늘날 중국동북지역을 포괄하는데, 그것은 무엇보다도 당대의 문화가 양 지역 간에 유사함은 물론, 고조선을 비롯하여 부여 등 한반도와 지역집단의 정체성으로 보아 상호 연결되는 최초의 정치체가 위치한 지역이기 때문이다. 그렇기 때문에 해상을 통하여 중국과 교류하는 한국 문화권의 지역집단을 논의할 때 요령지역을 공간적 범위로 하는 것은 당연하다. 특히 요하동부 지역의 경우 청동기시대 이후 한반도와의 문화적 친연성을 살필 때 더욱 그러하다.

그러한 요동지역, 그 중에서 특히 그 남단은 신석기시대에 다음에 보듯이 중국 산동의 동쪽 끝 교동반도지역의 문화가 해상을 통하여 전이된 거점인 것이다. 이를 근거로 중국의 문화권을 살필 때 중국의 저명한 고고학자 소병기(蘇秉琦)는 그의 고고학문화구계유형론(考古學文化區系類型論)에서 하나의 하위 문화권 속에 산동과 요동지역을 묶어 소속시킨 바 있다.

1. 교동반도의 신석기문화의 변천

교동반도는 산동지역이 동쪽으로 뻗은 끝 부분에 위치하는데 황해를 사이에 두고 한반도 서해안과 동쪽으로 마주보며, 발해를 사이에 두고 동북쪽으로 요동반도과 마주본다. 황해 쪽으로는 섬이 거의 없다시피 하지만, 요동반도 쪽으로는 길이 110km의 거리에 묘도열도(廟島列島)에 속하는 여러 섬들이 징검다리처럼 분포하고 있음은 앞서 2장에서 검토한 바와 같다〈그림 1〉.

너른 대륙에 걸쳐 있는 중국에서는 수많은 지역 문화권이 존재하므로 이를 체계적으로 설명하기 위한 소병기의 구계유형론에 따르면, 교동반도를 포함한 산동지역과 요동반도를 중심한 요동지역은 같은 문화권으로서 황하 중류유역을 중심으로 하는 문화권과 구분이 된다. 비교적 이른 시기부터 잘 알려진 중국의 신석기문화는 1921년에 스웨덴 고고학자

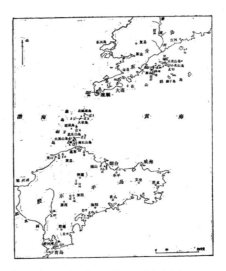

〈그림 1〉 요동반도와 교동반도의 신석기시대 유적분포
(王錫平·李步靑, 1987)

앤더슨에 의해 처음 발굴된 황하 중상류 지역의 하남성 민지현(澠池縣) 앙소촌(仰韶村) 유적을 표지로 한 앙소문화가 대표적이다. 그 연대는 서기전 5천년~3천년으로 적색과 흑색, 백색의 안료를 사용한 채색토기와 조, 보리 혹은 벼 등의 알곡작물을 재배하는 농경, 그리고 상당한 규모의 인구를 갖춘 취락을 특징으로 한다. 서기전 7천년~5천년에 하남성 정주(鄭州) 배리강(裴李崗) 유적을 표지로 한 배리강 문화가 있어 그 선구적인 모습을 보여준다.

산동 지역에서는 서기전 6500~5500년의 후리문화(後李文化), 서기전 5300~4100년의 북신문화(北辛文化), 서기전 4100~2600년의 대문구문화(大汶口文化), 그리고 서기전 2600~2000년의 용산문화(龍山文化)가 순차적으로 전개된다. 황하 문화권의 신석기문화와 시기적으로 비교하면 배리강문화에는 후리문화, 앙소문화에는 북신문화와 대문구문화가 대응되며, 용산문화는 그 이후가 된다.

후리문화는 1989년에 처음 발굴된 산동성 임치현(臨淄縣) 후리관촌(後李官村) 유적을 표지로 하는데, 이에 속하는 유적은 산동 평야에 주로 분포한다. 돌대문이 장식된 적갈색토기의 제작, 잡곡과 벼, 그리고 개와 돼지의 사육, 수혈주거지와 무덤을 대표적인 특징으로 한다. 1964년에 발견되어 1978~79년에 발굴된 등주(滕州) 북신(北辛)유적을 표지로 한 북신문화에 속하는 유적은 산동성 황하유역에서 주로 발견되는데, 황갈색과 적색의 삼족기 이외에 고화도 소성의 회도와 흑도가 다수 확인된다.

대문구문화는 1959년에 발견되고 1962년에 처음 발굴조사된 산동성 태안시 대문구유적을 표지로 한다. 이에 속하는 유적은 산동성 태안시를 중심으로 황하 하류지역에 집중되어 있는데, 인접한 안휘성, 하남성, 강소성 지역에까지 널리 분포하고 있다. 규(鬹)와 정(鼎)등의 삼족기가 다량 포함된 적갈색 토기와 아울러 컵과 고배 등 더욱 다종다양한 기종과 정교한 수법의 회색과 흑색마연토기가 전한다. 기호문자가 음각된 도기와 다양한

〈그림 2〉 산동 용산문화 토기 (산동박물관 전시, 이청규 사진)

형태의 옥을 다량 부장한 수장급 무덤이 확인되어, 상당수준의 복합사회로 발전하였음을 보여주고 있다.

　일찍이 앙소유적과 함께 1928년에 발견되고 1930년이후에 발굴된 산동성 용산진 성자애(城子涯)유적을 표지로 한 용산문화에 속하는 유적은 산동성을 비롯하여 하남성과 섬서성에 널리 분포하는데, 전자는 산동 용산문화라고 하여 같은 지역의 대문구문화, 후자는 중원 용산문화라고 하여 앙소문화를 계승한 것으로 알려져 있다. 산동 용산문화는 크게 발달한 회도와 흑도의 토기제작 기술을 보여주는데, 특히 계란 껍질처럼 0.5~1mm 두께의 얇은 난각(卵殼) 흑도로 유명하다. 기종 또한 높은 대각이 달린 고병배(高柄杯)를 비롯하여, 세발 달린 정, 력, 규와 컵 모양의 그릇 등 다양하다〈그림 2〉. 중원 용산문화의 경우에는 벼 농사와 견직물 수공업이 발달하였을 뿐만 아니라 도시의 특징을 갖춘 성곽 마을이 산서성 양분현 도사(陶寺) 유적에서 발굴되어 국가 직전 단계까지 이르렀음을 보여준다.

산동지역의 동쪽 끝에 위치한 교동반도에서는 대체로 산동 신석기문화가 지역화한 문화유형이 들어선 것으로 알려져 있다. 연구자들마다 의견 차이가 있지만 최근에 제시된 왕부강(王富强)의 의견을 따르면 3단계로 구분된다. 1단계는 백석촌기(白石村期) - 구가장 1기(丘家庄1期) - 자형산기(紫荊山期: 북장1기), 2단계는 북장2기(北庄2期: 구가장 2기) - 양가권 1기(楊家圈1期), 그리고 3단계는 양가권 2기가 해당된다. 1단계는 대체로 산동 북신문화에 대응되는데, 그 늦은 시기는 대문구문화의 초기와 겹친다. 2단계에는 대문구의 중후기, 그리고 3단계에는 산동 용산문화가 각각 대응되는 것으로 이해되고 있다.

1단계의 전기에 속하는 백석촌기는 지부(芝罘) 백석촌 유적을 표지로 하는데, 확인된 유적의 숫자가 많지 않아 정확한 집단의 실상을 알기 어렵다. 요동반도와 교류한 고고학적 증거로서는 소주산(蘇州山) 하층의 석기가 일부 보이는 정도에 그치고 있다.

1단계의 중기에 속하는 구가장 1기는 복산(福山) 구가장(邱家庄) 유적의 하층문화를 표지로 한다. 앞서 북신문화 토기의 비슷한 기종을 갖추고 있으면서, 산동 내륙의 대문구 전기문화의 고형배(觚形杯), 채문토기 등의 영향이 확인된다. 유적의 숫자가 크게 증가하는데, 그 상당수가 해안의 구릉에 위치하며, 묘도열도와 내륙에도 분포하지만 그 숫자는 적다. 기둥구멍이 깊은 집자리가 본격적으로 정착하여 마을을 이루었음을 보여준다.

〈그림 3〉 장도 포구와 북장유적 (이청규 사진)

1단계의 후기에 속하는 자형산기는 자형산 유적을 표지로 하는데, 이 시기에 그 유적 숫자가 크게 증가한다. 그 위치도 해안 구릉 뿐만 아니라, 내륙의 사면으로 크게 확산되며, 많지 않지만 해안 저지대와 묘도열도에서도 확인된다. 깊은 기둥구멍에 정형화된 모습을 갖춘 집자리도 적지 않게 조사되어 일정 규모 이상의 촌락이 형성되었음을 알 수 있다.

2단계에 속하는 북장2기 문화와 양가권(楊家圈)1기 문화는 묘도열도의 장도현(長島縣) 북장(北庄) 유적과 양가권 유적의 하층 문화를 표지로 한다. 이 시기에 해당되는 유적의 숫자는 크게 줄어들지만, 북장유적의 발굴조사를 통해서 확인되는 집자리 시설은 전 단계와 마찬가지로 정형화된 모

〈그림 4〉 북장유적출토 요동계 토기 (장도현박물관 전시, 이청규 사진)

습을 갖추었다〈그림 3〉. 대문구 중후기에 해당하는 토기 요소가 보이면서, 요동반도의 소주산 2기에 속하는 오가촌(烏家村)유적의 토기가 확인되는 것으로 전한다〈그림 4〉.

다음 3단계에 속하는 양가권 2기 문화는 양가권 유적의 상층문화를 표지로 한다. 이 단계에 이르면 다시 유적의 숫자가 크게 증가하는데, 종전과 달리 해안 저지대에 위치하는 유적의 숫자는 크게 늘어난 반면 고지대나 산 구릉에 위치하는 유적의 숫자는 상대적으로 적다. 또한 유적의 크기 또한 크게 늘어나서 해양(海陽) 총후(冢后) 유적처럼 25만 ㎡의 면적에 이르는 사례도 등장하는 바, 이를 통해서 마을의 규모가 증대되었음을 알 수가 있다. 묘도열도에도 이 시기에 해당하는 유적이 증가하여 남쪽으로는 남장산도(南長山島), 북쪽으로는 북황산도(北皇山島)에 이르기까지 널리 분포한다. 용산문화에 속하는·난각 흑도가 널리 유행할 뿐만 아니라, 요동반도의 소주산 3기에 속하는 토기도 확인된다.

다음 청동기시대 조기에 이르면 악석문화(岳石文化)가 등장한다. 그 연대에 대해서 연구자들마다 다소 차이가 있지만 대체로 서기전 2000~1800년에서 1500~1400년으로 추정되는 바, 이를 대표하는 유적은 악석(岳石)을 비롯하여, 모평(牟平) 조격장(照格莊), 사수(泗水) 윤가성(尹家城) 유적이 있다. 신석기시대 말기의 용산문화 전통을 이어받았음이 각종 흑색도기를 통해 확인된다. 아울러 적갈색 토기도 널리 보급되는 등 지역의 토착적인 문화의 면모도 보여준다. 황하유역의 이리두(二里頭)와 이리강(二里崗) 문화기에 걸치는 하상(夏商) 왕조의 청동기문화가 같은 지역에 유입되면서 이들과 다양한 방식으로 접촉하는 것으로 알려지고 있다.

2. 요동반도의 신석기문화의 변천

요동 지역은 요하를 서북쪽의 경계로 하여 서쪽의 요서 지역과 구분된다. 그 동쪽으로는 천산산맥을 경계로 송화강 유역의 길림지역과 구분되고, 서쪽으로는 발해의 해안, 남쪽으로는 황해의 해안에 이르는 지리적 범위에 위치한다. 요동반도는 그러한 요동지역이 서남쪽으로 크게 돌출한 곳으로, 황해를 사이에 두고 중국 동해안, 그중에서도 동쪽으로 뻗은 교동반도와 바다를 사이에 두고 가장 가까운 거리에 있다.

요동반도의 신석기문화를 검토하기 전에 요서와 요동 전 지역의 신석기시대 문화의 편년체계를 살펴 볼 필요가 있는데, 이에 대해서는 조빈복(趙賓福) 등의 여러 중국 연구자가 제시한 바 있다. 이를 간단하게 추리면 서기전 6천~4천 년의 전기, 서기전 4천~3천 년의 중기, 그리고 서기전 3천~2천 년의 후기로 구분할 수 있다.

신석기시대 전기는 다시 세 단계로 구분되는데 전반인 서기전 6,000~5,000년에는 오한기 흥륭와(興隆窪) 유적을 표지로 한 흥륭와문화, 심양 신락(新樂) 유적을 표지로 한 신락문화가 대표적이다. 빗살무늬의 통형관(筒形罐) 토기와 집자리가 정연하게 배치된 마을유적, 집안에 시신을 안치한 거실장(居室葬) 유적이 특징적이다. 전기의 중반인 서기전 5,000~4,500년에는 오한기 조보구(趙寶溝) 유적을 표지로 하는 조보구 − 부하(富河) 문화가 등장하는데, 동물형 무늬가 장식된 토기와 석관묘와 제단 시설이 특징이다. 전기의 후반인 서기전 4500~4000년에는 능원 우하량(牛河梁) 유적 하층을 표지로 하는 홍산(紅山) 전기문화가 등장하며, 흑색과 적색의 채색무늬 토기와 적석묘가 특징적이다.

신석기시대 중기는 능원 우하량 유적 상층의 적석총으로 대표되는 홍산문화가 널리 성행한다. 채색무늬토기와 용과 봉황 등의 다종다양한 옥기를 부장한 대규모 적석총을 비롯하여 동물형토기와 여신상이 공반하는 제단과 신전이 특징적이다. 이를 통하여 제사장이 주도적 역할을 하는 복합사회가 등장하였음을 알 수가 있다.

신석기시대 후기는 두 단계로 구분되는데, 그 전반인 서기전 3,000~2,500년을 대표하는 적봉 대남구(大南溝) 유적의 사례를 보면 기하하적 무늬의 채색무늬 토기가 유행하고, 앞선 단계에 번성했던 옥기는 그 숫자가 크게 줄어든다. 후반인 서기전 2,500~2,000년에는 요동지역의 편보(偏堡) 유적을 표지로 하는 편보문화가 등장한다. 이중구연에 수직 돌기 선문이 장식된 토기가 특징적으로 다음 청동기시대의 요동과 한반도에 유행하는 이중구연토기의 조형으로 추정하는 견해도 있다.

한편 요동반도라고 하는 한정된 지역의 신석기문화에 대해서는 광록도 소주산 유적을 표지로 하여 시기구분을 하는 점에서는 많은 연구자들이 동의한다. 유준용(劉俊勇)에 의하면 소주산 1기는 서기전 5,500~4,000년으로 앞서 신석기시대의 전기 중후반의 홍산문화 조기 이전, 소주산 2기는 서기전 4,000~3,000년으로 신석기시대 중기와 후기 전반의 홍산문화에 대응되는 것으로 파악된다. 그리고 삼당촌(三堂村) 1기는 서기전 3,000~2,500년, 소주산 3기는 서기전 2,500~2,200년으로 신석기시대 후기 후반인 편보문화에 대체로 대응하는 것으로 설명된다.

다음 청동기시대의 조기의 쌍타자(双砣子) 1기는 서기전 2,200~1,600년, 쌍타자 2기는 서기전 1600~1400년으로 추정하고 있다. 조빈복의 편년안은 다소 차이가 있는데, 그중 두드러진 것은 소주산 1기의 상한을 낮추어 서기전 5,000년으로 하고 삼당촌 1기를 소주산 2기에 통합시킨 것이다. 여기서는 두 사람의 편년을 고려하고 논의의 편의를 위하여 소주산 1기-소주산 2기-소주산 3기-쌍타자 1기-쌍타자 2기의 시기 구분체계를 따르고자 한다.

우선 소주산 1기는 그 대부분이 평평한 바닥의 통형관으로서 표면에 압인한 갈지자문(之字文)이 특징적이다. 요동북부의 심양 신락 유적으로 대표되는 신락1기 문화의 영향을 보여주는 것으로 더 이른 시기의 흥륭와문화의 토기와도 연계된다. 교동반도의 백석촌기가 같은 연대에 해당하지만, 동 지역으로부터 유입된 토기는 거의 보이지 않으며, 다만 어망추와 같은 석기가 일부 확인되는 정도에 그치고 있다.

소주산 2기에는 그 대부분 이전의 전통을 잇는 통형관이지만, 압인수법의 지자문은 쇠퇴하고, 새김수법의 다양한 무늬가 유행한다. 교동반도의 구가장시기와 자형산 혹은 북장시기에 대응되는데, 동 지역에서 흔하게 보이는 대문구 문화 계통의 정, 규, 화(盉), 두, 고형배 등과 삼각와문과 평행사선문의 채색토기가 출토한다. 다음 북장2기 문화 단계인 서기전 3천년경에도 이르면 교동반도의 토기가 많지 않지만 확인된다. 요동반도의 곽가촌(郭家村) 유적 3,4층에서 관형 정, 규, 우(盂) 등의 토기는 교동반도의 양가권과 북가장2기 유적에서 출토하는 것이다.

소주산 3기에는 앞선 단계까지 비중을 많이 차지하였던 홍갈도가 흑갈도 위주로 바뀌고 얇은 두께의 흑도가 널리 보급된다. 이들 흑도는 교동반도에서 전래된 용산문화계 유물로 추정되는 바, 고족반(高足盤), 규, 정, 두, 배, 관, 완(盌), 발(鉢) 등의 다양한 기종이 이에 포함된다. 요동반도 출토 마제석기 중에 특히 반월형석도와 유견석부 또한 교동반도의 용산문화에 속

〈그림 5〉 요동반도출토 산동반도 신석기시대 토기 (澄田正一·小野山節·宮本一夫編, 2008)

하는 것으로 이해되고 있다〈그림 5〉.

한편 요동반도의 남단에는 서로 연접하거나 군집을 이루는 적석묘가 구릉 정상부에 많이 조성되는데, 노철산, 사평산(四平山) 문가둔(文家屯) 유적이 그 대표적인 사례이다. 그 상당수 무덤에서 용산문화의 특징을 보이는 흑색도기가 부장되어 있다. 많은 연구자들은 이들 무덤을 소주산 3기로 편년하고 있는데, 조빈복은 이들 적석묘를 따로 떼내에 청동기시대로 편입시킨다. 그에 따르면 서기전 2,100~1,900년의 청동기시대 초기에 해당하는 쌍타자 1기로 편년하고, 서기전 1,900년~1,400년의 쌍타자 2기가 그 뒤를 잇는 것으로 판단하는바, 그렇게 함으로써 앞서의 요동반도 적석묘의 상당수가 교동반도의 악석문화기에 대응되는 것으로 설명한다. 시기구분의 문제는 어떻든 간에 요동반도에 토기를 비롯하여 교동반도에 악석문화의 요소가 많이 유입되었던 사실은 분명한 것이다.

3. 해상 교류와 그 배경

앞서 살펴 본 신석기시대에서 초기 청동기시대에 이르는 기간에 이루어지는 요동반도와 교동반도 지역 간의 해상을 통한 교류는 다음과 같이 정리될 수 있다.

우선 서기전 5천 년경 북신문화 단계에 교동반도의 백석촌문화와 요동반도의 소주산 1기 문화가 상호 대응되는데, 토기의 교류는 거의 확인되지 않고 일부 석제 생산공구의 교류가 있을 뿐이다. 당시 인구도 많지 않고 해상이동의 기술도 낮아서, 양 지역에 해상이동의 동인이 충분하게 조성되지 않은 것으로 추정된다.

서기전 4천년경 산동 대문구 문화 단계에 해당하는 교동반도의 구가장문화는 요동의 소주산 중기 문화에 대응된다. 교동반도의 해안지역에 유적이 밀집분포하고, 묘도열도의 여러 섬에 이시기 교동반도와 동일한 문화에 속하는 유적이 다수 확인된다. 요동반도의 오가촌과 곽가촌 유적에서 발견되는 정, 규, 관, 발, 배 등의 토기는 태토와 색깔, 기형 등에서 교동반도의 것과 거의 차이가 없다. 이러한 교동반도에서 요동반도로의 토기의 이동은 묘도열도를 통한 것임은 물론이다. 한편 요동반도에서 교동반도로의 전이된 사례는 많지 않지만, 묘도열도 중 장산도 북장유적에서 출토한 통형관은 태토,색깔, 문양 등에서 요동반도의 오가촌 유적의 사례와 흡사하다.

서기전 2,500년경 용산문화시기가 되면 양 지역 간의 교류가 최절정에 이른다. 요동반도 서북해안 노철산과 사평산 적석묘에서 지역고유의 토기와 함께 출토하는 상당수 토기는 규, 두, 배 등으로 교동반도의 그것과 같다. 그러나 요동반도 남단의 곽가촌 상층, 소주산 상층, 우가촌 하층 등에서는 지역고유의 토기 또한 상당수 차지하고 있음을 유의하여야 한다. 여전히 요동반도의 유물이 교동반도 내륙에는 거의 발견되지 않는다. 서기전 2,000년~1,500년경 악석문화 시기에도 전 단계에 이어 교동반도에서 유입된 용산문화 전통의 다양한 기종의 흑도가 요동반도에 유입되어, 적석묘 부장품으로서 상당수가 발견된다.

이와 같이 요동반도와 교동반도의 해상이동과 관련한 토기를 토대로 살필 수 있는 중요 주제는 해상이동이 단순이주, 교역 혹은 어로활동 무엇과 관련된 것인지, 그리고 인구이동의 방향과 규모는 어떠하고 교역활동이 이루어졌다면 대상품목은 무엇인지, 나아가 그러한 해상활동의 배경과 동인이 무엇인지가 될 것이다.

우선 서기전 4천년경의 대문구문화 시기에 교동반도에서 묘도열도를 거쳐 요동반도로 본격적으로 적지 않은 인구가 이주하였음이 확인된다. 이 시기에는 산동 지역에 농업과 수공업 기술이 발전하고, 거주 범위가 확대되어 교동반도의 해안구릉과 평지에 일정 규모 이상의 취락이 형성되는 현상이 확인된다. 그리고 바다를 건너 가시권에 있는 묘도 열도에도 인구 집단이 진출하게 된다. 해안에 보다 근접한 섬에 취락이 형성되는데, 장도의 북장 유적이 대표적이다. 묘도 열도의 여러 섬은 일정규모의 취락이 조성되기에 유리한 입지를 갖추고 있는데, 잡곡을 위주로 한 밭농사가 가능할 뿐만 아니라, 연근해에서 각종 어로자원을 획득할 수 있기 때문이다. 취락이 일정수준 이상으로 확대되지 않는다면 오히려 어로자원의 확보라는 점에서는 내륙보다 생계활동이 유리한 것이다.

다만 한정된 도서지역이 무한정으로 늘어나는 인구를 부담할 수 없으므로, 가시권에 있고 이격거리가 수 km에 지나지 않는 다른 섬에 이주하여 새로운 마을을 구축하게 되며, 결국 묘도 열도의 북단인 북황성도까지 이르게 된다. 그러한 상황이 더욱 진전되면서 교동반도에 그 출자를 둔 인구집단이 요동반도에 상륙하게 되는 것이다.

같은 시기에 요동반도와 그 주변의 부속도서에서는 이미 적지 않은 인구집단이 마을을 이루며 정착하고 있었다. 따라서 묘도열도에서 건너온 인구집단이 정착할 수 있는 공간적 범위는 요동반도의 남단이나 장산열도 등의 일부 부속도서에 한정되었을 것으로 보인다. 그 초기에는 그렇지 않을 수 있으나 양 지역집단 간에 한정된 자원을 대상으로 갈등이 있었을 가능성도 배제 못한다. 그러나 새로 온 집단이 갖고 있는 도구와 기술, 토착집단이 갖고 있는 지역의 환경과 자원에 대한 정보를 상호 교환함으로써 우호적인 관계 또한 형성되었을 가능성도 충분하다 하겠다. 한 유적에 요동지역의 토착적인 형식의 토기와 교동 지역의 외래적인 형식의 토기가 공반 출토하는 경우가 이에 해당할 것으로 보인다.

한편 용산문화 이후 악석문화 시기에 요동지역의 적석묘에서 교동반도 혹은 묘도열도에 보급되는 형식의 백색 혹은 흑색마연토기가 다량 부장되는 현상이 확인된다. 이들 토기가 요동반도 자체에서 생산되었는지 혹은 교동반도에서 유입된 것인지, 또는 요동지역에서 생산되었다면 어느 규모인지에 대해서는 아직 명쾌하게 단정할만한 연구성과가 제시되지 못하고 있다. 우선 요동반도에서 생산되었다고 한다면 교동반도에서 이주한 인구집단이 정착하여 그 생활기반을 갖추었음을 보여주는 것이 된다.

이들 토기가 반입될 가능성도 충분히 있는데, 정교하게 제작되어 요동반도 자체 생산품이라고 보기 어려우면서, 적석묘 자체가 산동지역 혹은 교동반도에서 확인되지 않아 요동반도 현지의 토착묘제라고 판단되기 때문이다. 적석묘에 활용된 매장 주체부는 석관 혹은 석실을 갖춘 것으로, 요서지역의 홍산문화 시기의 적석묘와 관련시키는 주장이 있지만 이를 지지하기는 어려운바, 요동 현지 주민들이 고유의 방식으로 조영한 묘제일 가능성이 높다 하겠다.

적석묘가 외래인이 아니라 현지 주민집단의 묘라고 한다면, 그 무덤에 부장된 외래품은 교역을 통해서 유입된 수입품인 것이다. 적석묘 부장 흑도계통의 토기가 교동반도에서 요동반도로 반입된 제품인 것에 대해서, 역으로 요동반도에서 교동반도로 건너간 교역품으로서 유준용(劉俊勇)이 제시하듯이 옥기를 들 수 있다. 일반적으로 요동 수암(岫岩) 지역의 옥이 요서지역의 홍산문화의 각종 장신구와 위세품, 의기로서 제작되었음이 널리 알려져 있다. 이와 마찬가지로 산동 혹은 교동지역에도 요동 산의 옥제품이 유통되었을 가능성이 높은 바, 일본 연구자 오카무라 히데노리[岡村秀典]가 소주산 3기에 속하는 문가둔 유적에서 다량으로 발견된 옥제품 가공 석기를 통해 동 지점에서 옥기가공이 이루어졌다고 하는 주장을 고려한다면 더욱 그렇다.

산동지역에서는 대문구문화와 용산문화에 속하는 많은 유적유물 복합체가 보여 주듯이 식량생산과 수공업 기술이 발달하고, 인구 규모가 크고 조직화된 사회가 요동지역보다도 일찍이 형성되었다. 그렇다고 한다면 교동반도와 요동반도 사이의 해상활동은 산동 중심지역에 인접한 교동반도에서 그 동기 부여가 더욱 클 것이다. 더군다나 교동반도에 근접하여 묘도 열도가 자리하고 있으므로, 이 지역을 거점으로 한 인구집단이 해상에서의 왕래를 주도한 것으로 판단된다.

묘도 열도에서 발견되는 토기는 그 대부분 교동반도로부터 건너온 것이지만, 일부 요동지역 계통도 있음으로, 동 지역으로부터 주민의 왕래도 있었음이 분명하다. 요동 사람들이 옥기 등의 자체 특산품을 싣고 교역에 참석하였을 가능성도 있는 것이며, 그 반대 급부로 동 지역의 정교한 토기를 수입하였을 가능성이 있다 하겠다. 그러나 요동반도 사람들이 교동반도에 상륙하여 적극적으로 활동하였음 입증하는 고고학적 증거는 아직 충분하게 확보되지 못하고 있다.

Ⅲ. 남해안과 일본규슈의 해상교류

앞서 2장에서도 설명하였듯이 한반도와 일본열도와 바다를 통한 최단의 거리는 두말할 것도 없이 경남 동해안과 북규슈 사이로 190km 정도이다. 그리고 양 지역 사이에 쓰시마와 이키 섬이 있어 징검다리 역할을 한다. 쓰시마는 그 북단에서 낙동강 하구 부산까지는 직선거리가 60km 정도로서 오히려그 남단에서 일본 규슈의 가장 가까운 가라츠[唐津]와의 거리 80km 보다 훨

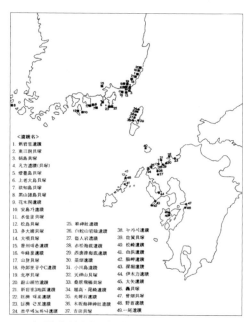

〈그림 6〉 영남과 규슈 해안도서지역의 신석기시대 유적
(하인수, 2006)

씬 가깝다. 그럼에도 불구하고 고대 국가 형성 이후에는 일본의 문화권에 편입되다시피 하였지만, 신석기시대부터 한반도와의 교류가 밀접하였음이 이 지역에서 발견되는 한반도계 토기를 통해서 확인이 된다〈그림 6〉.

1. 남해안 토기의 규슈로의 이동

남해안 지역의 신석기시대문화는 토기를 기준으로 5단계로 구분할 수있다. 초창기는 서기전 8천년 이전, 조기는 서기전 4천5백년 이전, 전기는서기전 3천5백년 이전, 중후기는 서기전 2천년전 이전, 끝으로 만기는 서

기전 1천5백년 이전으로 추정된다. 이들 각 단계 별로 일본 규슈지역으로 해상으로 전이되는 모습에는 일정한 차이가 있다.

우선 가장 이른 초창기는 제주도 고산리 유적의 식물줄기를 보강재로 한 평저의 고산리식 토기로 대표된다. 청도 오진리 바위그늘 유적의 문양 없는 오진리식 토기도 이에 속하는 것으로 추정된다. 다른 유적 사례가 발견되지 않았으나, 고산리 유적의 사례를 보면 이 단계에 구석기시대 전통을 이어받은 좀돌날 석기가 성행한다. 고산리식이나 오진리식 토기와 유사한 형식은 일본 규슈에서도 확인되므로 해상을 통해 상호왕래가 있었을 가능성이 높다 하겠다. 특히 1만년 전 이전 당시는 지금보다 해수면이 수십미터 하강하여 양 지역 사이의 거리가 훨씬 좁아진 상황이어서 해상이동이 더 수월하다. 그러나 한반도 사례가 충분하지 않아 아직 학계에서는 이 단계에 남해안과 규슈 사이의 해상 교류가 주장된 사례가 없다.

다음 조기는 융기문토기로 대표되는데, 대체로 해안도서 지역에서 많이 출토된다. 울산의 우봉리, 세죽, 신암리, 부산의 동삼동, 영선동, 북정, 통영의 연대도, 욕지도, 상노대도 그리고 동해안의 울진 죽변 등의 사례를 손꼽을 수 있다. 홀로세 이후 이 단계에 기후가 따뜻하여지고, 해수면이 상승하였지만 해안과 섬 사이의 거리가 지금보다 좁았을 것으로 추정된다. 수렵채집과 함께 어로와 조개 채취를 통해서 식량자원을 안정적으로 확보하면서 일정 구역에 거주하는 단위집단의 숫자는 해안도서지역에서 크게 증가한다.

융기문토기는 쓰시마 섬의 고시다카[越高] 유적에서 다량 출토된 바 있다. 이 유적에서 발견되는 토기는 산형 융기문, 평행 융기문, 삼각집선 융기문, 호선형 융기문 등이 있는데, 부산 동삼동과 범방 유적 등에서 유사한 형식이 발견된다. 출토된 양을 보아 남해안 당시 주민들이 쓰시마에 건너가 현지에서 제작한 것으로 추정되고 있다. 일정 기간 정착한 것으로 추정되며 한반도 해상교류의 거점 역할을 하였다고 보인다. 그러나 그 인구 규

〈그림 7〉 규슈출토 일본 죠몬계와 한국 즐문계 신석기시대 토기 (후쿠오카시립박물관 전시, 이청규 사진)

모 등의 구체적인 상황에 대해서는 충분한 정보가 없어 논의가 이루어지지 않고 있다 .

다음 전기에는 융기문 토기도 계속 제작 사용되지만, 부산 영선동 사례로 대표되는 영선동식 토기가 널리 유행한다. 대부분 둥근 바닥으로서 구연부와 목 부위에만 무늬가 있는 형식의 토기로, 해안에 주로 분포하지만 일부 하천 연변의 내륙지역에서도 확인된다. 부산, 통영, 양남의 해안 유적과 진주, 산청, 하동 등의 내륙 유적에서 그 사례를 찾을 수 있다.

이 시기에 무엇보다 주목되는 것은 무덤 유적이다. 통영 연대도 유적에서도 일찍이 2기의 인골이 발견되었지만, 최근에 발굴조사를 통하여 부산 가덕도 유적에서 30여기의 인골이 묻힌 공동묘지가 확인되었다. 이를 통해서 일정 지점에 장기 정착은 어려웠다 하더라도, 해안 도서의 일정 구역을 생활 공간으로 삼고, 다수의 사람이 장송의례를 치루는 공동체가 형성되었다고 짐작할 수가 있다.

그러한 영선동식 토기가 쓰시마의 누가시[ヌカシ] 유적과 북규슈 해안의 니시가라츠[西唐津], 서규슈의 도도로키[轟], 소바다[曾畑] 유적에서 확인되었다. 특히 니시가라츠 유적에서 발견되는 자돌(刺突) 혹은 압인(押印) 기법으로 장식된 문양, 점렬문과 침선문이 복합된 문양 등을 갖추고 있는 토기는 현지에서 재지화된 것으로 인정되는 바, 한반도 남해안 주민들이 일본 규슈 지역으로 진출한 증거라고 할 수 있다〈그림 7〉.

중기는 김해 수가리 패총 1기층에서 출토된 수가리식 토기로 대표되는데, 새김 수법으로 굵게 어골무늬를 장식한 것이 특징적이다. 후기는 합천 봉계리식 토기로 대표되는데, 구연부에서 2~3cm의 간격을 남긴 후 그 아래에 각종 기하학 무늬를 장식 한 것으로 널리 알려져 있다. 중기와 후기는 그 경계가 명확하지 않아서 대략 묶어서 서기전 3천 5백년~2천년으로 추정된다. 중후기에 속하는 것으로 김해, 합천 이외에 부산, 통영 등의 남해안 여러 유적이 있으며, 최근에는 동남해안의 양북 대본리 유적, 그리고 내륙의 김천 송죽리와 부항리에서 집자리가 다수 확인된 마을 유적이 발견된 바 있다.

그 인구는 일정시기에 10 호 정도가 넘지 않는 소규모 취락으로서, 직접 혈연관계가 있는 확대가족이 소수 모인 정도의 수준에서 크게 벗어나지 못하였을 것이다. 돌보습과 같은 원시적인 굴지구를 통해서 이들이 일정 지점에서 일정기간 거주하면서 농사를 지었다고 짐작된다. 그러나 상당량의 식량은 수렵과 어로 활동을 통해서 충당하였을 것이며, 계절에 따라 식량 획득 지점이 달라서 빈번하게 이동할 수 밖에 없었을 것으로 추정된다.

수가리식의 침선문 토기는 전 단계의 남해안계 토기가 발견된 쓰시마의 메오토이시[夫婦石]와 누가시 유적 등지에서 확인된 바 있다. 특히 메오토이시 유적의 토기는 문양구성, 시문기법, 기형 등이 수가리식 토기와 동일하여 남해안 사람들이 전 단계에 이어 현지에 건너가서 제작하거나 아니면 반입한 것으로 추정된다.

말기는 부산 율리 패총에서 출토한 둥근 바닥의 이중구연 토기로 대표되는데, 율리식 토기라는 이름으로 불리기도 한다. 사천 구평리, 김해 농소리와 수가리, 부산 동삼동 패총 등 남해안 거의 전역에 걸쳐 출토되며, 이 단계의 사람들이 다음 청동기시대로 계승될 가능성을 주장하는 견해가 적지 않다. 그 근거가 되는 이중구연토기는 쓰시마의 누가시 유적 등지에서 적은 숫자가 발견되었을 뿐으로, 전 단계에 비해 쓰시마로의 왕래가 줄어든 것으로 보인다.

앞서 사례를 정리하면 조기의 융기문토기와 중·후기의 수가리식토기 그 대부분이 남해안과 마주보는 쓰시마 섬의 서해안에 집중되어 있는 사실이 주목된다. 쓰시마 메오토시 유적 등이 이에 해당되는데, 일본계 죠몬토기는 많지 않아 그 주체가 남해안 신석기인일 가능성이 높다. 이키 섬의 경우 죠몬토기가 그 대부분인 것과 대조가 된다.

한편 북규슈 해안에서 남해안 토기가 발견된 사례는 드문데, 규슈 해안에 근접한 고가와[小川島] 섬, 고토열도의 시라하마[白浜] 섬에서 수점의 빗살무늬토기편이 발견되었을 뿐이다.

2. 규슈 토기의 남해안으로의 이동

일본의 신석기시대인 죠몬시대도 크게 5단계로 구분된다〈그림 8〉. 초창기는 구석기시대의 전통이 남아 좀돌날로 만든 석기와 함께 토기가 처음 만들어지는 시기로 대략 서기전 1만 2천년에서 7천년 이전에 해당된다. 일

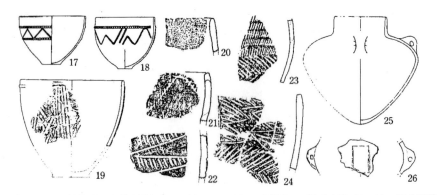

北部九州出土韓国有紋土器系土器(17~19:尾崎 20·21·23·24:夫婦石 22:頭ヶ島白浜 25:ヌカシ 26:小川島)

〈그림 8〉 일본 규슈출토 한국계 신석기시대토기 (木村幾多郎, 2003)

본 전역에서 평평한 바닥과 둥근 바닥을 갖춘 여러 형식의 토기가 만들어
지는데, 제주도 고산리식 토기처럼 식물줄기 혹은 동물 털을 보강재로 한
토기가 북규슈의 여러 유적에서 출토된 바 있다. 그러나 앞서도 지적하였
듯이 이 단계에 일본과 제주도 혹은 남해안을 왕래하였다는 확실한 고고
학적 증거는 아직 찾지 못하고 있다.

다음 조기는 서기전 7천년과 5천년 사이로 끈을 막대에 감아 토기표면
에 누른 무늬를 비롯하여 침선문이나 압형문(押形文) 혹은 융대문(隆帶文)
등의 다양한 수법을 구사한 무늬가 장식된 토기가 유행한다. 구연부가 파
도모양을 이루는 토기가 등장하는데, 대체로 바닥이 뾰족한 것이 평평한
것보다 많다. 이에 속하는 토기도 한반도 남해안에서 아직 제대로 확인된
바 없다.

전기는 서기전 5천년과 3천년 사이로 평평한 바닥의 토기가 성행하는
데, 새김무늬와 함께 반 쪼갠 죽관으로 압인한 토기도 있다. 큐슈지역에서
는 전기 전반에 토기 안밖에 정면할 때 생긴 평행 조흔문(條痕文)이 있고,
구연부에 융기선문이 장식된 도도로키식[轟式]토기가 있다. 이 계통의 토
기는 부산 동삼동패총에서 다수 출토한다. 전기후반에는 한반도 빗살무늬

토기를 모방하여 구연부, 동체
부, 저부 별로 문양이 구분되는
소바다식[曾畑式] 토기가 널리
사용되는데, 그 조형으로 니시
카라츠식[西唐津式] 토기가 있다
〈그림 8〉. 니시카라츠식 토기는
남해안 지역에서 확인되고 있
지 않지만 소바다식 토기는 동
삼동패총에서도 발견된다.

중기는 서기전 3천년~2천년
으로 절대연대 상으로 남해안
의 신석기시대 후기에 해당하
는데, 죠몬토기의 특징이 두드
러지는 시기이다. 끈무늬는 적
게 나타나지만 점토띠를 덧붙
인 융대문과 이른바 화염형토
기 등의 다양한 기형이 일본 동

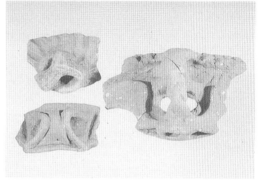

〈그림 9〉 일본(위)과 영남해안출토(아래) 죠몬토기
(일본국립역사민속박물관과 한국국립중앙박물관 전시)

북지역을 비롯한 여러 지역에 나타난다. 규슈 지역에서는 아타카식[阿高式]
토기가 유행하는데 승문은 보이지 않고 새김무늬만 장식된 지역특성이 강
한 토기이다. 이밖에 규슈 지역에는 후나모토[船元式] 등의 토기 등이 있다.
이들 규슈지역의 토기가 동삼동패총을 비롯하여 욕지도, 범방, 연대도, 거
제도, 울산 신암리 등에서 수가리식토기와 함께 공반된 사례가 있는 것으
로 전한다〈그림 9〉.

후기는 서기전 2천년~1천년으로 그릇 표면에 침선 구획을 하여 무늬를
새기고 나머지 여백은 마연을 하는 기법을 특징으로 한다. 이 기법은 동일
본에서 발전하여 서일본으로 파급되었는데, 규슈지역에서는 다양한 형식

이 등장한다. 이러한 규슈지역의 후기 죠몬토기는 부산 동삼동과 상노대도, 욕지도에 반입된 것이 확인되고 있다. 특히 동삼동패총에서는 토기 형식과 수량이 다른 유적보다 압도적으로 많다. 이를 통해서 동 유적이 죠몬인들의 한반도 교류 거점 또는 창구로 이용되었음을 추정할 수 있다. 이러한 사실은 동 시기에 남해안 즐문토기인이 규슈쪽으로 거의 건너가지 않은 것과 대조가 된다.

3. 해상교류의 배경

앞서 본 것처럼 토기의 이동을 통해서 남해안과 규슈 해안 사이에 교류가 이루어진 것이 확인된다. 정확하게 말하면 남해안과 쓰시마 사이, 그리고 쓰시마와 규슈 사이의 해상교류가 있다. 남해안과 규슈 사이에 직접 이루어지는 교류도 물론 있는 것으로 추정되는데, 남해안 사람들이 건너간 경우, 규슈 사람들이 건너온 경우로 구분하여 볼 수가 있다.

전반적으로 서기전 6천년에서 서기전 3천년 사이에는 남해안에서 쓰시마 쪽으로 간 경우가 많으며, 서기전 3천년에서 1천년 사이에는 규슈 쪽에서 남해안으로 오는 경우가 상대적으로 많다. 전자의 경우 쓰시마에 일정 기간 거주하는 경우도 있어서 토기 반입으로 그치는 것이 아니라, 현지에서 토기를 제작할 정도로 생활하고 거주하였던 것이다.

그리고 이러한 교류의 배경에는 여러 가지가 있지만, 먼 바다 어류를 대상으로 한 생업 활동과 특정 지역에서만 산출되는 물자의 교역 두 가지로 나누어 볼 수 있다. 생업활동은 포획대상인 동물의 유체와 포획할 때 사용된 어로도구를 통해서 입증할 수 있다. 전 세계 대부분이 그렇듯이 한반도 해안과 부속도서에서 확인되는 패총 등의 유적에서는 조개 유체가 퇴적되어 있으며 간혹 어류의 가시나 바다동물 포유류의 뼈가 확인되는 경우가 적지 않다. 그러나 조개는 대부분 해안가나 조간대에서 서식하므로 육상

활동의 증거임을 주의해
야 한다. 인류가 조개를
채취한 정황이 아프리카
남해안의 경우 구석기시
대까지 거슬러 소급하여
확인되지만 그것을 곧 인
류 해상활동의 기원이라
고 말하기 어렵다.

그러나 잠수하지 않으
면 채취하기 어려운 조개
가 확인되거나 먼 바다에
서식하는 어류나 포유류
의 뼈가 확인될 경우, 이
는 적극적인 해상활동으
로서 어로 수렵행위가 이
루어졌다고 볼 수 있는

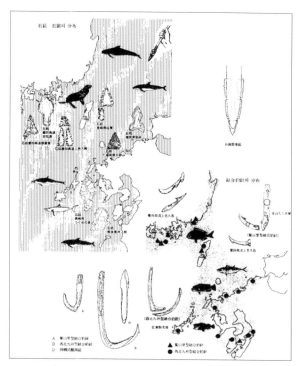

〈그림 10〉 한일 양지역의 유사형식의 어로도구 (와타나베, 1995)

것이다. 한반도 남해안 패총 유적에서 확인되는 어류를 보면 수심 10m이
상의 해저 바닥에 서식하는 넙치, 가오리, 민어 등의 넙치류가 있고, 암초
에서 서식하는 참돔, 흑돔, 감성돔 등의 돔 종류가 있다. 그리고 해수와 담
수가 교차되는 근해 수역에 서식하는 농어, 숭어류, 그리고 다소 먼 바다에
서 서식하는 돌고래, 상어, 다랑어, 대구, 방어 등이 있다. 그중에서 먼바다
의 어류와 포유류를 포획하면서 공해상에서 경남해안과 쓰시마, 규슈 지
역의 주민들이 서로 조우하고 상호 접촉 교류하는 경우는 적지 않을 것으
로 추정된다.

그러한 먼바다의 대형 어족을 포획하는 도구로서 대형 낚시가 있다. 소
형의 경우 동물 뼈를 깍아 만든 것이 대부분이지만, 대형 어족을 잡는 낚시

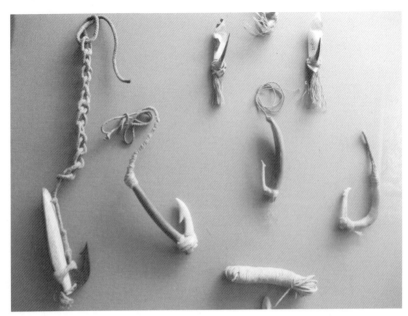

〈그림 11〉 태평양 연안 원주민의 결합식 낚시도구 (하버드대 피바디박물관 전시, 이청규 사진)

의 경우 뼈와 돌로 만든 몸체 혹은 축부와 미늘을 조립하여 만든 조합식이 상당수 전한다. 이러한 조합식이 한반도 동남해안은 물론 일본 북부 규슈 지역에 상당수가 출토하여 상호 교류의 증거로 하인수(河仁秀)와 와나타베 [渡邊誠] 등 한 일 연구자들에 의해 제시되고 있다〈그림 10〉.

그러나 일본인 연구자 기무라 기다로[木村幾多郞]는 축부와 미늘을 상호 평탄한 면에 접합한 형식과 서로 엇갈리게 접합한 형식으로 세분할 수 있으며, 전자는 한반도 남해안, 후자는 일본 쓰시마와 규슈 해안에 집중적으로 분포하는 양상으로 보아 각각 서로 다른 문화권에 소속하였다고 주장한다. 그러나 세부적인 기술은 달라도 도구의 제작기술과 어로방법에 대해서는 상호 접촉하여 실물자료는 물론 관련된 정보를 교환하였을 가능성은 충분하다 하겠다. 또한 최근까지 태평양 연안에서 현지주민들이 비슷한 형식의 조합식 낚시가 사용된 바 있음이 민족지 자료를 통해서 확인

되는 바, 그 사용 공간은 의외로 태평양 전역에 걸칠 수 있는 것이다〈그림 11〉

작살 용도로 사용되는 도구로서 흑요석제로 만든 석촉과 석거(石鋸) 등의 사례가 남해안 도서와 일본 규슈 전역에서 상당수 발견된 바 있다. 이를 통해서 한 일 양지역의 사람들이 왕래하며 어로 활동을 하였다는 근거로 자주 논의된다. 그 근거는 도구재료인 흑요석 자체가 이 공간에서 산출되는 곳은 일본 나가사키현 고시다케[腰岳] 뿐이기 때문이다.

흑요석은 1장에서 보듯이 비단 동아시아 해역 뿐 아니라, 유럽 지중해 수역에서도 신석기시대 이른 단계부터 해상을 통하여 교역이 이루어졌던 당대에 가장 중요한 전략 물자인 것이다. 따라서 한반도 남해안의 신석기시대 여러 지역에서 발견되는 흑요석제 도구는 해상을 통하여 수입되었을 가능성이 높다 하겠다. 원석 그대로 수입되었을 가능성도 있지만, 완성된 제품 그 자체가 수입되었을 가능성도 높은 것으로 추정되는 바, 그것은 동 흑요석제 어로도구 상당수가 일본 규슈의 그것과 유사한 형식을 갖추고 있기 때문이다. 그 교역은 전적으로 그것만을 목적으로 하여 양 지역의 사람이 해상에서 접촉하는 경우도 없지는 않겠으나, 그 대부분은 어로활동을 하면서 이루어진 것이라고 하겠다. 해안도서 혹은 공해상에서 규슈 혹은 쓰시마 주민을 만나서 그들이 보유한 어로도구를 물물교환 등의 방식으로 받았을 것이다.

Ⅳ. 신석기시대의 선박과 암각화

한반도에서 출토하는 신석기시대의 선박 실물자료로서 창녕 비봉리 출토의 통나무 선체가 있다〈그림 12〉. 남아 있는 선체의 최대길이는 3m 10cm, 최대폭 60cm, 두께는 2.0~5.0cm 정도로서 가운데가 완만한 U자형을 이

〈그림 12〉 창녕 비봉리 배 (김해국립박물관, 2008)

루고 있다. 선체의 앞뒤부분은 훼손되어 전체 크기나 모양은 알기 어렵지만 전형적인 통나무배임은 분명하다. 여러 군데 불로 지진 흔적이 관찰되는데, 그을림 작업을 한 다음 석제 도구로 표면을 깎아내고, 이를 다시 마석(磨石)으로 고르게 다듬었다.

현 해수면보다 2.0m 가량 낮은 신석기시대 전기에 해당되는 최하층 문화층에서 출토되었는데, 방사성탄소 연대측정치로 미루어 보면 서기전 5천년 전후한 시기의 것으로 확인된다.

비봉리에서는 노도 발견되었는데 전체 길이 181cm로서 자루(66cm)와 물갈퀴(115cm) 부분이 거의 완전한 형태로 남아있다. 그 출토층위로 보아 앞서 배보다 늦은 것으로 추정된다.

이와 비슷한 연대의 통나무배는 전 세계에서 신석기시대 이른 시기부터 널리 확인된다. 그 대부분은 강이나 호수에서 사용되는 것이어서 바다 항해용은 드문데, 창녕의 사례도 또한 발견된 곳이 내륙에 있으므로 그와 같다 하겠다. 동 선체는 남해안 하구로 흘러드는 낙동강 본류에서 가까운 지류 유역에서 강 쪽으로 약간 기울어져서 출토된 것으로 보아 원래 강변에 끌어올린 상태로 발견된 것으로 추정된다. 따라서 그 구조나 크기를 보아서도 그렇지만 그 발견위치로 볼 때 바다에서 사용한 선박으로 보기 어렵다.

이와 같은 소형의 통나무배로서는 파도가 일렁이고 바람이 세찬 바다에서는 매우 불안할 수 밖에 없다. 그런 이유로 통나무를 여러 개 잇대어서 그 길이

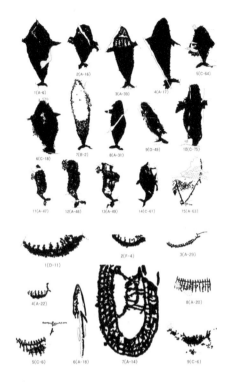

〈그림 13〉 울산 반구대 암각화의 고래와 배그림
(울산대박물관, 2000)

와 폭, 뱃전의 높이 등을 더욱 늘려 안정을 도모한 복합 통나무배가 개발된다. 그것은 신석기시대 후기 혹은 청동기시대 유럽 북부의 북해연안에서 실물로 확인되는 사례이기도 하다.

그 시기를 정확하게 추정할 수 없는 한계가 있지만, 신석기시대 혹은 청동기시대 배의 모습을 추정할 수 있는 사례가 울산 반구대의 암각화에 전한다. 울산 반구대에는 고래 등의 바다 동물과 함께 다수의 사람이 승선한 배를 묘사한 그림이 5점 확인되는데, 크게 두가지 형식으로 구분된다. 하나는 고래에 작살을 꽂아 좇아가는 고래를 잡는 배이고 다른 하나는 사람이 승선한 모습만 묘사된 배이다〈그림 13〉

배를 쪼으기 수법으로 단순하게 묘사하여 그 정확한 형태를 추정하기 어려워 그 구조에 대해서는 의견이 서로 엇갈리고 있다. 암각화 연구자 송화섭(宋華燮)은 이와 같은 수법으로 고래잡이 배를 묘사한 사례가 북부 유럽과 동부 시베리아에서 발견되고 있는 점에 주목한다. 동 지역의 원주민들이 가죽으로 만든 우미악을 타고 고래 잡이를 하는 민족지 사례를 근거로 하여 가죽배라고 추정하는 것이다.

다른 한편으로 이 암각화의 배가 단순한 통나무배가 아니라, 보다 발전한 준구조선이라는 선박연구가 이원식(李元植)의 주장이 있다. 암각화 중 큰 배는 승선 인원이 18명 정도 되는 것으로 추정되는데, 이 정도라면 배 길이가 10m 가까이 되어야 한다. 따라서 이는 단순한 통나무배가 아니라 그 위에 판자를 덧대고 조립하여 만든 준 구조선이라는 것이다. 통나무 몸통을 배 밑으로 삼아 뱃전 위에 널판을 이어 붙이고, 배 앞(이물)과 배 뒤(고물)에 가로로 널판을 잇대어 파도가 넘쳐 들어오지 못하도록 하였다는 것이다.

반구대 암각화에는 포경선과 함께 수십 마리의 고래가 묘사되어 있다. 전문가의 분석에 따르면 귀신고래, 긴수염고래, 돌고래 등 3종류가 확인되는데 전부 육지에서 발견되는 종류라 한다. 따라서 울산이 속한 동해안 인근 연안 해상에서 당시 사람들이 관찰한 고래를 묘사한 것임이 틀림없다. 무엇보다도 중요한 것은 당시 사람들이 세부 종을 분간할 수 있을 정도로 고래의 특징을 정확하게 인지하고 표현하였다는 사실이다. 이와 관련하여 제기될 수 있는 문제는 여러 가지인데, 세부 종을 굳이 구분하여 표현한 이유가 무엇인지, 그리고 그렇게 표현할 수 있는 묘사능력을 갖은 주민집단이 과연 누구이며, 언제 이곳에 거주하였는지 하는 등이 바로 그것이다.

또한 지질학자 황상일의 주장은 4천년전 이전 홀로세에 지금보다 해수면이 높아 태화강 하구 안쪽으로 상당부분 바닷물이 들어왔다고 주장하고 있으며, 이러한 주장과 맞물려 이상목(李相穆)은 반구대 암각화 중에서 육상동물은 청동기시대이겠지만, 고래 그림은 해수면이 지금보다 다소 상승한 신석기시대 후기라고 주장하는 것이다.

울산 연근해에서 고래를 잡았던 이들 주민은 과연 누구일까. 제1장에서도 보듯이 20세기에 와서도 알류우산 열도의 알류우트족 등 북극해 연안을 중심으로 하여 동쪽의 아메리카 북서해안과 서쪽의 오호츠크해 주변에는 고래 사냥을 전업적으로 하는 어로집단이 두루 분포한다. 이들은 앞서도 설명하였듯이 우미악이라는 가죽 배에 여러 명이 타고 고래를 사냥하는데, 고래에 접근하여 작살을 꽂은 다음 줄을 놓지 않고 고래가 지칠 때까지 배를 저어 따라 다니는 것이다. 그들이 활동하는 지역에서는 과거 선주민이 조성한 것으로 추정되는 암각화 유적이 적지 않게 확인된다. 그리하여 송화섭은 울산 반구대 암각화 유적은 그와 같은 북극해 주변의 주민들이 고래를 따라 남하하여 울산 인근의 한반도 동남해안에 조성한 것이라고 추정하였다.

알류우산 열도에서 한반도에 이르기까지 어로집단이 고래를 따라서 장기간에 걸쳐 항해하고 다시 원 거주지로 돌아간다고 주장한다. 그들이 잠시 머물다가 떠나는 곳에 바위절벽에 그들의 고래잡이의 풍요와 안전을 기원하는 그림을 바위에 새겼다는 것이다. 그렇다고 한다면 동 고래잡이 그림은 단기간에 걸쳐 새긴 것으로, 어쩌면 해를 바꾸어 가며 반복적으로 방문한 제의공간인지도 모르겠다.

그러나 이들 당사자가 동남해안 현지 집단이라는 주장도 만만치 않다. 신석기시대 연구자 하인수는 울산 황성동 신석기 유적에서 출토된 '골촉 박힌 고래뼈'가 그 증거라는 것이다. 이와 관련하여 반구대 암각화 반경 5~10km 내 태화강 중상류 지역인 사연·입암리 일대에서 서기전 3,500년 ~2,500년에 해당하는 격자문, 삼각집선문 등 신석기 시대 중~후기의 것으로 보이는 즐문토기 편이 다수 확인된 사실이 주목된다.

한편으로 고래잡이 배그림을 청동기시대라고 하는 주장 또한 지속적으로 제기 되어 왔다. 그림을 새기는 데 금속 도구가 동원되지 않으면 안된다는 관점으로, 북부 유럽에서는 배를 묘사한 바위그림이 청동기시대에 속하는 사실이 이를 방증한다고 하겠다. 또 다른 근거로서 암각화가 위치한 태화강 주변에 청동기시대의 많은 취락지가 조성되어 있다는 사실이 제시된다. 암각화가 태화강 상류 내륙 골짜기에 위치하지만, 직선거리로 십여 km 이내에는 수십 기의 가옥이 동시에 들어선 것으로 추정되는 취락이 입압리, 교동리 등을 비롯하여 수십개 유적이 발굴조사된 것이다.

무엇보다도 앞서 20여명에 가까운 사람들이 승선하여 고래를 포획하고 항해하는 경우라고 한다면 일정수준의 규모와 조직을 갖춘 공동체가 뒷받침되어야 한다는 사실이 주목된다. 청장년 20여명을 동원할 수 있는 마을이라면 최소한 100여명 내외의 인구가 필요하다. 또한 대형의 선박을 건조하고 이를 운용하려면 그에 합당한 조직과 생필품이 뒷받침되어야 하는 바, 그것은 청동기시대에 일정 규모 이상의 취락이 다수 형성된 지역집단이 전제되지 않으면 안된다는 주장 도한 제기되고 있다.

요약

신석기시대에 한반도를 중심으로 한 바다 이동은 먼 거리라 하더라도 기본적으로 가시거리 범위 내의 해안과 도서를 이용하여 이루어진 것이다. 황해를 사이에 두고 중국 화남지방과 한반도 서해안으로 이어지는 루트는 물론, 산동반도와 한반도 서해안을 동서로 직접 연결하는 루트 또한 채택하기 어렵다. 또한 동해를 사이에 두고 한반도와 일본 혼슈 북부 지역을 직접 연결하는 루트 또한 건너가기 어렵다. 연안항로가 아닌 100km 이상 먼 중거리 이상으로서 한가운데에 징검다리 역할을 하는 섬이 있어야 되는 바, 그러한 항로가 교동반도와 요동반도를 연결하는 서해항로와 경남해안과 일본 규슈를 연결하는 남해 동부 항로인 것이다.

묘도열도가 징검다리 역할을 하는 교동반도-요동반도의 경우 신석기시대에 요동반도에서 교동반도로 넘어간 사실을 입증하는 자료는 많지 않지만, 역으로 교동반도의 용산문화 토기가 요동반도에서 다량 출토되는 사실이 확인된다. 그것은 산동 지역에서 복합사회가 발달하고 인구와 취락이 급증하면서 해상도서로 진출하는 인구집단이 많아지기 때문인 것으로 추정된다. 한편으로 요동반도에서 다량 출토하는 교동반도의 정교한 흑도는 교역을 통해서 들어왔을 가능성이 높다. 그 반대급부로 요동지역의 옥기가 교동반도 지역으로 유통되었을 가능성이 있으나, 그 고고학적 증거는 아직 확보되지 않았다.

한반도 남해안-일본 규슈로 이어지는 항로의 경우도 쓰시마를 징검다리로 한다. 전기에 융기문토기, 중기에는 빗살무늬 영선동식 토기가 쓰시마 지역에 주로 출토되고 일본 규슈에서는 많지 않은바, 대체로 한반도에서 쓰시마 쪽으로 건너간 사례가 많고 그 남쪽 규슈해안에 이르는 사례는 많지 않음을 방증한다. 역으로 일본 규슈지역의 죠몬토기가 경남 해안에서 다수 발견되는데, 그 배경에는 먼거리를 이동하는 어로와 교역 활동이 있는 것으로 추정된다. 이를 입증하는 것이 결합식 낚시와 작살용 도구로서, 특히 일본 규슈 고시다카가 산지로 알려진 흑요석은 완제품 상태로 해상을 통하여 교역이 이루어졌을 가능성이 높다.

한편으로 신석기시대의 수상활동에 동원된 선박에 대한 실물자료가 경남 창녕에서 최근에 확인된 바 있다. 전 세계 다른 지역에서도 신석기시대에 발견되었던 통나무배로서, 먼거리 바다에서 활용되기는 어렵지만 이를 토대로 발전시킨 배를 통해서 항해활동이 이루어졌을 가능성은 있다 하겠다. 바위절벽에 선박과 고래잡이 장면을 묘사한 울산 반구대 암각화를 통해서 한반도 연안에서 이루어진 신석기시대의 고래잡이에 대해서도 논의할 수 있다. 연구자들에 따라서 신석기시대 혹은 청동기시대, 그리고 현지

주민 혹은 외래주민에 의한 것이라고 각기 다른 주장을 하지만, 울산 근해에서 배를 타고 고래잡이를 주도하였던 주민집단이 제사의례를 수행하였던 유적임은 분명하다.

〈참고문헌〉

[국문]

국립김해박물관, 2008, 『비봉리』

송화섭, 2012, 「반구대 암각화의 작살잡이와 우미악(Umiak)」, 『비교민속학』 제49집, 비교민속학회

강창화, 2002, 「제주지방 초기신석기문화의 형성과 전개」, 『해양교류의 고고학』, 제26회 한국고고학전국대회

동삼동패총전시관, 2006, 『신석기시대의 어로문화』

복천박물관, 2011, 『인간, 바다, 그리고 삶-선사고대의 패총』

신숙정, 1994, 『우리나라 남해안지방의 신석기문화 연구-동삼동 김해 남해 도서지방을 중심으로』, 학연문화사

울산대박물관, 2000, 『울산반구대 암각화』

이동주, 1995, 「한국선사시대 남해안 유문토기연구」, 동아대박사학위논문

이상균, 1998, 『신석기시대의 한일문화교류』, 학연문화사

중앙문화재연구원편, 2011, 『한국신석기문화개론』, 서경문화사

최종혁, 2011, 「교류와 교역」, 『한국신석기문화개론』, 서경문화사

하인수, 2006, 「영남해안지역의 신석기문화연구」, 부산대학교박사학위논문

[중문]

王富强, 2004, 「膠東新石器時代遺址的地理分布及相關認識」, 『北方文物』 2004-2

王錫平·李步青, 1987, 「试论胶东半岛与辽东半岛史前文化的交流」, 『中国考古学会第六次年会论文集』, 文物出版社

劉俊勇, 2008, 「遼東半島南端新石器至早期青銅時代文化與周圍文化的關係」, 『東北史地』 2008-3

趙賓福, 2006, 「東北新石器文化格局及其與周邊文化的關係」, 『中國邊疆史地研究』 16-2

陳尙勝編, 2007, 『山東半島與中韓交流』, 香港出版社

[일문]

渡辺誠, 1995, 「朝鮮海峽における漁民の交流」, 『日韓交流の考古學』, 名古屋
　　　大學出版會

木村幾多郎, 2003, 「繩文時代の日韓交流」, 『東アジアと日本の考古學(III)』
　　　(後藤直·茂木雅博編), 同成社

澄田正一·小野山節·宮本一夫編, 2008, 『遼東半島四平山積石塚の研究』, 柳
　　　原出版

4장
청동기 — 초기철기시대의 해상교류

논의 주제

청동기시대에 들어와 한반도 주변을 둘러싼 사람들의 해상이동은 더욱 활발해진다. 그러나 이 시대에 해상활동을 직접적으로 입증할만한 선박 실물자료 등의 고고학적 증거는 거의 없다시피 하다. 대부분의 자료가 간접적으로 추정하는데 도움을 줄 수 있을 뿐이다. 그동안 해상교류나 주민 이동과 관련하여 여러 연구자들에 의해 논의된 바 있는 자료를 분류하면 고정적인 시설 유구로서 무덤과 집자리, 운반이 가능한 유물로서 토기와 청동기, 석기 등이 있다. 그밖에 이동의 주체인 사람의 뼈 자체를 통해서도 접근할 수도 있다.

이동이 불가능한 무덤과 집자리의 동일한 형식이 각기 다른 지점에 확인되는 사실이 일정한 인구집단이 이동한 사실을 반영하는 것으로 볼 수 있다. 다른 집단이 모방하는 경우가 전혀 없는 것은 아니지만, 각각의 집단마다 동일한 구조와 형태를 따르고 있어 그를 통해서 종족 혹은 족속의 정체성을 가름하기도 한다.

유물의 경우 그 자체가 운반될 수도 있기 때문에 앞서의 유구시설과 차이가 있어서, 운반의 주체가 제작한 집단에 반드시 속하는 것은 아니다. 이 또한 지역집단마다 동일한 형식으로 제작되는 사례가 많으므로 이를 통해서 집단의 이동을 가름할 수 있다. 물자의 이동 여부는 재질의 성분에 대한 자연과학적 분석을 통해서 판단할 수 있다. 토기의 경우 앞서 2장의 신석기시대에서도 지적하였다시피 태토의 광물학적 성분을 통해서 추정할 수 있다. 석기 또한 암석학적 분석을 통해서 그 산지를 추정할 수 있다. 일본 규슈지역에서 반월형석도 등에 활용된 석재가 특정지점에서 산출되었음은 잘 알려진 사실이다. 한편으로 구리와 주석을 합금하여 만든 청동기의 경우는 납동위원소 분석방법을 통하여 산지를 추정하는 방법이 알려져 있다. 그러나 이들 모두 그 원산지에 관한 정확한 정보가 축적되지 않은 경우, 대략 추정하는 데에 그치고 있음에 주의하여야 한다.

인골을 통한 체질인류학적인 분석 또한 당대 사람들의 DNA 등의 분석 자료가 확보되지 않아 대강 추정하는 데 그치고 있다. 일본의 야요이 시대 무덤에서 발견되는 인골 등에 대해서 분석이 이루어진 사례가 있지만, 같은 시대의 한반도 사람에 대해서는 충분하게 이루어지지 않았으므로, 적극적으로 활용하기는 곤란하다.

이러한 사실을 고려하여 여러 한계가 있지만 유구, 유물에 대해서 그 형식의 상사성에 근거를 두고 해상에서 이동한 양상을 설명하고자 한다. 그러기 위해서는 그 구체적인 근거가 무엇이고, 그것을 어떻게 접근해야 하는지 그 자체가 논의의 주제가 되어야 한다. 그러나 그러한 논의는 고도로 심화된 방법론과 분석기술이 동원되어야 하는 바, 실제 이에 대한 연구는 거의 이루어지지 않은 것이 현실이다. 그러한 논의를 거치지 않은 대략 짐작의 큰 약점이 있음에도 불구하고 기왕의 논의를 정리하는데 수준에서 그친 것이 이 장의 내용이다.

정작 해상이동과 관련해서 여러 가지 논의 주제가 제시될 수 있음은 물론이다. 그중에서 중점 두어 설명하고자 하는 것은 이동의 공간적 범위, 바꾸어 말하면 출발과 도착지점이다. 또한 그 이동의 목적이 이주 정착인지, 물자 교역인지 또는 기타 활동인지를 검토하고자 한다. 이에 대해서는 각 절 별로 구체적으로 논의할 것이다.

I. 무덤과 집자리

1. 무덤

장송의례 절차도 그러하지만 무덤의 구조, 피장자의 안치(安置)와 유물의 부장 방식은 기본적으로 집단마다 고유의 특징을 갖고 있는 것으로 이해되고 있다. 동일한 양식의 무덤이 각기 다른 공간에서 발견되는 경우 주민의 이주를 무엇보다 고려하지 않을 수 없는 것이 그에 연유한다.

그렇다고 다른 집단의 무덤을 모방하는 사례가 전혀 없다고 볼 수 없다. 집단의 정체성을 드러내거나 상위신분의 위세를 과시하기 위하기 위해 경쟁적으로 모방하기도 하는 것이다. 역사시대에 들어서이지만, 무령왕(武寧王)과 왕비의 무덤으로 중국 남조(南朝)의 전축분을 채택한 것이 그 대표적으로, 이러한 사례가 청동기시대에도 전혀 없으리라는 법도 없다.

무덤은 일정 인원 이상으로 구성된 주민집단에 의해 조성된다. 더군다나 청동기시대의 한반도 전역에 축조된 대형의 기념비적 건축물인 고인돌의 경우 많은 사람들이 동원되어 조직적으로 작업하고, 작업 기간 식량이 공급되지 않으면 않되는 사회적 기반이 조성되어야 한다. 따라서 지석묘의 경우 한두 가족 이하의 인구가 바다를 건너서는 축조하기 어려운 바, 그 후손들의 숫자가 늘어나 일정 이상의 인력을 갖추었을 때 비로소 가능한 것이다.

바다를 사이에 두고 외관상 유사한 지석묘가 어떤 방식이든 상호 주민집단간의 교류에 의해 조성된 것임을 입증하기 위해서는 우선 형식적으로

〈그림 1〉 산동 임치 거석무덤 (이청규 사진)

유사한 것인지를 검토하는 데에서 출발한다. 그런 다음 공반하는 다른 유물의 형식을 따져보고 상호 절대연대 상에서 근접하는지 검토할 필요가 있다. 그렇게 해서 상호교류에 의한 것이라고 추정하더라도 과연 한반도의 주민 집단이 바다를 건너 간 것을 입증하는 고고학적 증거인지, 모방하여 축조된 것인지 판단하기 쉽지 않은 바, 별도의 역사 문화적 맥락의 조망이 필요하다.

인도네시아를 비롯한 동남아지역의 지석묘 또한 한반도와의 해상교류를 통해 상호관계가 있다고 주장된 바 있지만, 무엇보다도 그 연대가 차이가 많아 그렇게 보기 어렵다. 쿠로시오[黑潮] 해류를 통해 이동했다고 하지만, 해류를 이용한 표류성 항해를 통하여 지석묘를 축조할 만큼 다수의 인구집단이 이주하였을 가능성 또한 낮아 보인다.

한반도 서남부 지역과 바다를 사이에 두고 마주보는 중국 산동성과 절강성(浙江省)지역에 예전부터 다수의 지석묘가 분포하여 한반도 청동기시대 주민들이 바다를 건너간 증거로 설명되기도 하였다. 그러나 지석묘의 형식이 한반도의 것과 직접 대응된다고 할만한 사례가 제시되지 못하고 있

〈그림 2〉 중국 절강성 서안 대석산 지석묘
(절강성문물관리위원회, 1958)

다〈그림 1〉. 또한 부장되는 유물은 중국의 토기와 청동기이므로 한반도에서 황해를 건너간 사람의 무덤이라고 단정하기 어렵다〈그림 2〉.

역사시대에 들어와 한반도 서해안과 중국 동남해안 사이에 표류한 사례는 다수가 보고된 바 있다. 당연히 청동기시대에 소수의 인구집단이라 하더라도 표류성 항해를 통하여 건너갈 수 있다. 그렇다고 한다면 지석묘의 사례를 알고 있는 한반도 주민이 건너가 축조를 시도하였을 경우도 있다 하겠다. 그렇지 않으면 중국 현지인이 한반도에 건너왔다가 다시 돌아가 모방하였을 가능성도 있겠지만 왕복루트를 인지한 항해술이 담보되어야 하므로, 그러할 확률은 낮아 보인다.

앞서 보았듯이 신석기시대에서 청동기시대 초기에 이르기까지 교동반도(膠東半島)와 요동반도(遼東半島) 사이에 집단으로 왕래한 증거가 양 지역의 여러 유적에서 대표되는 토기군을 통해서 확인된다. 그러나 교동반도와 마주보는 요동반도 자체에 적석 군집묘는 분포하나 지석묘는 확인되지 않는다. 따라서 다른 논거가 제시되지 않는 한, 지석묘를 근거로 요동으로부터 교동 혹은 산동지역으로의 주민 이동과 교류를 설명하기 어렵다.

중국의 경우와 달리 일본의 지석묘는 한반도와의 밀접한 관계 속에서 축조된 것이라는 주장은 여러 맥락에서 볼 때 확실하다. 일본에서 발견되는 지석묘는 북규슈[北九州]에 집중되고, 산인[山陰]지역, 세토나이해[瀬戸內

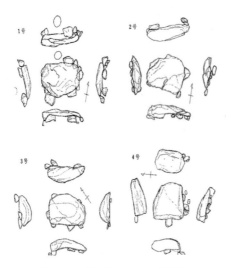

〈그림 3〉 일본 규슈 지석묘 (일본문화재보호위원회, 1956)

海] 지역 등지에서 소수가 전한다. 이들 지석묘는 상석은 부정형이고, 지석은 소형이거나 없는 것이 대부분인데 이와 유사한 사례가 한반도 남해 도서지역에 적지 않게 분포한다〈그림 3〉.

이들 지석묘의 대부분은 그렇다고하더라도 한반도 주민집단이 바다를 건너가서 막바로 축조한 것이라고 보기 어렵다. 이주한 다수의 인구집단이 협력하거나, 수세대 지나서 집단의 인구가 증가한 이후에 비로소 일정규모 이상의 지석묘를 축조한 것으로 보인다. 또한 이들 지석묘 중의 상당수는 한반도에서 바다 건너 이주한 인구집단이 축조한 것이라고 볼 수 없다. 실제로 지석묘에서 발견되는 상당수의 인골은 일본 현지의 죠몬인[繩文人]계가 상당수 있는 것으로 판정되고 있다. 그렇다면 일본 신석기시대 죠몬인들이 한반도의 사례를 모방하여 축조한 지석묘도 있다고 보아야 할 것이다.

다음에 보겠지만 북규슈지역에서 공렬토기와 송국리식토기가 확인되므로, 한반도로부터의 이주 인구도 상당수 있는 것으로 보아도 무리가 없다. 그 도항 루트에 대해서는 여러 설이 있지만 그중에서 전남해안-북규슈 서부, 경남해안-북규슈 동부의 루트가 유력하다. 이전에 제주도의 지석묘에 일본 규슈 사례와 유사한 형식이 있어 제주도를 경유한 루트가 주장된 적도 있다. 그러나 한반도 남해도서에서 제주도로 가는 루트와 일본 규슈로 가는 루트는 별개의 것으로 판단된다. 경남해안에서 북규슈 간의 거리는

100km 정도로 제주도에서 서규슈 간의 직선거리인 250km보다 훨씬 거리가 가까우므로 굳이 먼거리를 우회할 필요가 없다. 더군다나 제주도 지석묘의 연대가 더욱 늦고, 이와 공반되는 제주도 토기가 규슈지역에서 알려진 바 없다.

한편 한반도에 근접한 대형도서에 다수의 지석묘가 발견된 섬으로 서해의 강화도, 남해의 진도, 완도, 거제도, 남해도의 사례가 있다. 이중에서 한반도 내륙의 사례 못지 않은 규모와 형식을 갖춘 예로서 강화도의 예가 주목된다. 강화도에서는 삼거리 등지에 조성된 탁자식 지석묘가 있는데, 이들 지석묘와 동일한 형식은 황해 관산리의 사례를 비롯하여 서북한 지역에 주로 분포한다. 강화도에서는 또한 서북한지역에 주로 보이는 이른바 팽이형토기도 발견되는 바, 이로 미루어 황해도 연안지역의 주민이 이주한 것이 분명하다.

남해 연안도서 중에서 발굴조사된 거제도의 지석묘의 경우 역시 인접한 경남 진주 등의 해안지역에서 많이 보이는 지하석곽 시설을 하거나 적석묘역을 갖춘 무덤이다. 강화도와 마찬가지로 거제도 또한 인근 해안내륙과는 불과 수km 밖에 떨어지지 않아 근접하기가 용이하다. 일정 수준 이상의 인구가 이주하여, 내륙과 동일한 형식과 일정 규모 이상의 상석(上石)을 구비한 지석묘를 축조한 것으로 이해된다.

한반도의 부속도서 중에서 거리가 멀리 떨어져 격절성이 높은 제주도의 경우는 앞서 연안에서 가까운 강화, 거제도 등과는 차이가 있다. 대체로 해안에서 3~4km 범위내의 해안지역에 분포하는데, 특히 남해안을 마주보는 제주시 한천변의 용담동, 외도천변의 외도동 등지에 지석묘가 집중하고 있다.

매장시설이 지하에 있는 경우로서 토광을 파고 할석(割石)을 1-2단 둘린 제주 용담동 월성마을의 사례가 있다. 그밖에 대부분의 제주도 고인돌은 매장공간이 지상에 있는 것인데, 지석의 형태와 크기에 따라 여러 하위 형

〈그림 4〉제주도 용담동 지석묘 (이청규 사진)

식으로 구분된다. 우선 판석형 지석이 10여매 고인 형식, 상석의 아래면을 움푹 들어가게 하여 매장공간을 확보한 형식 등이 있다. 이들 지석묘에서 확인되는 토기는 지하매장시설이 있는 예에서 퇴화형 공렬토기(孔列土器)가 있는 예가 있을 뿐, 나머지는 외반구연(外反口緣)의 제주도 곽지리식 혹은 삼양동식 토기가 대부분이다. 이로 보아 제주도에 지석묘가 처음 수용된 단계는 퇴화형 공렬토기 단계이지만, 대부분의 지석묘는 그 이후 이 지역에 주거인구가 증가하면서 축조된 것으로 그 연대는 기원후가 훨씬 지나서이다. 본격적으로 제주도에 지석묘가 유입된 것은 이들 토기로 미루어 무문토기 중기에서 후기로 전환하는 서기전 6~3세기경으로 추정된다.

제주도 용담동 지석묘와 비슷하게 지상에 매장시설이 있고 10여기 이상의 지석으로 고인 형식이 전북 고창지역을 비롯한 호남지역에 있어 이들 지역으로부터 전파된 것으로 주장된 바 있다〈그림 4〉. 그러나 용담동 지석묘는 출토되는 토기의 형식으로 보아 제주도에서도 가장 늦은 형식으로 호남지역의 그것과는 수백년 이상의 시간 차이가 있다. 따라서 형식상으로 유사한 것으로 판정하더라도 서해안지역으로부터 직접 제주도로 바다를 건너온 사람들이 축조한 것이라고 보기 어렵다.

2. 집자리

주거지의 형식 또한 무덤과 마찬가지로 집단마다 독특하므로, 유사한

형식의 공간적 분포를 통
하여 주민집단의 교류범
위를 추적할 수 있다. 무
엇보다 지석묘와 차이
가 나는 것은 경우 가옥
구조와 규모에 따라 차이
가 있지만, 소수의 인력
으로 축조가 가능하다는
점이다. 청동기시대의 최
대 가옥이라 하더라도 십
명이 넘지 않는 인력으로
얼마든지 만들 수 있는
것이다. 또한 일정세월
지나 사후에 비로소 축조
되는 무덤과 달리, 이주
민이 현지에 도착하자마
자 당장 거주해야할 시설

〈그림 5〉 송국리형 집자리 (국립중앙박물관, 1998)

〈그림 6〉 규슈 후쿠오카 이다츠케유적 집자리 복원 (이청규 사진)

이 필요하므로, 이러한 점에서 이주 시점과 거의 차이 없이 조성되는 점이
다르다. 이러한 점에서 무덤보다 이주민의 동향을 밝히는데 실효적이라
할 수 있다.

　한반도에서 확인되는 청동기시대 주거지는 그 형식이 다양하다. 형식을
판별하는 여러 속성 중의 하나가 평면형태와 규모로서 장방형, 세장방형(細
長方形), 말각방형, 원형 등으로, 장방형 혹은 세장방형의 경우 길이 20m가
넘는 대형도 있지만 3~4m 정도되는 소형도 있다. 가옥내에 난방과 조리
용으로 화덕이 설치되는 경우가 많은데, 그 숫자는 1~2기부터 7~8기에 이
르기까지 다양하다. 이러한 가옥의 규모와 화덕의 수는 가옥내 거주인구

를 반영함은 물론이다.

대체로 장방형과 세장방형의 대형 주거지는 청동기시대 전기, 말각방형, 원형의 소형 주거지는 중후기에 유행하는 것으로 알려져 있다. 그 중심 분포권을 보면 장방형, 세장방형은 한반도 중부 이북에 집중된다. 평면 원형의 주

〈그림 7〉 일본규슈지역의 송국리형집자리 분포 (일본매장문화재연구회, 2006)

거지는 금강유역 , 영산강유역, 낙동강유역, 남강유역 등지로 대체로 남한지역의 서부와 남부에 집중된다. 원형 집자리는 송국리형이라하여 부여송국리 유적의 사례로 대표되는데, 집자리 한가운데에 두 개의 기둥구멍과 장타원형의 작업공이 조성된 것으로 그 구조가 단순하고 규모도 작은 편이어서 짓기 수월한 것이 특징이다〈그림 5〉. 따라서 집자리 중에서도 가장 소수 인원이 바다를 건너 도달하자마자 축조가 가능하며, 그 확산속도는 빠를 수 밖에 없다. 이러한 맥락에서 바다를 건너 일본 규슈지역과 제주도에는 원형 평면의 집자리 사례가 다수 전한다〈그림 6〉.

송국리형 집자리가 제주도의 경우 해발 100m의 해안지역을 따라 다수의 지점에서 동 형식의 주거지군이 조사되었다. 지금까지 확인된 바에 따르면 제주도 해안 전역에 걸쳐 수백기가 확인되었다. 제주에서 발견되는 원형집자리는 가운데 2개의 기둥구멍과 작업공간의 배치 방식을 통해 세부적으로 형식을 분류할 수 있다. 그 대부분의 사례는 타원형 작업구멍 안쪽으로 기둥구멍이 있는데, 이와 같은 사례는 남해안 서부지역에 분포하는 것으로 보아 이들 지역으로부터 유입되었다고 생각된다.

일본열도에서 송국리식 집자리는 북규슈와 규슈 서남부지역에 분포한다〈그림 7〉. 구체적으로 살펴보면 이들 집자리는 기둥구멍이 작업공 바깥에 있는 형식으로 대부분 영남지역에 널리 보급된 것과 같다. 따라서 영남 남해안 지역에서 건너간 사람들이 그 초기 도래인인 것으로 이해된다. 일본의 경우 종전의 죠몬토기인들이 거주하는 취락이 해안가와 산간 지역에 집중되어 있는 것과 달리 강가 저지대인 것이 다르다. 그러한 마을의 위치는 밭농사는 물론 논농사가 유리한 입지를 갖춘 곳으로 한반도 사람들이 바다 건너간 동인을 간접적으로 보여준다. 바꾸어 말하면 상당수의 한반도 거주 농경민 집단이 계획을 세워 이미 숙지한 항로를 통하여 일본에 건너갔다는 것이다.

Ⅲ. 토기, 석기와 청동기

1. 토기

선사시대 토기는 대체로 집단마다 고유의 형식이 있다. 문양의 속성 특히 그러한데 각기 다른 공간에서 확인되는 동일한 속성과 형식의 토기는 어떻게 설명해야 할까. 우선 동일한 주민집단이 이동하면서 남긴 것으로 설명할 수 있는데, 여러 기종의 셋트가 동일하거나, 단일 기종이라도 전체 속성의 유사도가 매우 높은 경우이다. 만약에 토기의 태토(胎土) 상으로도 발견지와 다르다면 더욱 운반된 것임을 확증할 수 있다. 토기 태토가 현지산이라 하더라도 토기 자체가 부서지기 쉬워 기왕에 인지하고 있는 형식 그대로 이동 혹은 이주한 지역에서 제작하는 경우가 많다. 한편으로 선사시대 토기는 앞서도 지적하였다시피 민족지자료로 볼 때 남성보다는 여성이 제작하는 것으로 알려져 있다.

이러한 논거를 토대로 하여 청동기시대와 초기철기시대에 있어서 한반

〈그림 8〉 한반도계통의 제주도 무문토기
(제주사정립추진위원회, 1998)

도에서 해상을 통하여 이동한 무문토기인들의 동향을 살피고자 한다.

제주도에서 발견되는 한반도계 무문토기는 대정읍 상모리 유적의 사례가 대표한다. 동 유적에서 확인되는 토기는 구연부에 공렬, 이중구연(二重口緣), 단사선(短斜線) 장식이 있는 것이다〈그림 8〉. 구체적으로 살피면 제주도 현지의 현무암 모재(母材)가 아닌 한반도 화강암 모재의 흙으로 제작한 흔암리식토기가 소수 전한다. 그리고 다량 전하는 것은 제주도 현지산으로 기본 문양 속성은 앞서와 같지만, 공렬장식이 외면에 베풀어지는 등의 차이가 있는 형식의 토기이다. 그리고 세번째에는 문양이 거의 없어지고, 다만 구연부 공렬, 입술면의 골아가리 속성만 겨우 남아 있는 사례이다.

첫번째, 두번째 형식은 상모리에서 확인되지만, 세번째 형식은 제주도 전역에서 확인되는데, 이러한 토기의 분포상황으로 제주도로의 해상이동을 간접적으로 유추할 수 있다. 지금까지 조사한 바에 따르면 첫번째 토기와 유사한 형식의 토기는 전남 동부와 경남 서부지역, 바꾸어 말하면 남해안 중부지역에서 확인된다. 이곳의 주민이 제주도 연근해까지 건너와 정작 상륙한 지점은 아직까지 상모리 이외의 지역에서 남한계 태토의 흔암리식토기가 확인되지 않는다는 사실로 미루어 보면 남해안과 가까운 제주도 북부가 아니라 그 반대인 서남부 대정읍 지역인 셈이다.

일본열도에 건너간 무문
토기는 큐슈지역에 집중된
다. 그중 가장 이른 단계의
것은 공렬토기이다. 지금
까지 발견된 사례를 살펴
보면 후쿠오카[福岡], 남큐
슈, 시모노세키[下關] 등에
서 확인된다. 그러나 이들
토기는 한반도 지역의 동
유형의 전형적인 형식과는
차이가 난다.

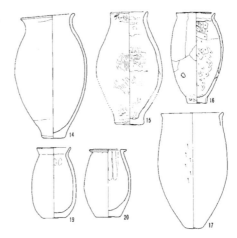

〈그림 9〉 일본 규슈출토 송국리형토기
(片岡宏二, 1999)

이를 볼 때 일본열도와 제주도에 건너간 무문토기는 대체로 전기후반
혹은 중기에 해당한다. 여러 절대연대 관련 연구에 따르면 대체로 서기전
800년경 이후로 추정되는데, 보다 본격적으로 이루어진 한반도에서 일본
열도로의 해상이동을 입증할 수 있는 토기자료로 송국리식토기를 들 수
있다〈그림 9〉. 송국리식토기는 북큐슈와 시마네현[島根縣] 등지에서 확인
된다. 동 형식의 토기는 호서지역에서 기원하여 호남과 영남지역으로 파
급되었지만, 영남 동부지역으로 확대되지 않았다. 따라서 영남 남해안으로
부터 일본 큐슈로의 해상이동이 이루어진 것으로 파악되는데, 그것은 앞
서 송국리형 주거지와 맥락을 같이 한다.

제주도의 경우 송국리식토기의 전형적인 사례가 확인이 될 뿐만 아니
라, 송국리형집자리와 공반하는 토기는 송국리식토기의 전통을 이어 받은
외반구연 항아리토기이다. 앞서 본 것처럼 송국리형 집자리는 동 주민집
단의 이주가 없으면 조성되기 어려운 것으로 집자리와 함께 이들 무문토
기 또한 전남지역에서 유입되었을 가능성이 많다.

공렬토기와 송국리식토기가 소량으로 분산되어 확인되는 것과 달리 그

〈그림 10〉 규슈지역의 점토대토기 (후쿠오카시립박물관 전시, 이청규 사진)

보다 늦게 등장하는 점토띠토기는 일본 규슈지역에서 일정 수준의 양이 집중되는 현상이 확인된다. 점토띠토기는 아가리에 점토띠를 덧붙인 것으로 한반도에서는 무문토기 후기 것으로 인정된다. 한반도 남부 출토 점토 띠토기와 유사한 형식의 토기가 압록강 넘어 요하유역의 여러 집자리와 무덤에서 확인되었는데, 그중에 대표적인 것이 신민 공주둔(新民 公主屯)의 생활유적과 함께 심양 정가와자(沈陽 鄭家窪子)의 무덤유적에서 출토된 바 있다. 그러한 점토띠토기는 남한 전역에서 생활유적과 무덤에서 다수 확인되었다. 대체로 양주 수석리, 보령 교성리와 안성 반제리를 비롯한 중서 부지역의 생활유적, 대전 괴정동, 아산 남성리를 비롯해서 완주 갈동, 장수 남양리 등의 목관묘 유적에서 정가와자의 사례보다 늦은 세형동검과 조세 문경, 세문경과 함께 발견되었다.

이러한 점토띠토기는 일본 규슈 북부와 서부를 중심으로 발견되는데,

이에 대해서 일본연구자들이 한반도 동일한 형식과 일본 현지에서 변형된 형식을 조선계와 의사조선계(擬寫朝鮮系)로 구분하여 설명한다〈그림 10〉. 전자는 한반도에서 직접 건너온 것으로 사가현 모로오카[諸岡] 유적 출토 사례가 대표적이며, 후자는 하부다[土生] 유적 사례로 대표된다. 전자는 아직 현지화되지 않은 도래인(渡來人), 후자는 도래인이 일본 현지에 장기간 머물고 그 후손들이 현지인들의 사회와 문화 속에 점차 융합되면서 제작한 것으로 추정된다.

이들 점토띠토기는 다음에 보겠지만 한반도 서남부지역에 집중된 세문경과 세형동검이 일본지역에서 보급된 것과 관련된다고 보여진다. 이들 토기집단이 모두 청동기를 운반하거나 그 제작기술을 보유한 장인집단은 아니지만, 청동기 실물 유통이나 장인의 이동이 가능하도록 그 토대를 제공하였을 것으로 보인다. 청동기의 수요자인 일본 규슈지역의 중심세력들이 이들 점토띠토기인들을 중간인으로 삼았을 것이다. 특히 유사 점토띠토기 제작 집단의 경우 일본 사가현의 요시노가리[吉野ケ里] 유적 등에서 검, 모(鉾), 과(戈), 사(鉈) 등의 초기 청동기 거푸집과 동반되기도 하여 일본의 청동기 국산화를 주도하는 것으로 이해된다.

2. 석기

청동기시대의 석기는 크게 벌채, 토지 개간과 목제가공에 쓰이는 도끼, 알곡작물 수확에 쓰이는 반월형석도, 무기와 수렵구로 사용되는 석검, 석촉 등이 있다. 기능과 가공수법을 고려하여 각기 다른 석재를 선택하고, 각기 다른 제작공정이 구사되어야 하므로 일정수준의 전문성이 필요하다. 그 전문성은 토기 제작을 능가하고 남성들이 담당하는 것으로 인정되지만, 최소한 단위취락별로 그 제작자가 있어 석기를 공급할 수 있다. 다만 의례 혹은 무덤 부장용으로 제작되는 대형의 마제석검을 비롯한 일부 석기가 전문장인에 의해 생산되어 일정한 지리적 범위내에 다수의 마을에 공급되는 것으로 알려져 있다.

이들 석기가 바다 건너 발견될 때 현지에 구할 수 없는 석재의 것이고, 난이도가 높은 기술로 만들어진 것이라면 실물 자체가 유통된 것이겠지만, 그렇지 않다면 제작기술을 보유하거나 습득한 사람에 의해 현지에서 제작될 수 있다 하겠다.

벼농사와 함께 유구석부(有溝石斧)가 중국 남부나 동남아로부터 건너온 것이라는 주장이 제기된 바 있지만, 한반도 이전단계의 유단석부(有段石斧)가 자체 진화하여 유구석부로 발전했다는 주장이 더욱 설득력을 얻고 있다. 청동기시대 벼농사 또한 중국 동북지역에서 탄화미가 반월형석도 등의 농경도구와 함께 발견되어 중국 북부와 동북부를 거쳐 내륙으로 전달된 것이라고 이해된다.

중국 동북지역에 유행하는 원통형석부가 호남지역에서 발견된 사례가 있어, 이 자료를 근거로 동 지역으로부터의 한반도로의 해상이동을 주장하는 의견이 제시된 바 있다. 이 또한 혹시 소수의 사람이 이주한 사실을 반영할 수 있으나, 그 이동루트가 바다라고 단정하기 어렵다.

다종 다양한 마제석기를 통하여 한반도로부터 사람들이 바다를 건너간 사실에 대해서 구체적으로 설명할 수 있는 것은 역시 한반도 남부의 제주도와 일본열도의 사례이다. 우선 농경구를 대표하는 수확구인 반월형석도가 이들 양지역에서 모두 발견되는데, 다만 제주도에서는 드물지만, 일본에서는 적지 않게 발견되는 차이가 있다. 그 세부형식으로 배모양과 삼각형이 있는데, 후자는 유구석부와 셋트를 이루어 논농사를 발전시킨 송국리형주거지 주민들이 남긴 것으로 알려져 있다. 따라서 논농사 기술이 양지역에 전달되었으나, 실제 널리 보급된 것은 일본 규슈지역에서이고, 제주도에서는 그렇지 못한 것으로 이해된다.

제주도는 화산활동을 통하여 신생대에 비로소 형성된 다공질 현무암지대로서 토심이 깊은 점토질 토양이 발달하지 못하고 지표수를 유지 못한다. 따라서 논농사법을 알고 있다 하더라도 현지에 적용하기가 마땅치 않으며 실제로 벼농사와 직접적으로 관련된 자료를 찾기 어렵다. 일본 규슈지역의 경우 사정이 달라서 탄화미는 물론 벼농사를 직접적으로 입증하는 논 유구가 북규슈의 나바다케[菜田], 이다츠케[板付] 등 야요이시대(彌生時代) 전기에 속하는 유적에서 일찍부터 조사되었다. 그 연대는 최근에 새로운 방사성탄소측정연대의 해석에 의하여 서기전 1천년기 전반까지 거슬러 올라가는 것으로 주장되고 있다. 이를 그대로 신뢰하기 어렵지만 농사를 지을 줄 아는 한반도 사람이 계획적이고 조직적으로 바다건너 일본으로 건너갔을 가능성이 충분하다.

그들은 농경지를 포함하여 식량자원 확보 등을 목적으로 이에 필요한 지리적 공간을 찾아 나선 것으로 추정되는데, 그러나 이 단계에 바다로 나선 그 개별 단위집단의 인구규모는 수세대의 정도에 지나지 않았을 것으로 추정된다.

농경도구와 함께 일본과 제주도에 발견되는 한반도계 마제석기를 대표하는 것 중에 석검과 석촉이 있다. 이들은 주거지에서 발견되는 사례도 있지만 상당수가 무덤에 부장되는 의기이고 모방하기 까다로운 형식이다. 따라서 바다를 건너갈 때 의도적으로 갖고 가거나, 건너간 사람이 현지 제작하였을 가능성이 높다 하겠다. 일본 현지 사람들이 한반도로 건너와 수입하였을 가능성도 배제 못하지만, 토기 등 동반되는 일본계 유물이 한반도에서 거의 발견되지 않고 있어 아직 단정하기 어렵다〈그림 11〉.

특히 주목되는 것은 다양한 형식을 갖춘 마제석검이다. 자루가 별도로 착장되는 유경식(有莖式), 자루가 밋밋한 유병식(有柄式), 자루 중간에 잘록한 부위가 형성된 유단병식(有段柄式), 두 줄의 돌대무늬가 있는 유절병식(有節柄式)등이 있는데, 유경식은 호남지역, 유단병식, 유절병식은 영남지역에 주로 분포하는데, 제주도에는 호남지역의 유경식, 일본열도에는 영남지

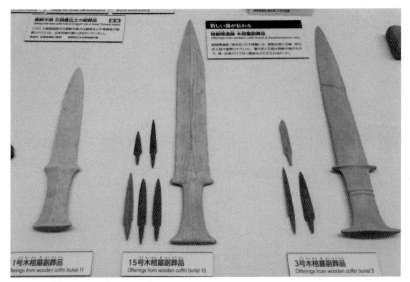

〈그림 11〉 규슈지역 무덤출토 마제석검과 석촉 (후쿠오카시립박물관 전시, 이청규 사진)

역의 유병식, 유절병식 등이 보다 많이 확인된다. 따라서 앞서 송국리식 집자리와 무문토기 형식의 분포 차이와 일치하므로, 바다를 통해 이동하는 주요 거점과 루트를 추정할 수 있다.

3. 청동기

청동기는 토기나 석기와 달리 특정지점의 광산에서 채취한 원광을 소재로 첨단기술의 주조과정을 거쳐 완성된다. 원료 중 구리와 주석 등의 합금재료를 구하는 장소가 한정되고, 주조기술 또한 토기, 석기 등의 다른 도구에 비해 월등히 높은 전문성을 전제하는 것이다. 그러한 원료와 기술 확보를 담당하는 전문장인이 있어야 되지만, 그들의 활동이 원활하게 이루어지기 위해서는 이를 지원하는 실력자가 있지 않으면 않된다. 그러한 요건을 갖춘 장소가 한정되므로, 청동기의 보급에는 물자와 사람의 이동이 두드러질 수 밖에 없는 바, 한반도와 주변지역과의 바다 이동 또한 더욱 그러하다.

동일 형식의 청동기가 바다를 사이에 두고 발견되었다 하더라도 그 전파 현상에 대한 설명은 몇가지로 나누어 볼 수 있다. 우선 양 지역간에 확립된 교역시스템에 의해 물자만 이동하는 경우로, 교역을 전문적으로 담당한 사람의 이동을 전제로 한다. 다음은 기술자의 이동으로 제작기술과 공방시설의 설치는 단순 모방만으로써는 곤란하고, 충분하게 습득한 기술자의 존재를 전제로 하는 경우이다. 세번째에는 청동기를 보유한 사람이 이주를 목적으로 하거나 드물지만 표류를 당하여 바다를 건너가는 경우가 있다.

청동기의 기종은 실용도구인 무기, 농공구와 비실용적인 장신구, 그리고 의례용 무구 등이 있다. 이들 각 기종은 각각 재료의 성분과 양, 제작기술의 방법과 난이도가 다르다. 한반도에서 출토하는 것 중 가장 제작하기 어려운 것부터 소개하면 다뉴세문경, 각종 청동방울과 장엄구, 검·모·과 등의 무기, 농공구류와 소형 장신구 등이다. 그 난이도에 따라서 제작 보급되는 수량은 물론 전파 유통과정이 다를 수 밖에 없다.

한편 중국고대문헌 관자(管子)의 기록에 고조선 사람이 제나라와 문피(文皮)를 교역하였다는 사실 고고학적으로 증거하는 것으로 산동반도에 있는 지석묘를 제시하는 주장이 있는데, 동 지석묘가 요동지역의 그것과 관계있다는 논리로 뒷받침하고 있다. 산동지역의 제나라와 요동의 고조선과의 교역이 묘도열도를 통해서 이루어졌다고 한다면, 앞서도 지적하였다시피 교역하는 집단은 요동반도 남단에 위치한 서기전 1천년기 전반의 적석묘 집단을 제1순위로 꼽을 수밖에 없다. 첫째는 그 지리적 위치 때문이며, 두 번째는 비파형동검을 제작 보급할 수 있는 기반을 갖춘 사회이기 때문이다.

동 사회는 청동기 원료를 원거리에서 구하고 청동기를 제작 생산할 수 있는 여건을 갖추었는 바, 그러한 집단이 해상 교역을 수행할 수 있는 능력을 갖추었다고 보여진다. 그러나 지석묘사회의 경우 내적으로 공동협업체

〈그림 12〉 한반도 서남한 출토 동주식 동검
(국립중앙박물관, 1992)

제를 갖추었지만, 연근해를 통한 근거리 교역이면 몰라도 원거리 항해를 통하여 정기적인 무역을 할 수 있는 시스템을 갖추었을만한 방증 자료가 없다. 또한 요동의 지석묘는 산동과의 교역 거점인 요동반도 남단에는 분포하지 않는다. 산동반도에 내왕했다고 하는 주민 집단이 있다고 한다면 여러 정황으로 보아 비파형동검을 포함한 다수의 청동기를 갖춘 요동반도의 적석묘 집단일 가능성이 보다 높다 하겠다.

실제로 산동반도와 묘도열도에 요동지역의 비파형동검과 유사한 형식의 동검이 출토하고, 묘도열도에서는 역시 요동지역에서 적지 않게 보이는 선형동부의 실물과 거푸집이 묘도열도에 속하는 장도 왕구촌(王溝村) 유적에서 출토되어 그 근거로 제시될 수 있겠다. 물론 이들 선형동부가 수암 쌍방의 대석개묘 등에서 출토된 바 있어 동 형식의 무덤이 위치한 요중지역과도 관련될 가능성이 있지만, 직접 해상이동하는 주체는 요동반도 남단의 세력이라고 보는 것이 무리가 없다.

중국에서 한국으로 해상이동된 청동기의 가장 이른 분명한 예로 전북 완주 상림리의 동주식 동검 사례를 들 수 있다〈그림 12〉. 동 26점의 검은 기본적으로 동일한 형식으로서 중원지역에서 하남성(河南省), 산동성 일대에 주로 제작 보급되는 것이다. 동북지역에서 발견된 사례가 전혀 없지는 않지만, 완주의 사례처럼 10점이상이 한 지점에 매납된 사례는 없다.

〈그림 13〉 산동지역출토 동주식동검 (산동박물관 전시, 이청규 사진)

　다량으로 확보할만한 능력과 지위를 갖춘 사람에 의해 생산지로부터 분명한 의도를 갖고 운반된 것으로서, 그 생산지는 형식의 분포를 보아 중원지역 중에서도 산동성 일대일 가능성이 높다〈그림 13〉. 동 생산지로부터 내륙을 통하여 운반될 가능성을 전혀 배제 못하지만, 동북지역에 그러한 루트를 인정할만한 고고학적 증거가 없어서, 해상을 통해 이동되었을 확률이 높다. 동 해상루트는 발해만 연안, 묘도열도(廟島列島)를 경유하여 요동반도를 거쳐 한반도 서해안으로 오는 루트, 또는 산동반도에서 공해를 거쳐 한반도 서해안으로 직항하는 경우 등의 사례가 있음은 앞서 본 바와 같다.

　청동기를 통한 해상교류에 대해서 무엇보다도 일본열도의 사례가 주목된다. 한반도에서 청동기가 본격적으로 제작되기 시작한 것은 서기전 8세기경으로서 비파형의 동검과 동모, 동촉과 동부가 그 주요 제작품이다. 제작된 청동기의 숫자는 그다지 많지 않은데, 보급되는 주요 지역 중의 하나가 여수반도를 비롯하여 남해안 중부인 것으로 알려져 있다.

일본열도에서는 비파형동검 가공품과 동촉이 발견된 사례가 있어 이 단계의 청동기가 한반도 남부해안에서 바다를 건너갔음을 부정할 수 없다. 그러나 그 사례가 많지 않고 소형의 재가공품이어서, 그것이 본격적인 교역의 과정을 거치거나 조직적으로 이주한 사람들에 의한 것이라는 증거로 보기 어렵다.

본격적인 교류는 다음 단계인 초기철기시대에 이루어진 것으로 보이는데, 그것은 한반도 남부에 앞서 지적한 여러 기종의 청동기가 본격적으로 생산하는 시스템이 조성된 사실에 힘입은 바 크다 하겠다. 서기전 4~3세기에 충남서부의 금강유역과 아산만 지역에서 동검, 동모 등의 무기와 다뉴세문경, 그리고 방패형동기, 나팔형동기, 검파형동기(劍把形銅器) 등의 장엄구 등을 제작 보급하여 군장급 무덤에 부장된 사실이 확인된다. 뒤이어 서기전 3~2세기경에는 금강유역은 물론 남쪽으로 만경강유역, 전주천과 영산강유역의 호남지역에 동검, 동모, 동과를 비롯하여 청동방울과 다뉴세문경 등의 청동기가 제작 보급된다. 이 시기에 호서와 호남지역 중에 서해안에 근접한 곳에서 본격적으로 청동기가 생산되었음이 각종 청동기 거푸집을 통해서 확인할 수 있는 것이다.

일본지역에서 발견되는 서기전 3~2세기 청동기 중에서 가장 많은 것은 검·모·과 등의 무기이고, 공구로서 첨두기, 기타 장신구와 다뉴경이 전한다. 그중에 서기전 3세기 이전의 것은 많지 않다. 대부분 서기전 3세기 이후의 것으로 그 일부는 한반도에서 직접 전해진 것도 있겠지만, 일본 현지에서도 제작되었음이 북규슈 지역의 후쿠오카, 사가 등지에서 발견되는 석제거푸집을 통해서 추정할 수 있다.

그 이면에는 한반도로부터 기술자의 이주가 있었으며, 그러한 사실은 앞서 지적한 대로 청동기를 제작한 주민의 점토띠토기가 이 지역에서 발견되는 사실을 통해 지지받는다. 서기전 3~2세기경 기술자가 바다 건너 이주하겠다는 결심은 바다 넘어 일본 지역집단의 실력자가 일정한 이익을 보장하고, 청동기 제작에 필요한 여건을 마련해준다는 약속이 있지 않으면 실천에 옮기기 어려울 것이다. 그리고 그러한 요청은 일본에서 메신저가 바다를 건너와서 그를 인도하지 않으면 안될 것이

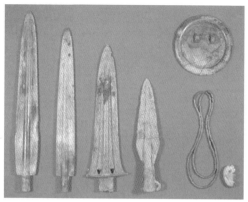

〈그림 14〉 후쿠오카 요시다케 다카키 무덤 출토
한반도계 청동기와 옥기
(후쿠오카현 교육위원회, 1984)

며, 그렇다고 한다면 청동기 제작 거점인 호남지역에서 일본 북규슈 사가현이나 후쿠오카현에 이르는 바다길에 대해서 양지역 인구집단이 충분히 숙지하지 않으면 안된다.

일본 규슈지역에 발견되는 거푸집은 검,모,과 등의 무기와 첨두기 정도의 공구 등이다. 한반도 서남부지역에 집중 분포되는 세문경과 청동방울의 거푸집은 발견되지 않는 바, 설혹 동 제품이 제작되었다 하더라도 이들 거푸집은 원래 토제품이어서 후대에 남아 전하기 어렵다. 그런데 일본 규슈지역은 물론 세토나이 바다를 건너 멀리 동쪽 긴키[近畿] 지역에도 한반도계 세문경이 발견된다〈그림 14〉. 규슈지역에서는 10여점, 긴키 지역에서는 2점이 발견되는데, 이들 제품이 제작된 장소가 일본 현지인지 혹은 한반도인지에 따라 한반도에서 세문경 제작전문 기술자가 건너왔는지 아니면 유통을 담당한 전문인이 건너왔는지 달라진다.

세문경은 정교한 문양을 표현할 줄 아는 최고 전문장인은 금강, 만경강, 영산강 유역을 거점으로 하였는 바, 그들의 숫자가 바다 건너 멀리 파견될 만큼의 인적 자원이 넉넉지 못한 것으로 추정된다. 그들이 건너가 제작하

기보다는 그들 제품이 전문 교역인에 의해 유통된 것이 더욱 수월하였을 것이다. 그렇다고 한다면 한반도 서남부의 지역집단 실력자와 일본규슈의 실력자간에 해상을 통한 교류시스템이 확립되었다고 볼 수 있다.

Ⅳ. 해상교류의 변천과 역사적 배경

1. 1기 [서기전 15〜8세기]

산동반도와의 주요 교류 거점은 서북한이 아니라 압록강 이북의 요동반도 서남단으로서, 양 지역 간 황해에는 묘도열도가 있어 징검다리 역할을 하기 때문이다. 이러한 지리적 잇점을 이용하여 3장에서 보듯이 교동반도의 악석문화단계인 신석기시대 말기에서 청동기시대 초기에 교류가 있었음이 요동반도 남단에 남긴 용산문화 전통의 토기군을 통해서 알 수 있다.

서기전 2천년기 중반 이후에 양 지역 간에 해상으로의 본격적인 왕래를 설명할 수 있는 자료가 분명하지 않다. 실제로 바다를 통하여 한반도에서 이동한 사람들이 축조하거나, 혹시 산동반도 현지주민들이 건너와 지석묘에 대한 정보를 얻고 돌아가 이를 모방하여 축조할 가능성을 전혀 배제 못한다. 그러나 교동반도에서 확인되는 거석무덤은 요동지역의 그것과 형식이 다를 뿐만 아니라, 요동반도 자체에는 지석묘가 없고, 다소 벗어난 개주(盖州) 등지에 그 사례가 보일 뿐이어서 동의하기가 어렵다. 그렇다고 소수인구가 산발적으로 왕래하였을 가능성마저 배제하는 것은 물론 아니다. 전 단계의 상황으로 미루어 적어도 교동과 요동의 왕래는 드물게나마 있었을 것으로 판단된다.

한반도 남해 건너 있는 제주도와 일본열도와의 해상교류를 입증하는 고고학적 자료로서 이 단계에 속하는 것으로 제주도의 경우 상모리식 무문토기와 일본열도의 경우 공렬토기가 있다. 동 형식의 토기는 앞서 본 것처럼 전남 동부와 경남 서부지역에 집중적으로 분포한다.

제주도의 경우 이동루트는 남해안 중부지역의 도서를 잇는 루트로 짐작되는바, 여수반도에서 50km 떨어진 거문도 등을 중간거점으로 활용하였을 것으로 짐작된다.

제주도에 근접해서 남해안을 마주보는 북부지역이 아니라, 동남해안 지역에 상륙한 것은 두가지 측면에서 설명할 수 있다. 첫째는 제주도를 감싸고 흐르는 연안해류와 바람에 익숙하지 않아 근거리 지점에 상륙하지 못하였을 가능성이다. 무문토기인이 원거리 항해의 경험과 노하우가 거의 없다시피 할 뿐만 아니라, 더욱이 제주도 항로는 처음이다시피하기 때문이다. 물론 신석기시대에 이른 시기부터 제주도로의 해상이동이 있었음이 제주도지역에서 발견되는 남해안계 합천 봉계리식 토기 등을 통하여 충분히 파악된다. 그러나 그들이 갖고 있는 해상이동의 정보가 무문토기인들에게 제대로 전달되기 어려웠을 것이다.

일본으로의 해상이동은 신석기시대부터 빈번하게 이루어졌음은 역시 융기문토기, 즐문토기 등의 발견사례로 짐작할 수 있다. 그러나 무문토기인의 해상이동은 역시 전기의 늦은 단계에 비로소 이루어지는 것으로 알려져 있다. 일본에서 발견되는 초기 무문토기는 제주도와 달리 순수 공렬토기가 주류를 이룬다. 이러한 무문토기 또한 영남지역 동남해안과 남해안 중부 이동지역의 도서에서 발견된다.

이들 토기의 주민집단은 한반도 중남부 지역에서는 세장방형의 다세대 가옥을 짓고 생활하는데, 쌀농사를 본격적으로 짓기 시작한 주민으로 알려져 있다. 중부지역에서는 밭농사를 통해서 생산한 것으로 추정되지만, 남부지역에 와서는 일부 논농사를 지었다고 추정된다. 그렇다고 농경지를 둘러싸고 집단 간의 경쟁이나 갈등이 심하였다고 보기 어렵다. 취락이 급증하는 것은 사실이나, 일정한 간격을 둔 공백지대가 있으므로, 농경지가 절대부족하다고 말하기 어려운 것이다. 다만 수렵과 어로를 통하여 안정적으로 식량을 확보할 수 있는 가용자원영역이 상호 중복되었을 가능성이 있을 뿐이다. 바다 건너서 현지에서 확인되는 토기의 숫자도 많지 않고 주거지 또한 아직 확인되지 않았으므로 일정수준 이상의 인구가 조직적으로 항해하였다고 보기 어렵다.

2. 2기 [서기전8~4세기]

이 시기에 해당하는 중국 측 기록 『관자(管子)』와 『이아(爾雅)』에는 조선의 호랑이 가죽이 제나라에 교역되었으며, 교역 장소는 척산(斥山)이라는 내용이 있다〈그림 15〉. 당시 교동반도가 제(齊) 나라에 속하고, 척산 또한 동 지역에 위치하고 고조선은 요동에 위치하므로, 이러한 문피교역이 황해를 사이에 두고 교동반도와 요동반도 사이에서 이루어진 것이라는 주장이 중국과 한국의 연구자들에 의해 제시되었다. 한국의 연구자 박준형(朴俊亨)은 묘도열도에서 발견되는 부채모양 청동도끼가 요동지역 쌍방 대석개묘 등에 부장된 것과 형식이 같아 동 지역간의 교역을 입증하는 증거라고 주장하고 있다. 또한 중국 고고학자 왕청(王靑) 또한 산동지역의 동검 중에 요동지역에 널리 보급된 비파형동검 형식에 속하는 사례가 있다고 보고한 바 있다.

신석기시대 이후 형성된 해상항로를 통하여 이 시기에 양 지역 주민의 왕래가 있고 교역이 이루어질 가능성은 충분히 있으므로 앞서의 주장은 나름대로 설득력이 있어 보인다. 또한 요동반도의 교역 거점에 근접한 강상묘(崗上墓) 등의 적석묘에서 비파형동검을 비롯한 각종 청동기가 부장되어 있으므로 더욱 그러하다. 다만 두 종류의 물자가 구체적으로 어떠한 맥락에서 유통되었는지 검토가 필요하다. 신석기시대에 가설적으로 제시된 요동산 옥의 교역 또한 논거가 미흡한 것처럼, 호랑이 가죽의 교역이 이루어진 지리적 위치, 선형동부를 둘러싼 유통의 주체와 방법에 대한 논거 또

〈그림 15〉 고조선과 제나라 사람의 문피교역 장면 (엔타이박물관 전시, 이청규 사진)

한 좀더 제시될 필요가 있는 것이다.

남해를 통하여 일본이나 제주도로의 본격적인 진출은 송국리식토기와 관련이 있음은 앞서 본 바와 같다. 동 토기는 한반도 남부에서 동남해안을 제외한 남해도서 전역에 분포한다. 대체로 한반도 남부지역은 물론 도서지역에 지석묘가 축조되는 것도 동 집단의 해상이동과 관련있는 것으로 이해된다. 집자리 또한 평면 원형의 송국리식 집자리가 유행하며, 벼농사와 관련된 반월형석도, 유구석부는 물론 무덤에 부장된 마제석검과 석촉 등도 널리 제작 보급된다.

일본 북규슈지역에 송국리식토기와 셋트를 이루는 원형집자리 중 저장공 바깥에 기둥이 있는 영남지역 형식이 주로 분포하는 것으로 보아 한반도 동남해안에서 건너간 것으로 추정된다. 이와는 달리 제주도에는 호남형의 집자리, 즉 저장공 안쪽에 기둥이 있는 송국리식 집자리가 주로 분포하는 것으로 보아 서남해안에서 사람들이 바다를 건너온 것으로 이해된다. 이 시기에 한냉한 기후가 조성되었으며, 이미 논농사기술을 확보한 한반도 남부 송국리토기 집단은 보다 유리한 조건을 갖춘 일본열도로 진출하였다고 주장된다.

일본인 학자들 중에 규슈지역의 논 유적이 새로운 방사성탄소연대측정 방법을 통해서 앞선 시기까지 거슬러 올라간다고 주장하는 학자도 있다. 또한 한반도 남부지방이 일본에 와서 수전을 개척하게 된 동인에는 당시 한반도 기후가 상대적으로 한랭하여 논농사가 어렵기 때문이라고 추정하기도 한다. 그러나 앞선 시기에 한반도 남부에 논농사가 본격적으로 이루어진 증거는 제대로 확보되지 않고 있다. 오히려 밭을 비롯하여 수전의 고고학적 증거는 이 시기에 들어와 크게 늘어난 것으로 추정하고 있다.

그것은 또한 한반도 남부지역 전역에 걸쳐 이시기에 해당하는 취락유적이 급증한 사실과 맞물린다. 더군다나 당시 사람들이 축조한 지석묘 또한 개별적으로 대형화되었음은 물론 수십기가 군집을 이룬 사례가 급증한다. 경남 남부지역에 적석기단으로 수십 m 길이의 넓은 공간을 둘러싼 무덤은 물론 제의 시설이 번창한 것도 이 시기이다. 이를 통해서 규모가 커진 무수한 마을 집단이 들어서고, 각각의 영역을 표시하기 위한 기념비적 건축물을 조성한 것으로 이해되는 바, 이로 미루어 경작지 공간 등을 포함한 공간적 범위를 둘러싸고 경쟁하고 갈등하였음을 충분히 짐작할 있는 것이다.

제주도 또한 동일하게 설명할 수 있을 것이라 판단된다. 다만 제주도에서는 수전 경작을 할만한 토양과 용수조건이 충분하지 않아, 각각 이주지에서의 생업방식에서는 차이가 있다. 분명한 것은 앞서 집자리를 통해서 보듯이 전기 무문토기인들보다 훨씬 규모가 크고 장기적으로 지속되는 취락집단을 정착시켰다는 점이다.

3. 3기 [서기전 4~2세기]

중국의 경우 전국시대에 해당하는 시기로서 중국동북지역과 한반도, 그리고 일본열도에 동검이 널리 제작보급된다. 그러한 동검의 확산에는 여러 정치체간의 교류가 있을 것으로 추정된다. 중국 동북지역과의 동검의 이동은 육로를 이용한 것으로 판단된다. 그러나 간헐적으로 해상을 통한 교류가 있는 것으로 추정되는데, 한반도 서남해안에 가까운 완주의 동주식 동검이 이를 대표한다. 이 형식의 동검이 건너온 산동반도는 제나라의 영역이다. 비슷한 시기에 한반도 남부에는 중국측 기록에 진국 혹은 한의 초기 정치체가 확인이 된다. 그들 또한 각종 청동기를 제작할 수 있는 생산기반을 갖추었음은 같은 시기에 이 지역에서 확인되는 군장묘급 무덤에서 각종 청동무기, 장엄구, 의기 등을 통해서 입증이 된다. 대전 괴정동, 아산 남성리, 예산 동서리 등의 목관묘 사례가 바로 그것이다. 이러한 정치체가 여러 연구자들이 동주식 동검의 형식을 모방하여 현지에서 제작하였을 가능성을 전혀 배제할 수 없겠다.

그러나 당시 한국식 세형동검이 대량 제작 보급되는 상황임에도 불구하고 외래 형식을 굳히 모방하여 제작한 동인이 분명하게 설명되지 않는다. 아울러 동검의 세부적인 속성이 산동지역의 사례와 거의 흡사하여, 오히려 산동지역에서 직접 반입되었을 가능성이 더 높다 하겠으며, 그 루트는 산동 혹은 교동지역에서 황해 횡단항로를 통하였을 가능성이 높은 것으로 추정된다. 묘도열도를 통한 북부 항로를 택하였을 가능성을 전혀 배제 못하지만, 요동반도와 서북한 지역에 완주 상림리 만큼 다량 출토한 사례가 없어 그렇게 추정하기가 어렵다 하겠다. 그렇다고 하면 동검을 반입한 주체와 그 구체적인 경위가 문제가 되는 바, 지금으로서는 추정하기 어렵다. 산동지역의 전국 전기의 정황과 맞물려 설명해야할 것인 바, 금후 이에 대한 다각적인 검토가 필요하다 하겠다.

일본과의 해상왕래와 관련하여 무엇보다도 주의되는 것인 점토띠토기

집단들의 일본으로의 해상이동이다. 동 토기집단은 역삼동 흔암리식토기 집단이나 송국리식토기 집단과 달리 중국 동북지역으로부터 상대적으로 단기간에 이동한 집단이다. 한반도 전역에서는 물론 남부지역 현지에 장기간에 걸쳐 정착하여 인구집단을 늘려간 것이 아니다. 이들 집단이 앞서 전, 중기의 무문토기 주거지가 대규모로 저지대를 중심으로 확산한 것과 달리 구릉 정상이나 상대적으로 비고가 높은 곳을 거주지역으로 선택한다.

이들이 서기전 300년경 전후하여 지속적으로 일본열도로 건너갔음이 일본규슈지역과 그 주변에서 발견되는 점토띠토기를 통해서 확인된다. 그 집단 또한 단순히 일차 식량생산집단이 아니라, 이차 수공업 전문집단이 건너가는 것이다. 공인집단이 건너간다는 것은 수공업 청동기의 제작보급에 기여한 댓가를 기대하는 것으로 앞서 농경집단과 다소 차이가 난다. 수공업집단을 수용할만한 사회적인 체계가 조성되었다는 것을 의미한다. 해상이동 또한 운송수단과 항로가 나름대로 갖추어졌다는 것을 의미하는데, 점토띠토기집단 자체는 원거리 해상이동의 경험을 갖고 있지 않아 필경은 그 이전부터 확보된 노우하우를 활용하였을 가능성이 높다.

한편 청동기 중에서 무엇보다 최첨단의 기술을 통해서만 제작이 가능한 세문경이 일본 북규슈와 긴키 지역에 전파되었다는 사실이 주목된다. 세문경은 지역집단의 실력자가 보유할 수 있는 위세품으로서, 동 제품의 생산에 필요한 여러 여건은 실력자가 마련하지 않으면 않되므로, 그 공급 또한 그가 관여할 수 밖에 없다. 그러한 맥락에서 한반도 서남부 공급자로부터 일본 규슈 혹은 긴키지역의 수요자에 이르기까지 바다를 건너 안전하게 유통되는 과정에는 많은 사람들이 동원되어야 한다. 물론 해상루트와 수단 또한 공식적으로 승인받아야 하는 바, 명실공히 한일간의 지배층간의 해상교류는 이로부터 본격화되는 것으로 생각된다. 그 배경에는 당시 남한지역에 제사장을 겸한 정치적 군장이 주도하는 한의 여러 소국들이 있다. 대체로 중심 소국들이 금강, 만경강, 영산강 유역을 중심으로 형성되고, 이들이 일본 지역과의 위세품 교역을 담당한 것으로 이해된다. 남해안을 거쳐 일본 북규슈에 이르고 멀리 긴키지역까지 건너가는 해상루트는 이 시기에 본격적으로 개척 활용되는 것이다. 그 자세한 루트와 과정에 대해서는 다음 5장에서 다루고자 한다.

요약

요동반도에서 산동지역으로 바다를 건너 이주한 흔적은 제3장에서 보듯이 신석기시대와 청동기시대 초기에 걸쳐 확인된다. 청동기시대에 본격적으로 들어와 산동성과 절강성 일대에서 확인되는 지석묘를 근거로 중국 서해안 지역으로 이주하였다는 의견이 적지 않지만, 이와 공반되는 토기 등의 자료가 없어 확실하지 않다.

서기전 1천년기 전반에 요동의 고조선과 산동지역의 제나라와의 교역이 이루어진 것으로 추정하는 의견이 많은데 그것은 동검과 동부 등의 요령식 청동기를 근거로 삼는다. 산동지역에서 한반도로 유통된 청동기로서 동주식 동검이 있다. 전북 완주 상림리 등지에서 다량 출토하므로, 서기전 1천년기 중반 이후 황해를 사이에 두고 한반도 중서부지역과 해상으로 물자 유통이 있었던 것으로 이해된다. 다만 그것은 정기적으로 이루어진 항해가 아닌 것으로 전국 전기 산동지역을 둘러싼 확인되기 어려운 특별한 정황 속에서 이루어진 것으로 판단된다.

그러나 서기전 1천년기 대의 청동기시대에서 초기철기시대를 거치는 기간에 한반도 주민이 해상을 통하여 이주하는 지역은 그 대부분 일본임이 무문토기를 표지로 하는 유적유물갖춤새를 통해서 확인된다. 일정규모 이상의 인구집단이 규슈지역으로 건너가 정착하면서 벼농사의 농경기술을 전파하였음을 증거하는 것이 송국리식토기와 원형주거지이다.

서기전 4~2세기가 되면 청동기 제작기술을 보유한 점토대토기 집단이 역시 일본 규슈지역을 중심으로 이주하게 되며, 그중에는 청동기 제작 장인집단도 포함된 것으로 추정된다. 한편으로 세문경 등의 고도기술이 동원되어야 하는 최첨단 제품은 현지 생산이 이루어지지 않고 교역을 통해서 일본에 유입된 것으로 이해된다.

〈참고문헌〉

[국문]

국립전주박물관·한국청동기학회, 2014,『완주 상림리 청동검의 재조명』, 학술대회발표요지

국립중앙박물관, 1992,『한국의 청동기문화』, 범우사

국립중앙박물관, 1998,『국립중앙박물관』

미야자토 오사무, 2010,『한반도 청동기의 기원과 전개』, 사회평론

박준형, 2014,『고조선사의 전개』, 서경문화사

배진성, 2007,『무문토기문화의 성립과 계층사회』, 서경문화사

손준호, 2006,『청동기시대 마제석기 연구』, 서경사

쇼다 신야, 2009,『청동기시대의 생산활동과 사회』, 학연문화사

시모조 노부유키, 2011,『동아시아 마제석기론』, 서경문화사

이종철, 2015,「송국리형문화의 취락체제와 발전」, 전북대학교박사학위논문

유병록, 2010,「일본 구주지방 주거지 연구 : 송국리형주거리를 중심으로」, 부산대학교 석사학위논문

이건무, 1992,「송국리형 주거분류시론」,『택와허선도선생 정년기념 한국사논총』, 일조각

이영문, 2002,『한국 지석묘사회 연구』, 학연문화사

이청규, 1995,『제주도 고고학 연구』, 학연문화사

이형원, 2009,『청동기시대 취락구조와 사회조직』, 서경문화사

제주사정립사업추진위원회, 1998,『탐라, 역사와 문화』

조진선, 2005,『세형동검문화의 연구』, 학연문화사

[중문]

王靑, 2007,「山東发现的几把东北系青铜短剑及相关问题」,『考古』2007年 8期

浙江省文物管理委員會, 1958,『浙江新石器時代文物圖錄: 岱石山』, 浙江人

民出版社

[일문]

埋藏文化財研究會, 2006,『弥生集落の成立と展開』, 第55回 埋藏文化財研究
　　　集會發表要旨集

片岡宏二, 1999,『彌生時代 渡來人と土器 靑銅器』, 雄山閣

＿＿＿＿, 2006,『彌生時代 陶來人から倭人社會へ』, 雄山閣

3부

고대의
해상활동

5장
청동거울을 통해 본 해상교류

논의 주제

한반도에 철기가 보급되기 시작하여 자체 생산이 이루어지는 서기전 3세기에서 서기 3세기까지의 철기시대는 다시 초기철기시대와 원삼국시대로 구분된다. 서기전 3세기에 철기가 유입되어, 서기전 1세기경 본격적으로 제작되고, 서기 1세기경에는 그 제작기술이 크게 발전한다.

앞선 시기에 해상교류의 상당부분이 이주나 생업과 관련된 것과 달리 이 시기에 이르면 무역의 성격을 더욱 많이 띠게 된다. 그러한 해상 무역이 수백 년 간 지속적으로 이루어지면서 중국 동북지역에서 한반도를 거쳐 일본열도에 이르는 항해루트가 널리 인지된다. 그리하여 3세기대 중국 문헌인 삼국지 위지동이전(三國志 魏志東夷傳)에 한반도 서북부에서 남해안을 거쳐 일본열도에 이르는 루트가 기록되기에 이르는 것이다.

이와 같은 물자유통과 교통로와 관련한 내용을 구체적으로 설명하기 위해서는 당대 해상교류에 활용되었던 유구와 유물 등의 고고학적 증거가 적극 활용될 수 있다. 그 일차적인 검토의 대상은 제작과 생산이 한정적으로 이루어지는 금속제 위세품이 있다. 이들 재화가 어디에서 제작되고 최종 소비되었는지를 추정함으로써, 그 생산지와 소비지를 연결하는 해상교통로가 어떻게 마련되었는지를 추론할 수 있는 것이다.

앞의 제4장에서도 살펴 보았듯이 청동기는 그 원료의 수급에서 제품의 생산에 이르기까지 일정한 공정과 전문기술을 필요로 한다. 보다 주목되는 기종은 당시 지역집단의 안전을 도모하는 전쟁 무기와 이데올로기를 통합하는 종교 의기로서, 단순한 생업수준에서 벗어나 정치·경제·종교 다방면에 걸쳐 중요한 전략적 도구인 것이다. 이 시대에 청동 야금술이 국가의 형성에 중요한 요인이라고 하는 주장이 반드시 옳다고 볼 수 없지만, 최고의 기술이 동원되어 제작된 청동 제기나 의기는 위계적인 권력과 지역집단의 존재를 말해주는 것임은 틀림없다.

그러한 맥락 때문에 청동기는 한일 양 지역의 상위층 무덤에 위세품으로 부장되기에 이른다. 그 중에서도 조잡하게 제작된 소수의 방제경을 제외하고, 청동거울은 최상급의 전문 장인이 정교하게 제작한 것으로 그 등급이 높은 위세품으로 평가된다. 동경은 다른 무기나 농공구가 대부분 철기로 대체되더라도 꾸준히 제작되는데, 특히 한일 양 지역에서 유행하는 동경은 동아시아의 역사적인 추세에 따라서 그 양식은 물론 제작 보급되는 양상이 크게 달라진다.

이 시기에 한반도와 일본 그리고 중국에 보급되는 거울은 크게 세가지 종류가 있다. 첫째는 뒷면에 꼭지가 2~3개 달리고 기하학적 문양으로 채운 다뉴경으로 대부분 한반도에서 제작된 것이다. 둘째는 꼭지가 한가운데 1개 달리고 문자나 신선, 동물이 묘사된 단뉴경으로 주로 중국 현지에서 제작된 것이다. 제작시기와 왕조에 따라서 전한경과 후한경으로 구분할 수 있다. 세 번째는 한식경을 모방한 것으로 이체자문경(異體字文鏡)을 본을 삼되 그 글자가 제대로 표현되지 못한 방제경(倣製鏡)인 것이다.

그러한 청동거울의 변화는 크게 세 단계로 나누어 살펴 볼 수 있다. 1단계는 서기전 2세기 이전으로서 한반도에서 세문경이 제작되고 일본에서 이를 수입하는 단계이다. 2단계는 서기전 1세기 대로서 세문경은 더 이상 제작되지 않는 대신 중국에서 제작되는 한식경이 한일 양지역에 보급되는 단계이다. 그리고 3단계는 중국에서 제작되는 거울이 한일 양 지역에 보급되면서 그동안 동경을 생산하지 못했던 일본에서도 한식경을 본 따 거울이 제작되는 단계이다. 이러한 동경의 제작보급과정은 당시 한일 양국 사회의 여러 부면에서의 변화를 반영하고 있다.

역사기록을 보면 1단계에 위만조선이 국가 체제를 갖추고 한중과의 교역 거점으로서 기능하다가, 2단계에 위만조선이 붕괴하고 한군현이 설치되어 그역할을 대신하게 된다. 3단계에 들어서서는 전한이 붕괴되고 신(新)의 나라 그리고 후한이 들어서면서 군현체제에 변화가 있게 된다. 그에 따라서 중국 동해안에서 한반도 서해안과 남해안을 거쳐 일본 규슈와 긴키 지역으로 이어지는 해상루트 상에서의 무역활동에도 변화를 겪게 된다. 이 장에서는 그와 같은 역사적 사실과 맞물려 동경을 표지로 하여 한일 간의 해상 교류 방식의 변천과정을 설명하고자 하는 것이다.

동경은 소형 위세품으로서 다른 일반적인 화물과 유통루트나 방법에서 큰 차이가 있다. 부피가 크거나 많은 양의 화물을 실어 나를 경우는 선박을 활용하는 것이 유리하겠지만, 청동거울은 그렇지 않은 것이다. 그 유통과정은 일정 신분과 권리를 갖춘 사람이 직접 휴대하고 운반할 것인데, 출발지로부터 목적지까지는 교통 환경에 따라서 육상과 해상루트를 두루 거쳤을 것이다.

Ⅰ. 세문경 단계 [서기전 3~2세기]]

다뉴경은 뒷면 문양의 형태와 세밀도에 따라서 번개무늬 조문경, 태양문 조세문경, 그리고 복합 삼각문의 세문경 등으로 구분되는데, 서기전

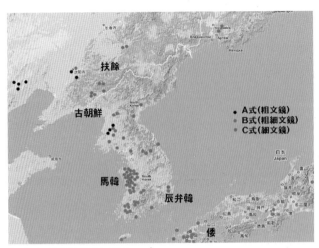

〈그림 1〉 다뉴경의 분포 (이청규)

3~2세기에 유행하는 것은 후자 세문경이다. 조문경은 요하 서쪽에서 처음 제작되고, 조세문경은 요동과 길림, 그리고 한반도에 널리 분포하지만, 세문경은 청천강 이남의 한반도 서북한과 서남한을 중심으로 제작되어 일본 열도에까지 보급되는 것으로 알려져 있다〈그림 1〉.

거울을 제작할 때 조문경이나 조세문경의 경우 발견 사례도 있고 하여 석제 거푸집을 사용한 것이 분명하지만, 세문경의 경우 정교한 문양이 새겨지고 주물을 부어 그 무늬가 생생하게 표현되기 위해서는 토제 거푸집을 사용한다고 추정되고 있다. 그러나 입자가 고우면서도 경도가 낮으며 한반도 남부에서 풍부한 활석으로 거푸집을 만들었다고 주장도 있음을 주의할 필요도 있다.

세문경은 앞선 형식의 거울보다 정교하고 복잡한 문양대 구성과 단위 문양을 특징으로 한다. 전 논산 출토 국보경의 조사에서 밝혀진 바 있듯이, 반경 1cm의 동그라미 내에 20개의 동심원문이 새겨져 무늬선이 0.2m 정도에 불과한 가는 선이다. 또한 대부분의 세문경에서는 간격이 매우 조밀한 평행선으로 채워진 삼각형문의 단위문양이 장식되었는바, 이는 고도의 기술을 보유한 전문장인에 의해 제작되지 않으면 안되는 최첨단 제품이다. 거울을 제작한 공방과 관련된 증거가 거의 발견되지 않아 정확한 제작지를 추정하기 어렵지만, 시문되는 문양이 일정한 패턴을 이루면서 일정 지역에 집중되어 있어 그 제작 중심지와 다른 지역으로의 전이과정을 가설적이나마 추정할 수가 있는 것이다.

1. 서북한과 서남한의 교류

서북한 지역에서는 대동강 유역의 평양 반천리, 정백동과 황해도 봉산 송산리 등지에서 세문경이 발견된 바 있는데, 그 발견 위치가 청천강 이북을 넘어가지 못한다. 문헌기록에 따르면 준왕이 한의 지역으로 남천하기 이전의 후기 고조선에 시공간적으로 대응된다. 이를 통해서 세문경은 서기전 3세기 준왕 이전 고조선 엘리트의 지원을 받아 최첨단 기술의 청동기 제작공방에서 제작되고, 상위급 우두머리의 무덤에 부장된 것으로 추정된다.

서기전 2세기 초에 세워진 위만조선은 그 지배세력이 연(燕)나라의 영역에 있었을 때 전국계 철기문화를 수용하였는 바, 그 최고 실력자는 청동기문화를 권력기반으로 하고 세문경을 권위의 상징으로 삼는 후기고조선의 전통을 더 이상 계승하지 않는 것으로 추정되고 있다. 세문경을 최고 위세품으로 채용하는 계층은 더 이상 상위급 군장이 아니라 차상급 이하의 엘리트일 것이다.

한편으로 진국 혹은 마한이 위치한 것으로 추정되는 서부 남한에서는 준왕 남천 이전부터 다뉴세문경이 제작된 것으로 추정된다. 단순한 문양의 초기 형식은 물론 보다 발전한 형식의 세문경이 오히려 서북한보다 더 많이 출토하는 사실로 보아, 이미 준왕 남천 이전에 고조선과 대등한 청동기의 생산 공방이 설치되었을 것으로 추정된다. 자체 확보한 청동기 생산 기술을 기반으로 하고, 준왕 남천 등으로 서북한으로부터 새로운 기술 정

〈그림 2〉 함평 초포리 세문경과 청동방울 (국립중앙박물관, 1992)

보를 수용하면서 서남한에서 세문경이 보다 활발하게 제작 보급된 것으로 보인다.

서부남한의 세문경 분포를 보면 당진만 혹은 삽교천을 중심으로 한 충남 서북 해안지역, 금강과 만경강 유역을 중심으로 한 충남 남부와 전북 해안 지역 그리고 영산강 유역과 그 지류를 중심으로 한 전남 서해안지역으로 구분된다. 세 지역의 세문경 보유집단이 당대에 동일한 정체성을 가진 집단이라고 인식하였는지 알 길이 없으나, 청동기를 비롯한 점토대 토기, 목관묘 등의 묘제 양식 등의 조합에서 동일하므로 다같이 진국, 한을 중심으로 한 전기 마한에 속하는 것으로 볼 수 있겠다.

최상급 지배층의 무덤에서는 무기, 공구, 동령구 등의 각종 청동기와 함께 세문경이 2~3점씩 부장되는데, 금강유역의 전 충남 논산을 비롯하여 전남 함평 초포리, 그리고 화순 대곡리 등의 예가 바로 그것이다〈그림 2〉.

이밖에도 세문경 2점을 부장한 사례로 전주 원장동 등지가 있으며, 1점만을 부장한 무덤이 발굴 조사된 사례는 30여기가 넘는다. 당진만 일대에서는 아산 궁평리, 당진 소소리, 금강 유역에서는 부여 합송리, 만경강 유역에서는 전북 완주 갈동과 덕동, 신풍리, 그리고 전주 효자동 등의 사례가 있다. 이들 지역을 중심으로 일정한 공방 구역에서 각종 청동기가 특정의 전문적 장인집단에 의해 일괄 제작되었을 가능성이 높다 하겠다.

세문경의 그 중요 분포지가 서해안에 치우쳐 있다는 것은 동 지역에 생산의 거점이 마련되었음을 간접적으로 증거한다. 그러한 지역이 다시 반복해서 말하면 서북한의 경우 대동강 유역의 평양과 황해도 봉산지역, 서남한으로 와서는 당진만 주변, 그리고 금강과 만경강 하류, 영산강 하류인 것이다. 이들 지역은 모두 서해안 하구에서 그리 멀지 않은 곳에 위치한다. 그렇다고 하여 이들 지점 간에 세문경의 유통과 관련하여 전부 공식적인 해상루트가 형성되고 항해가 이루어졌다고 보기 어렵다. 이들 모든 지점이 당진만 일대를 제외하고는 해안에서 비교적 내륙으로 멀리 떨어진 지점에 위치하기 때문이다.

그러나 대동강 유역의 평양지역과 당진만 일대를 잇는 해상루트가 형성되었을 가능성은 높다 하겠다. 앞서도 지적하였다시피 당진만 해안가에 다뉴경 출토지점이 있고, 경기만을 경유하는 연안루트가 육상을 통한 루트보다 가깝고 찾기 쉽기 때문이다. 문제는 양 지역에서 출토하는 다뉴경이 다른 지역보다 유사한지 여부를 파악하는 것이 중요한데 아직 이에 대한 충분한 근거가 확보되지 못하고 있다.

다음 최근에 20여기의 세문경 부장묘가 발견된 만경강유역의 완주 전주지구, 그리고 2~3점의 세문경이 동반 부장된 무덤이 발견된 함평과 화순지구 사이에 연안루트가 조성되었는지 여부이다. 이 또한 내륙으로 연결되는 루트가 해안을 경유하는 그것보다 훨씬 짧아서 후자를 교통로로 택하기 어렵다. 따라서 한반도 서해안을 따라 형성된 해상루트는 세문경으로 보면 설정하기가 곤란하다.

아직까지 영산강 이동에서 섬진강 이서지역에 이르는 남해안과 도서지역에서 다뉴경의 실물이 발견된 바 없다. 그 이동인 사천 월성동에서 1점이 출토한 것이 유일하다. 이와는 대조적으로 내륙지역으로는 금강 상류인 장수 남양리에서 세문경이 발견된 바 있다. 이러한 분포상황을 고려하면 전주나 화순지역에서 내륙 루트를 통하여 사천 등의 동남해안에 이르렀을 가능성이 높다 하겠다.

바꾸어 말하면 일반적인 생활물품이나 바다주민들이 이동하거나 완만한 속도로 이주하는 루트로서는 얼마든지 서남해안을 이용할 수 있지만, 중심 소국이나 정치체 간에 위세품을 짧은 기간에 유통하는 루트로서는 아직 서남해안이 활성화되었다는 증거는 분명하게 제시되지 않는다. 제주도로 세문경 해상 유통이 이루어졌음은 최근의 발굴을 통해서 확인된 바 있지만, 그것은 다음 일본 열도 지역이 그러하듯이 바다로 막혀 있는 지역으로의 유통에 한정된다고 이해하여야 한다.

2. 서남한과 일본의 교류

일본에서도 다뉴경을 비롯하여 한반도계 청동무기와 공구가 본격적으로 부장되었는 바, 그 중 다뉴경을 부장한 무덤으로 6기의 사례가 있다. 그 중 야마구치현 가지구리야마[梶栗濱] 1기는 석관묘, 후쿠오카 요시다케다카키[吉武高木] 3호 1기는 목관묘, 사가현 우기쿤덴[宇木汲田] 12호, 마츠다[增田], 혼손모리[本村籠], 나카사기 사도다바루[里田原] 등 4기는 옹관묘이다〈그림 3〉. 이 단계에 일본에서 확인되는 최대 청동기부장묘는 요시다케다카키 3호로서 동경 1점, 검, 모, 과 각 1점이 부장되었다. 이로 보아 한반도의 최상급 무덤에 미치지 못하지만, 무덤에 다뉴경을 부장한 개인 실력

자가 출현한 셈이다. 이 무
덤에 대하여 일본연구자
들이 왜의 가장 이른 소국
의 수장묘 혹은 왕묘로 인
정하는 데에는 이견이 없
다. 그렇다고 한다면 일본
규슈에 최초로 소국이 등
장하고, 그 우두머리의 최
고 위세품으로 마한지역

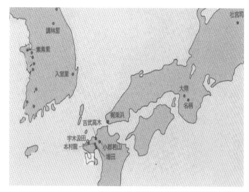

〈그림 3〉 한일양지역의 세문경 분포도
(오사카부 야요이박물관, 1999)

의 다뉴경을 수용한 것은 첨단기술로 제작된 희귀한 외래공예품이기도 하
겠지만, 고조선으로부터 이어져 내려오는 종교적 신기(神器)로서의 가치를
인정하였기 때문일 수도 있다.

일본 무덤에 부장된 6점의 세문경은 모두가 지름이 9~11cm이지만, 매
납 유적인 후쿠오카 오고리[小郡] 와카야마[若山] 2점, 오사카 다이겐[大縣],
나라 나가[名柄]의 사례는 이와는 대조적으로 15~22cm의 중대형급의 2뉴
형식이다. 따라서 소형급은 무덤에 부장되고 중대형급은 제사유적에 매납
되었는 바, 동경 크기별로 상징적 의미에 일정한 차이가 있어 보인다.

청동무기는 야요이시대 중기에 규슈 현지에서 제작하였음이 동 지역에
서 발견된 석제용범 자료를 통해서 짐작할 수 있다. 용범과 함께 발견되는
한국계 점토대토기를 통해서 청동기 제작에 한반도로부터의 도래인이 주
도하였을 가능성이 많다. 처음에는 도래인 기술자에 의해서 비롯되었지만
곧 현지인이 제작기술을 습득하여 실제 제품생산단계에 돌입한 것이다.
같은 단계의 검, 모, 과 등의 무기를 보면 거의 한반도의 세형을 충실하게
따른 것이지만, 바로 다음 단계에 일본 자체의 중세형이 널리 제작된다.

그러나 고도의 첨단기술을 활용하여 제작되는 세문경은 그렇지 못하다.
세문경을 제작할 수 있는 전문 장인이 한반도에서 규슈지역으로 이주하였

〈그림 4〉 오고리 세문경과 매납용 토기 (오사카부 야요이박물관, 1999)

을 가능성을 전혀 배제할 수 없으나, 그렇지 못했을 이유가 크게 두가지가 있다. 첫째는 전략적인 위세품을 생산할 수 있는 기술자는 당시 한반도 서남한의 일부 지역에 그 근거지를 마련한 것으로 이해된다. 그들이 동 지역에 위치한 중심 소국의 실력자에 의해 지원되고 관리되었기 때문으로, 그들이 다른 지역으로 이주하는 것은 쉽지 않았을 것이다.

둘째는 일본 지역에 자체 생산하였음을 입증할 만큼 대량으로 보급되지 못하였다는 사실이다. 한반도에도 강원지역이나 경상도 지역에도 세문경이 보급되었지만 그 수량이 많지 않아 이들 지역에서 자체 생산이 이루어지지 못하였다고 판단하는 것과 같은 맥락이다. 물론 지금까지 발견된 것이 10여점 정도이고, 앞으로 늘어날 가능성을 전혀 배제할 수 없으나, 그 대부분이 소형경이고 중형경과 대형경이 적다는 점이 또한 일본에서 자체 생산하지 못하였을 가능성을 높혀 준다. 이처럼 세문경의 제작기술 자체가 전이된 것이 아니더라도 그 수요가 발생하고 공급이 이루어졌다는 사실은 마한과 왜 양 지역 간에 긴밀한 네트워크가 형성된 것을 말해주는 것이다.

세문경의 제작의 중심지는 앞서 본 바처럼 후기 고조선-위만조선이 위치한 서북한과 진국 혹은 마한이 위치한 서남한 지역이다. 그 중에서 일본에서 발견되는 세문경의 형식으로 보아, 지리상의 거리나 고고학적 맥락을 보아 후자로부터 전이되었을 가능성이 높다. 일본지역에서 발견되는 세문경의 형식을 보면 그 상당수가 서남해안 지역 출토 사례와 같다. 그 대표적인 사례가 후쿠오카 오고리 유적의 세문경 2매로 이와 동일한 형식이 전주 효자동이나 완주 갈동 등지에서 출토된 바 있다. 또한 후쿠오카 요시다케다카키 세문경에서 보이는 동심원의 단위문양 또한 지금까지 한반도 서남한 지역에서 그 사례가 있을 뿐이다. 따라서 일본 출토 세문경은 보다 거리가 가까울 뿐만 아니라, 동일한 형식이 다수가 확인되는 동 지역으로부터 유입되었다고 하겠다.

사정이 이러할 때 한반도 서남부에서 일본 규슈 북부로 이어지는 해상 루트가 논의의 주된 대상이 된다. 잘 알려지다시피 서기 3세기의 삼국지 위지 동이전에 전하는 서북해안에서 일본 규슈에 이르는 루트가 서남해안을 거쳐 남해안을 경유한 것으로 이해된다. 따라서 이를 그대로 수용할 수도 있지만, 그러나 앞서의 루트는 서북해안에서 출발하여 일본 규슈에 이르는 루트이고, 그 중간인 서남해안에서 출발하는 것이 아니므로 상황이 다를 수 있다. 서남해안에서 출발한다면 영산강 하구 주변의 리아스식 해안으로서 굴곡지고 크게 돌아가는 코스를 택하기 보다는, 내륙으로 섬진강 상류를 거쳐 그 하구인 전남 남해안으로 나아가 동쪽으로 경남 남해안을 경유하는 코스가 보다 더 유리한 것으로 이해된다. 특히 소량의 위세품을 유통하는 경우 더욱 그러할 것으로 이해되는데, 이를 간접적으로 입증하는 것이 경남 서부 해안에 위치한 사천 월성동 유적의 세문경이라 할 수 있다.

고고학적으로 밝히기도 어렵고 문헌기록에도 전혀 기술되지 않은 이 당시 교역의 주체, 바꾸어 말하면 바다를 건너 일본열도에 다뉴경을 전달한 사람은 누구인가에 대하여 논의할 경우, 분명한 사실은 다뉴세문경을 보유할 수 있는 사람은 제작을 한 당사자이거나, 이를 지원 혹은 주문한 실력자이라는 것이다. 그들이 직접 세문경을 먼 거리를 거쳐 유통시키는 주체로서 나서지 않았을 것이다. 더군다나 바다를 통한 루트일 경우 더욱 그러하다. 수요자로부터 주문을 받거나 그들을 찾아 나서는 과정에 바닷길을 건너는 데에는 선박과 이를 운항하는 전문 인력이 동원되어야 한다. 그 배에 승선하여 목적지에 이르는 과정에서는 별도의 대리인이 나섰음은 물론이다. 배를 운항하는 사람과 물품 유통 대리인이 동일인일 경우는 거의 없을 것이다.

그렇다고 한다면 원거리 해상루트를 왕래하는 교역대리인의 존재가 어떤 방식으로든 있었을 것으로 추정된다. 그러한 사람들은 상호 먼거리에 떨어진 공급처와 수요처를 인지하고, 쌍방을 연결하는 루트와 교통편을 숙지하고 있는 전문가로 이해되는 바, 한반도 남해안 루트에 대해서 나름대로 식견이 있는 현지 한인(韓人)일 가능성이 가장 높다 하겠다. 바다를 건너가는 동안에 한 척만을 사용할 수도 있겠지만, 그렇지 않고 일정거리마다 배를 바꾸어 타고 목적지에 이르는 경우가 더욱 많았으리라 보인다.

그러할 경우 중간 체류지는 반드시 필요하리라 추정된다. 그렇다고 한다면 다음 단계에 무역의 교두보로서 기능을 많이 한 사천 늑도가 이 단계에 이미 주목되었을 가능성이 있다. 실제로 늑도의 상한연대는 세문경의 시기까지 소급되는 것으로 알려져 있다. 북규슈와 연결되는 루트는 쓰시마와 이키섬을 거쳤을 가능성이 충분히 있는 바, 이키 섬에서 세문경파편이 발견된 사실이 있기 때문이다.

Ⅲ. 전한경 단계 [서기전 2~1세기]]

두말할 것도 없이 중국 한식경의 생산지는 중원지역으로, 대체로 섬서, 산동지역으로 추정된다. 한군현이 설치되었다고 하는 서북한은 물론 한반도와 일본 규슈지역에서 서기전 1세기 이전에 동 형식의 거울을 제작하였다는 적극적인 증거가 없다. 그러한 점에서 앞서의 세문경과 다르며, 그 유통과정과 루트 상에도 일정한 차이가 있을 수 밖에 없다.

이에 속하는 거울의 형식은 다양하지만, 주요한 것을 추리면 지렁이 형상의 동물무늬가 장식된 반리문경(蟠螭文鏡), 정방형의 중심 주위로 꽃봉오리 무늬가 장식된 초엽문경(草葉文鏡), 별자리 모양이 돌아가며 장식된 성운문경(星雲文鏡), 다양한 서체의 한자 명문이 장식된 이체자명대경(異體字銘帶鏡), 가상부귀(家常富貴)의 명문이 장식된 가상부귀경, 그리고 간략화된 용무늬의 훼룡문경(虺龍文鏡) 등이 있다. 이들 거울의 제작연대는 조금씩 차이가 있으며, 그중에서 반리문경과 초엽문경은 서기전 2세기 대까지 소급되고, 훼룡문경은 다소 늦어 서기전 1세기 후반에 속한다. 한반도와 일본의 무덤에 부장되기까지의 연대를 고려하면 후자의 훼룡문은 서기 1세기 이후 신의 왕망 혹은 후한대 초에 이르게 됨을 주의할 필요가 있다.

1. 낙랑과 왜와의 해상교류

이미 전 단계에 형성된 진국 혹은 마한 소국이 위치한 한반도 서남부 지역에서는 서기전 2세기 후반경에 해당하는 한식 반리문경이 동모·동검과 공반 출토된 익산 평장리의 예가 있을 뿐, 지금까지 서기전 1세기 전후한 시기의 동경 부장묘가 제대로 조사된 바 없다. 이러한 사실은 이전 단계에 동 지역에 세문경과 함께 다량의 청동기를 부장한 군장급 무덤이 조성된 사실과 대조가 된다. 바꾸어 말하면 서기전 2세기말에 고조선이 붕괴하고 한군현이 설치된 직후에 서북한은 물론 마한의 서남한에서도 다뉴경은 제작보급이 갑자기 중단되고 무덤에 부장되지 않게 된다.

세문경을 상징적인 위세품으로 삼는 지배자는 앞서 보듯이, 서기전 2세기 이전에 각각의 지위 혹은 위세의 차이가 있지만 위만조선과 마한에 나름대로 존재한 바 있다. 그러다가 위만조선의 붕괴와 맞물려 동 거울을 통한 위세가 인정받지 못하기 때문에, 세문경은 더 이상 수요가 발생하지 않고 생산이 중단하게 되었다. 바꾸어 말하면 전문장인이 있다 하더라도 그들에 대한 지원이 없으면 다뉴경의 제작은 불가능한 바, 그렇게 할 실력자가 한반도에 존재하지 않았다는 것이다.

서남한 지역에서의 생산 중단은 진한의 동남한과 왜 소국이 위치한 일본의 규슈 지역에서도 약간의 시차를 두고 세문경이 무덤에 보급되거나 부장되지 않는 사태를 초래한다. 혹시 위만조선의 붕괴로 한나라와 삼한과의 교역이 원활하지 못하여 다뉴경 제작에 필요한 구리, 주석 등 원료의 공급에 문제가 있어 그렇다고 생각할 수 있지만, 같은 시기에 동남한 지역에 청동무기가 대량 제작 보급되는 점을 보아 그러할 가능성은 낮다 하겠다.

한편 서남한의 사례와 달리 동남한에서는 세문경이 동 시기에 다량의 청동무기와 함께 공반 출토되는 경주 입실리 유적의 예가 전한다. 제대로 발굴조사된 것이 아니어서 단정하기 어려우나, 이를 그대로 신뢰한다면 서남한 지역에서는 서기전 1세기 이전에 세문경이 한경으로 대체된 반면, 동남한 지역은 그렇지 않은 셈이 된다.

이 단계 후반에 낙동강 중류 지역에서 성운경,이체자문경 등의 전한경 부장 무덤이 발굴조사된 것으로 경주 조양동 38호묘, 창원 다호리 1호묘, 영천 용전리, 밀양 교동 3호, 7호묘, 울산 농소리 등과 수습된 것으로 대구 지산동의 예가 있다〈그림 5〉. 영천 용전리와 창원 다호리 1호묘의 경우 다량의 부장유물로 보아 이 지역 소국의 우두머리가 묻혔음이 분명하며 그것은 후대 문헌기록에 등장하는 진한에 대응된다. 김해를 비롯한 낙동강 하류와 경남해안 지역에는 변한이 자리한 것으로 추정되므로, 창원 다호리의 경우 김해 지역에 근접하여 변한에 속하는 것이라고 할 수 있으나, 전한경과 함께 부장된 청동무기의 형식으로 보아 낙동강 중류의 진한지역의 예와 더 가깝다.

〈그림 5〉 다호리 1호목관묘와 성운문경 (국립중앙박물관, 1992)

　어떻든 위만조선이 멸망한 후 일정기간 지나서 진한 여러 지역에 위만
조선을 군사적 실력으로 붕괴시킨 한군현으로부터 입수한 중국 한나라 단
뉴경이 남한 지배층의 무덤에 권위를 상징하는 위신재로 부장되는 것이
다. 그래서 한반도 남부 지배층의 권위 기반이 위만조선에서 한군현으로
바뀐 것을 상징적으로 보여준다. 앞선 단계와 달리 마한과 진한 지역간에
출토되는 동경의 수량이 역전된 것은, 서북한의 위치한 정치체가 위만조
선에서 한군현으로 바뀌면서 그 대외관계의 주된 상대 또한 마한에서 진
한지역으로 변화하였음을 반영하는 것으로 이해된다. 마한지역에서는 이
단계는 물론 다음 단계에서도 전한경이 부장된 무덤의 사례가 없다시피
한바, 상당한 기간 한군현과 한식경을 매개로 한 교류가 거의 이루어지지
않은 것으로 보인다. 그렇다고 이를 이 지역에 소국 세력 자체가 존재하지
않은 것으로 설명할 근거로 삼기 어려운 것은 물론이다.
　잘 알려지다시피 중국 한 대에서는 이미 전문적인 상인이 등장한 것으
로 알려져 있다. 중국 한경의 대부분은 산동에서 묘도열도를 거쳐 항해한

교역 대리인에 의해서 수입되었을 것이다. 따라서 동경을 유통시키는 그들은 중국 상인일 가능성을 배제 못한다 하겠다. 그러나 칠기와 함께 동경은 관영공방에서 제작되고 조공의 댓가로 제공되는 것으로 군현에서 공식적으로 비축하는 것이라고 한다면, 교역대리인이 관인의 성격을 가진 사람일 가능성도 있을 것이다.

그렇게 서북한에 조달된 한식경이 서남한에서는 거의 확인되지 않는다는 사실은 양 지역 간의 교류에 일정한 제한이 있었다음을 방증한다. 육상을 통한 왕래는 물론 서해 연안을 따라 왕래하는 해상 항해가 활발하게 이루어지지 않았음을 말해주는 것이라고 하겠다. 물론 앞선 단계에 이미 서북한과 서남한 사이에 해상 왕래가 이루어졌음은 분명하다. 따라서 이 단계에 들어서서 모든 계층에서 그렇다는 것이 아니라 다만 상위 엘리트 간에 이루어지는 공식적인 항해 교역이 위축되었다는 것이다.

서해안을 남북으로 오가는 항로 자체가 폐쇄되었을 가능성은 희박한 바, 이 수역을 경유하지 않을 수 없는 서북한과 일본 규슈 간의 해상 왕래가 활발한 정황이 있기 때문이다. 잘 알려진 것처럼 규슈지역에는 다량의 전한경이 무덤에 부장한 사례가 적지 않다. 그렇다고 한다면 인근 해역의 항로를 서남한의 지역집단이 제대로 장악하지 못하였거나, 혹은 장악하고 있으면서 상호 왕래를 저지 않은 대신 일정한 이권을 제공하였을 것이다.

후자일 가능성이 높다고 생각하는 것은 당시의 항해 기술과 선박의 규모로써 서해안 연안의 중간 지점에 정박하여 휴식하거나 물자를 제공받지 않으면 항해가 어렵다고 생각하기 때문이다. 이를 입증할만한 고고학적 증거가 없지만 한일 간의 보다 짧은 해상항로에도 중간에 사천 늑도, 나가사키 이키 섬과 같은 교역거점이 존재하는 것으로 보아 미루어 추정할 수 있다. 이러한 가설적 추론이 장래 서해안 지역의 도서에 대한 본격적인 고고학적 조사를 통해서 입증될 가능성이 있다고 생각된다.

같은 시간적 단계에 일본에서 전한경이 다량 부장되는 무덤으로 미구모

난쇼이치[三雲南小路] 1, 2호와 스쿠오카모토[須丘岡本] D지점의 예가 있다. 이 무덤에서 한경의 부장량이 한국의 그것을 크게 압도한다. 미구모 무덤의 경우 심하게 파손되었지만 적어도 20여점의 한경이 부장되었다고 전한다. 부장품 규모 상에 한 등급 처진다고 하는 다테이와[立岩堀田] 10호 옹관묘 또한 6점의 한경을 부장하고 있었다〈그림 6〉.

상대적으로 진한 지역에 유입되어 무덤에 부장되는 전한경의 숫자와 크기는 일본에 비해 현저히 낮을 뿐만 아니라, 한군현 지역에서도 일본의 경

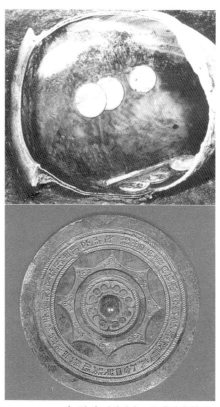

〈그림 6〉 다테이와 10호 옹관과 한식경
(북규슈교육위원회, 1980)

우처럼 중국경이 다량으로 부장된 예가 없다. 여하튼 이들 사례는 전 단계의 요시다케다카키 3호 무덤의 뒤를 이어 등장한 규슈지역의 각기 다른 소국의 우두머리 무덤임을 인정할 수 있는 바, 일본 연구자들은 전자를 삼국지 기록에 이도국(伊都國)에 대응되는 것으로 추정하고 있다.

한경 출토의 한일 간의 지역적인 차이에 대해서 중국 군현의 삼한과 왜의 외교 혹은 무역의 차별화 정책을 반영하는 것으로 일본인 연구자들은 주장한다. 한편 진국을 비롯한 남한지역에서는 다뉴경을 지표로 하는 제사장의 리더십과 제사의례 전통이 오랫동안 지속되어 세문경 대신 한식경을 쉽게 받아들이지 못하는 반면, 일본의 경우 세문경을 무덤에 부장한 관

습은 서기전 2세기의 짧은 기간에 보급되어 한식경을 보다 용이하게 받아들일 수 있는 이데올로기적 맥락도 고려되어야 할 것이다.

이러한 일본측의 한식경은 한반도의 어떤 경로를 거쳐 수입되었을까. 중원지역으로부터 한군현에 일단 수입된 거울을 진변한인과 왜인이 재수입하였을 것이지만, 고고학적 정황으로서 그 루트를 추정하기 어렵다. 우선 주목되는 것은 서해안을 거쳐 서남해안을 경유하였는가 하는 여부이다. 서북한에서 중부 내륙의 육상루트를 거쳐 이미 동남지역으로 교류하였을 가능성은 앞서 열거한 영남지역의 전한경 출토사례로써 제시된다. 서남한과 달리 동남한에서 이미 적지 않은 전한경이 발견되고, 동 지역을 거쳐 동남해안에서 일본 규슈 지역으로 직접 유통되었을 가능성이 있다.

그렇다고 하여 서남해안을 경유할 가능성이 전혀 없었다고 단정할 수는 없겠다. 서남해안의 도서 거문도에서 이 시기에 해당하는 오수전이 수백점 발견된 바 있다. 거문도는 남해안 육지로부터 수십 km 떨어져 있다. 연근해 해상 루트에서도 다소 떨어져 있어 난파되었을 가능성도 배제 못하지만, 수백 점의 화폐를 선적한 배가 이 근처를 경유하였음은 분명하다. 이 화폐는 물론 중국거울과 마찬가지로 서북한에서 선적되었음은 물론이다. 반드시 이 배는 아니지만, 비슷한 시기에 이처럼 서북한에서 위세품을 선적한 배에 실려 서해안과 남해안의 항로를 거쳐 일본 열도로 전한경이 전달되었을 가능성이 있다고 이해된다.

이와 관련하여 최근에 주목할 만한 발견이 경기도 서해안의 영종도에서 확인된 바 있다. 한대 유물이 섬 북안에 발견되었는데, 그중에는 화폐유물도 포함되어 있다. 이 또한 서북한의 중국제 유물이 바다로 나아가 도서지방을 경유했을 가능성을 말해 준다. 문제는 경기도 남부에서 호남지역의 서해안 도서에 이르는 연안루트를 활용하여 장거리 운항한 직접적인 증거가 없다는 것이다.

그러나 이미 전 단계에 경기도 연안을 항해하였을 가능성이 있고, 이미 서해안의 금강과 영산강유역을 따라서 그 근해에 정치체가 형성되어 내륙과의 소통은 물론 연안도서와 활발한 교류가 있었을 것이다. 이 시기에 해남 군곡리 등의 유적을 비롯하여 도처에 해안도서를 근거지로 하는 바다 주민들이 있었을 것이고, 그들과의 교류가 있었다고 추정할 수 있다. 이처럼 중요 교역품들이 해안도서에 발견되는 상황으로 미루어 보아 앞선 시기와 달리 연안 바다를 이용하여 항해하였을 가능성은 충분히 있다 하겠다. 그리하여 서북한에서 서남한의 해안을 거쳐 남해안 서부와 동부 그리고 일본 규슈로 이어지는 해상항로가 활용되었을 것이다.

삼국지 위지 동이전 왜조 기록에 '옛날에는 1백국이었으며 한나라때 예방하여 배알하는 자가 있었다' 라는 기록이 전한다. 그 시점은 정확하지 않지만 1백여개의 소국이 있었다는 사실을 믿는다면 각 지역에 군장묘가 등장하기 시작한 서기전 1세기 대를 전후한 것으로 보아도 무리가 없어 보인다. 다음 1~2세기대가 되면 소규모 국은 점차 통합되는 현상을 보여주므로 소국의 숫자가 줄어들기 때문이다.

그러나 그들이 단독으로 서남해안을 왕래하기는 어려울 것이다. 앞서 제2장에서 설명하였듯이 한반도 서해안과 남해안은 해안선이 굴곡이 많을 뿐만 아니라, 크고 작은 무수한 섬들이 분포한다. 그러한 길을 오로지 지문항법(地文航法)에 의존하여 하고, 지점마다 각기 다른 조류의 상황을 제대로 헤쳐 나가기 위해서는 각 지역의 해상루트에 익숙한 현지 주민의 도움을 받지 않고서는 힘들 것이다.

당대 사람들이 다음에 확인되는 삼국시대의 반구조선을 타고 항해한다고 하더라도, 하루에 운항하는 거리는 30~40km를 넘지 못하는 것으로 대략 추정된다. 그렇다고 한다면 서남해안의 총거리가 600~800km라고 할 때 20~30일 걸리는 것이므로, 중간 경유지에서 지원을 받지 않으면 운항하기 어렵다는 계산이 나온다. 그러한 상황은 중국 상인이나 제주도 주민들이 서남해안을 통과할 때도 마찬가지이다. 그러므로 서남해안을 항해하는데 주도적 역할을 하는 사람들은 현지 주민인 삼한 사람들일 가능성이 높다 하겠다.

서북한에서 일본 규슈로 전한경이 해상을 통해서 직접 유통되었다고 할 때, 그 교역대리인에는 전문적인 상인도 포함되었을 가능성을 전혀 배제 못하는 바, 그것은 영종도와 거문도 등지에서 발견되는 화폐유물을 그 근거로 한다. 화폐가 전문적 상거래의 수단이므로, 이를 군현에서 진상 받은 공물의 댓가로 제공할 수도 있지만, 상인이 물자의 거래를 위해서 확보한 수단일 수도 있다. 그러한 화폐가 낙랑군현 현지에서 멀리 떨어진 지역에서 발견되는 경우 그것을 보유했던 사람은 상인의 성격이 강한 사람으로서 일차적으로 화폐를 주조한 낙랑지 거주민일 가능성이 많다 하겠다. 물론 중간 교역자로서 삼한 주민일 가능성도 전혀 배제 못하는 바, 이에 대해서는 금후 충분한 증거를 토대로 깊은 논의가 필요하겠다.

2. 진변한과 왜의 해상교류

앞서 기술한 일본의 전한경 부장묘에 공반되는 청동기를 보면 미구모 옹관묘 1호에서 중세동과 1, 세형동검 1, 중세동모 2, 그리고 수쿠오카모토 D지점 옹관묘에서 동모 5, 동과 1, 동검1, 다테이와 10호 옹관묘에서는 중세형동모 1점 등이 있다.

한군현 설치 이후 반세기 이상 지난 후에도 한반도 동남부는 물론이거니와 일본 규슈 지역에서는 종전대로 한국식 동검, 동과, 동모 등의 무기가 여전히 부장되는 것이 확인된다. 장대화되거나 의기화되면서 실용성보다는 그 상징성이 강화되었지만 한반도 무기의 기본 형식을 벗어나지 않는 것이다. 일본에서 이 단계에 성행하는 동모는 세형이라 하더라도 전체 길이가 40cm가 넘는 중봉형으로 발전한다. 앞서 다테이와 10호 옹관묘의 부장 동모가 그 대표적인 예이다. 이러한 형식은 한반도에서는 마한 지역의

익산 평장리 유적 출토
예가 있지만 대구 신천
동, 창원 다호리, 영천 용
전리 등의 사례에서 보
듯이 진한 지역에서 대
부분 발견된다.

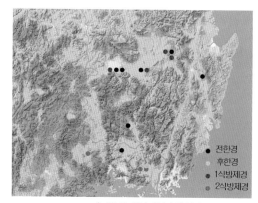

〈그림 7〉 영남지역의 한식경 분포 (이청규)

동경은 중원계로 바
뀌었지만 무기는 여전히
한반도계인 것은 무슨
이유에서일까. 무엇보다도 그것은 이전 단계에 서남한으로부터 도래한 전
문장인이 처음 제작하고 이 단계에 한걸음 발전하여 일본 자체에서 한반
도계 청동기를 생산할 수 있는 체제를 갖추었기 때문인 것으로 이해된다.
그러한 사실은 후쿠오카 남부를 포함한 규슈의 여러 유적에서 발견되는
석제 용범을 통해서 충분히 입증된다. 한마디로 요약하면 일본 규슈와 한
반도 동남한에 동일한 형식의 청동무기를 생산할 수 있는 제작기술정보와
인적 교류의 네트워크가 전에 없이 긴밀하게 조성되었다는 것이다.

이러한 청동기를 제작하게 되는 또 다른 중요한 이유는 한군현 측에서
전략적으로 중요하고 기능성이 뛰어난 한나라의 발전한 철제 무기가 삼한
과 왜 지역에 반출되는 것을 통제하기 때문일 수 있다. 이미 한나라는 주
변 국을 관장하는 반대 급부로써 병위재물(兵威財物)을 주었던 위만조선으
로부터 상당한 위협을 받은 바 있어서, 똑 같은 과오를 저지르지 않기 위한
예방책을 수립하였을 것이다. 실제로 서기전 1세기경 서북한 지역의 한군
현 무덤에서는 철제장검의 부장례가 다수 확인되지만, 왜는 물론 삼한지
역에서는 전혀 확인되지 않는다.

한편 동남한의 진한지역에서는 이 단계의 중국동경 부장묘에 청동제
검, 모, 과 등의 무기가 여전히 공반되기는 하나, 이전과 달리 상당히 많은

판상철부, 철제 무기와 공구, 마구가 부장되는 사실이 주목된다. 이러한 사실은 1점의 전한경이 부장된 창원 다호리 1호묘, 소형 전한경 4점이 부장된 경주 조양동 38호묘에서 분명하게 확인된다. 또한 파경(破鏡)이 부장된 영천 용전동 목관묘에서도 동과, 동모 각 1점을 제외하고는 수십점의 철제 무기, 판상철부, 공구가 부장되어 있었다. 다음에 보겠지만 일본의 무덤에서 다량의 한경이 부장된 군장묘급 무덤에 철제 유물이 거의 부장되지 않는 사실과 대조가 된다.

재가공된 한경 파편이 부장된 경산 임당동 목관묘에서도 청동기 대신 철검, 판상철부 등이 부장되는 바, 한경이 부장되지 않더라도 상당수의 목관묘에서 철제유물이 다량 부장되는 사실이 일본과 비교가 된다. 앞서 보듯이 한경의 부장사례와 그 규모는 남한보다 규슈지역이 앞선 반면에 철제유물은 그 반대인 사실이 주목되는 것이다.

이들 목관묘를 통해서 영남지역에서는 본격적으로 철소재와 철기의 생산이 이루어졌음이 확인되었는데, 실제로 영남의 동 기간에 울산 천곡동에서는 철광이 적극적으로 개발된 증거가 최근의 발굴조사를 통해서 제시된 바 있다. 상대적으로 이 단계 일본의 경우 철소재의 생산이 적극적으로 이루어졌다는 증거가 없다. 다만 철제품 일부가 소규모적으로 생산되었을 가능성이 있는 바, 이를 뒷받침하는 증거로 아직 한반도에서는 제대로 확인되지 않는 중세형 철과를 예로 들 수 있다.

한반도에서 수입한 철소재를 가공하여 철제 공구류도 일본 규슈에서 제작하였을 가능성이 있다 하겠으나 아직 확실하지 않다. 짐작되는 사실은 그러한 철기제작과 관련한 정보는 이제 동남한과의 교류를 통해서 획득하기 시작하였는 바, 이 지역의 사천 늑도, 울산 천곡동 등지에서 발견되는 야요이 토기가 그 방증자료가 되겠다. 이처럼 철기와 청동무기를 둘러싸고 동해안 남부와 일본 규슈 지역간의 해상루트를 사이에 두고 활발한 교역이 있을 가능성이 충분하다.

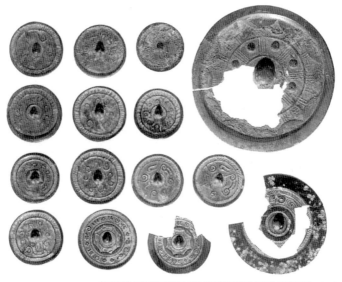

〈그림 8〉 동남한지역의 한식경과 방제경 (국립중앙박물관, 1992)

이 시기에 중국산의 전한경은 어떤 루트를 통하여 일본 규슈지역으로 유통되었을까 살필 때 그 촛점은 한군현의 서북한 지역에서 남한중부를 거쳐 동남한의 내륙 루트를 경유하였는가 아니면, 서해안을 따라 남하하다가 동남한의 연안 해상 루트를 경유하였는가이다. 이와 관련하여 대구 경산의 금호강유역, 밀양의 밀양강유역 등의 경상도 내륙, 경주의 형산강 유역, 울산의 동천강유역 등의 경상도 동해안에서 전한경이 다수 발견된 사실이 주목된다.

그렇다고 한다면 앞서 제시한 전한경이 확인되는 영남지역의 중요 거점이 그 중계 역할을 하였을 가능성을 배제할 수 없겠다. 그것은 또한 이 지역에서 생산되는 다른 청동기와 철기 제품의 유통과 관련해서 더욱 그러한 것이다. 그리하여 한경의 중계지로서 이들 대구, 경산, 밀양, 경주, 경산 등이 기능하였을 것이며, 이들 분포지점을 고려하면 낙동강 중 하류를 따라 내려가다가 그 하구에서 바다로 건너가는 경우, 형산강 지류인 남천을 거쳐 울산의 동천강 방면으로 가다가 울산만에서 바다로 가는 경우, 그리고 형산강 상류를 가다가 양산 방면으로 하여 건너가는 경우 등을 상정할 수 있다.

그러나 항해의 출발지점으로 고려할 수 있는 김해만과 양산 지역에서는 전한경이 확인되지 않을 뿐만 아니라, 일본과 적극적으로 교류하였음을 보여주는 고고학적 증거가 다음 후한경 시기보다 드문 것이다. 따라서 전한경은 영남내륙을 거쳐 이러한 경남 해안의 거점을 통하지 않고 서남해안과 남해안을 거쳐 막바로 일본 쪽으로 유통되는 비중이 더 높다고 보아야 한다. 무엇보다도 그렇게 추정하는 것은 앞서 지적하였다시피 전한경이 영남지역에 비해 규슈를 중심으로 한 일본 열도지역에서 압도적으로 많이 발견된다는 사실에 있다. 만약에 영남지역이 중계지로서의 역할을 적극적으로 하였다면 앞서 지적한 해안포구의 인접지역에 보다 많은 전한경이 발견되어야 할 것이다.

Ⅳ. 후한경 단계 [서기 1~2세기]]

서기 1세기 이후에 유행하는 후한경을 대표하는 것으로 방형 윤곽의 중심좌 주위로 신선과 동물무늬가 장식되고, 주연부 가까이 LTV자형의 구획을 갖춘 방격규구경(方格規矩鏡)이 유행한다. 또한 수문경(獸文鏡), 반룡문경(盤龍文鏡), 신수문경(神獸文鏡), 연호문경(連弧文鏡) 등이 보급되었는데, 이들 한식경 자체는 당연히 중원에서 제작된 것으로서 서북한 한군현 지역을 포함하여 한반도와 일본열도에서 제작되었다는 증거가 없다.

그러나 동남한과 일본에서 이를 서툴게 모방하여 만든 이른바 방제경(倣製鏡)은 다수가 전한다. 대부분 소형으로 주연부가 좁은 것은 1식, 굵은 것은 2식, 그리고 15cm 내외의 중형으로서, 방사상 문양이 장식된 3식의

〈그림 9〉 사라리 130호 목관묘와 판상철부 부장상태 (영남문화재연구원, 2000)

방제경이 있다. 대체로 1식과 3식의 방제경은 한국, 2식은 일본에서 제작한 것으로 알려지고 있으나 1식경의 일부는 일본에서도 제작된 것으로 주장되기도 한다. 앞서도 지적하였다시피 전한 말에 제작되었다 하더라도 무덤에 묻힌 실 연대는 후한대인 경우가 다수 있으며, 방제경의 모방 대상 또한 전한경의 이체자문경이지만 그 제작보급 연대는 이 시기로 내려 온다.

1. 낙랑과 한 왜의 교류

이 단계 전반인 서기 1세기 전반경에 후한경이 부장된 무덤은 한반도에서는 동남한의 내륙인 진한지역에 집중되어 있다. 정식발굴조사를 거치지 않아서 한 무덤에 부장된 일괄유물이라고 단정하기 어려운 문제가 있지만, 금호강유역인 영천 어은동에서 훼룡문경 1점과 소형 이체자명경 2점의 한경, 중형 1점과 소형 11점의 방제경 그리고 대구 평리동에서는 훼룡

〈그림 10〉 히라바루 목관묘의 거울출토상태 (이도국박물관 전시, 이청규 사진)

문경 1점, 중형 1점, 소형 4점의 1식 방제경이 수습된 바 있다. 정식 발굴조사를 통해서 확인된 경산 신대동 75호와 경주 탑동 그리고 포항 옥성리 목관묘에서 각각 훼룡문경 1점이 출토되었다. 이들 진한지역의 세 유적 모두 훼룡문경을 부장한 것이 공통된다. 한편 최근에 김해 봉황동 3호 목관묘에서 예가 드문 무문 방제경 1점이 출토되었다.

서기 1세기 중반 이후에 다량의 철기, 칠기 등의 유물을 부장한 군장급 무덤으로서 경주 사라리 130호묘가 발굴조사되었는데, 소형 방제경 4점만 부장되었을 뿐 한식경은 부장되지 않았다〈그림 10〉. 김해 내덕리 19호에서 후한의 방격규구경 1점, 양동리 55호에서 소형방제경 1점, 양동리 427호에서 소형 방제경 3점이 부장되어 있다. 서기 2세기 중엽경의 이 단계 후반에 다량의 철기를 부장한 최고 군장묘로서 김해 양동리 162호 목곽묘에서는 소형 후한경 2점, 소형 방제경 6점이 출토되었다.

앞서도 지적하였다시피 한경이 한군현과의 교섭 증거라면 위의 분포양상을 보아 각각 진한과 변한의 소국이 위치한 것으로 인정되는 낙동강 중류의 대구, 경산, 영천 지역과 낙동강 하류의 김해 지역이 그 교섭의 거점으로서 기능을 한 것으로 보인다. 서기 1세기 중반 이전에는 진한지역, 그이후에는 변한 지역에 동경부장묘가 집중되는 현상을 보여주고 있으므로 그 거점에 일정한 변화가 있음을 확인할 수 있다.

앞선 단계에 김해를 중심으로 한 낙동강하구에서 거의 확인되지 않았던 한식경이 발견되는 사례로 보아 서북한에서 남해안으로 이어지는 해상교통로 상에 변화가 있음을 알 수 있다. 그것은 앞서 보았듯이 서해안과 남해안을 경유하는 해상루트가 자리를 잡게 되면서 그 중간 거점인 김해지역이 부상하였음을 보여주는 것이다. 이제 일본 규슈와의 징검다리 역할을 하는 쓰시마와의 거리가 보다 근접할 뿐만 아니라, 내륙을 기반으로 하는 소국 정치체가 성장한 김해 지역이 확실한 거점으로 부상하게 된다. 무엇보다도 이 지역이 소국의 중심으로 성장하게 된 것은 다음에 살펴보겠지만 철의 생산과 보급과 관련될 것이다. 철은 규슈의 왜는 물론 서북한의 대방 등지로 수출하는 주요 품목이기 때문이다.

교역항으로서 김해만이 부상됨과 함께 변한사람들이 전문적인 상인으로서 성장하였을 가능성은 높다. 그들은 앞서 다른 교역대리인들과 달리 선박과 항해기술 또한 보유한 것으로 추정되기 때문에 그러하다. 더 나아가 서해안과 남해안 연안 루트는 물론 일본 쓰시마와 북규슈에 이르는 횡단항로 전 코스를 자체적으로 감당하는 전문 해상인력이 등장하였을 가능성도 있다. 그렇다고 하더라도 연안항로를 이용하고 수시로 정박해야 하므로 각 연안의 현지 주민들로부터 도움을 받지 않으면 안되었을 것이다.

한편 일본에서는 서기 1세기대에 후쿠오카 마에바루[前原] 이하라야리미조[井原鑓溝] 옹관묘에서 18점의 방격규구사신경을 비롯하여 21점의 파경, 사가현 가라츠시 사쿠라바바[桜馬場] 옹관묘에서는 방격규구경 2매가 부장되었다. 연대에 대해서 논란이 많으나 대체로 서기 2세기대인 후쿠오카 마에바루 히라바루[平原] 무덤의 경우 묘광의 네 귀퉁이에 방격규구사

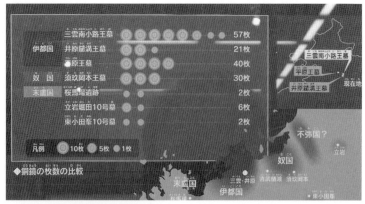

三雲南小路王墓　57枚
伊都国　井原鑓溝王墓　21枚
平原王墓　40枚
奴　国　須玖岡本王墓　30枚
末盧国　桜馬場遺跡　2枚
立岩堀田10号墓　6枚
東小田峯10号墓　2枚
凡例　10枚　5枚　1枚
◆銅鏡の枚数の比較

〈그림 11〉 일본 규슈지역 한식경부장 군장묘 (이도국박물관 판넬 전시)

신경 32점과 직경 46.5cm의 초대형 내행화문경 5점을 포함한 40여점의 동경이 파쇄된 상태로 발견되었다. 그중 초대형경 5점과 27.1cm의 대형경이 일본에서 제작된 방제경이고 그 외 34점은 중국으로부터 수입한 동경이라고 주장되고 있다〈그림 10〉.

중원계 한경의 숫자와 크기만을 보자면 일본 규슈지역이 앞선 시기보다 더욱더 한반도를 압도하여 한군현과의 더욱 강한 교섭능력을 보유한 것으로 평가된다. 일본의 무덤에 부장된 한경에 대해서 일본 연구자들은 중국 왕조의 권위를 기반으로 한 국제교역 능력을 과시하기 위하여 중원으로부터 하사받은 정치적 산물임을 강조한다. 그러한 맥락에서 한식 동경이 중심 소국이 주변 집단과의 네트워크를 강화하기 위한 매개물로써 기능하였다는 것이다. 그러한 사실은 한반도에서 서기 2세기 이후 동경을 더 이상 중요한 정치적 위세품으로 인정하지 않는 것과 크게 대조를 이룬다〈그림 11〉.

따라서 왜의 조공집단이나 교역대리인이 직접 서북한을 목적지로 출항하는 경우가 있으리라 추정된다. 전자의 대표적인 근거로서 서기 57년 한에 왕이 조공을 받쳤다는 후한서 기록이 있다. 또한 진위 논란이 있지만, 일본 연구자들이 주장하듯이 후쿠오카 앞 섬에서 출토한 〈왜노국왕인(倭奴國王印)〉의 금제 도장이 또 다른 증거가 될 것이다. 왜가 낙랑에 조공을 받치러 가고 그 대신 중국의 후한경 등을 사여품으로 받아 왔다고 한다면, 다수의 사람들로 구성된 사신들이 출항하였을 가능성이 많다. 그들은 불가피하게 남해안과 서해안의 여러 지점에서 휴식을 취하고 물자 지원을 받았을 것이며, 현지 마한과 변한인들의 협력을 절대 필요로 하였음은 앞서 지적한 바와 같다.

2. 진변한과 왜의 교류

앞서 보듯이 동남한 지역에서 부장유물의 양으로 보아 최상급이라고 할 수 있는 경주 사라리 130호의 무덤에 판상철부 수십 매를 비롯해서 각종 무기, 공구 등 다량의 철기가 부장된다. 그러나 공반되는 동경의 수량은 절대적으로 빈약하여 소형 방제경 4점만 부장되었다. 서기 2세기 전반 이전 것으로 추정되는 포항 옥성리 78호묘의 사례를 보면 철모 수십점이 부장되지만, 동경이 전혀 공반되지 않는다. 그나마 서기 2세기 중엽경에 해당하는 변한지역의 김해 양동리 162호 목곽묘에서는 판상철부 40매를 비롯하여 다량의 철모가 함께 부장되었는데 소형의 한경 2매와 방제경 6매가 부장되었을 뿐이다〈그림 12〉.

따라서 일본과 달리 동남한의 진한과 변한지역의 군장급 무덤의 주요 부장유물이 동경이 아니라 자체 생산한 철기인 점을 고려하면, 최고 권력의 기반은 철기 생산과 운용, 보급 능력 등 세속적인 부문에 있음이 확인된다. 각종의 철기를 다량으로 조달할 수 있는 것으로 보아 보다 전문적인 기술을 갖춘 장인집단을 확보하였을 뿐만 아니라, 그 유통에 대해서도 군장이 관장할 가능성이 높다. 요약해서 말하면 서기 1~2세기경 진한과 변한의 군장 자격으로서 강조되는 것은 철소재와 철기 생산체제의 경영 능력으로서, 한경 등의 중원계 유물로 상징되는 대외적인 교섭 능력을 강조하는 왜의 경우와 대조가 된다.

<그림 12> 양동리 162호출토 방제경 (임효택 외, 2000)

이 단계에 일본에서는 철제유물이 발견되는 수량은 진변한에 비해 상당히 떨어진다. 그것은 서기 2세기후반 야요이시대 말기 이후 고분시대에 다량의 철제무기와 공구가 부장되는 상황과 차이가 난다. 아직 이 단계에는 철소재 취득은 물론 철기 제작과 관련하여 일정규모 이상을 갖춘 전문장인집단을 확보하지 못한 것으로 이해된다. 따라서 일본에서는 철소재와 철기 제품 자체는 물론 철기 제작 기술은 진변한의 동남한 지역으로부터 수입하였을 가능성이 많다.

다량의 판상철부가 부장되는 무덤의 예로서 시간적으로 보면 진한의 경주 사라리 130호묘가 변한의 김해 양동리 162호묘보다 이르다. 따라서 철기의 대량생산은 김해를 중심으로 한 변한지역보다 경주를 중심으로 한 진한지역이 앞서는 것으로 이해된다. 일본 규슈지역에서 철소재를 한반도로부터 수입하였다면 그 초기에는 동남한지역 중에서도 그 수입거점이 진한지역일 가능성이 높은 바, 이를 방증하는 증거가 대구에서 발견되는 일본식의 중광형 동과, 동모와 1식 방제경인 것이다.

영천 어은동, 대구 평리동 유적의 중형 방제경의 경우 일본에 유사한 형식이 없어 현지제작이 되었을 가능성도 많다. 그러나 일본 규슈지역에서 출토되는 방제경의 숫자가 비교 우위에 있고, 그 석제 거푸집이 발견되므로 변한지역에서 발견되는 늦은 단계의 2식은 물론 진한지역에서 이른 단계의 1식 또한 여러 정황으로 보아 상당수가 규슈 현지에서 제작되었다는 주장을 무시하지 못한다. 그렇다고 한다면 진한의 1식 또한 변한의 2식 방제경 모두 일본에서 건너왔을 가능성도 있다 하겠다. 소형 방제경은 조잡하게 제작된 것으로 진변한지역에서는 무덤에 부장하는 위세품으로서 등급이 높은 것은 아니다. 왜에서 정치적 사여물으로 이해하는 중원경과 달리, 진변한에서는 단순한 교류의 호의에 대한 상징적 증여물로서 성격을 가진 것으로 보인다. 그것은 다음

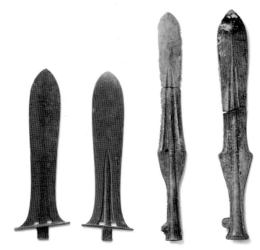

〈그림 13〉 진변한지역출토 왜계 청동기 (국립중앙박물관, 1992)

에 볼 대구출토 중광형과 광형동모와 마찬가지이다.

　이 단계에 일본에서 대량 제작되는 청동제 검, 모, 과는 종전의 한반도 형식과 차이가 나는 중광형으로 발전한다. 대구 비산동과 만촌동 등지에서 발견되는 동과와 동모는 그 형식으로 보아 일본에서 생산되어 수입되었을 가능성이 높다 하겠다. 일본에 보급되는 동모와 동과는 중광형에서 광형으로까지 발전하며 거푸집으로 보아 북규슈 일대에서 제작된 것이 분명하다. 당시 일본에서는 중광형, 광형의 청동제 무기를 제사 공물로서 지하에 매납하는 의례가 성행하였던 것이다.

　광형 동모는 변한지역인 김해 양동리 무덤에 부장된 사례가 있는데, 당시 김해는 철제무기가 널리 보급되는 단계로서 실용적인 목적으로 청동무기가 더 이상 쓰이지 않을 뿐만 아니라, 일본처럼 이들 무기를 지하에 매납하는 제사의례도 활성화되지 않았다. 이 또한 방제경과 함께 일본 측으로부터 받은 증여물일 가능성이 높다 하겠다〈그림 13〉.

　결론적으로 말하면 바다 건너 규슈지역으로부터 가장 근거리에 위치한 동남한이 서기전 2세기대에 청동기 생산보급의 주변지였던 상황에서 벗

어나, 청동기와 철기의 중심지로서 변화하면서 일본에 대한 전략적 자원의 중요 공급처로 자리매김을 한다. 일본의 왜 세력은 이 단계 전반에 진한, 후반에는 변한과 긴밀한 교류 관계를 갖는 바, 동 지역에 일본의 방제경과 무기형 제기가 증여물로서 유입된 사실이 이와 관련되는 것이다.

한편 변한과 왜를 연결하는 교통로의 중간거점인 쓰시마의 경우 도요다 마마치[豊玉町] 하로와[ハロウ] 석관묘 A지점 5호에서는 소형방제경 1점과 광형동모 1점, B지점 2호에서 소형방제경 1점과 광형동모편 1점이 무덤에 부장된 사실이 주목된다. 변한에 대한 교류의 증여물이었던 두 종류의 청동기가 위세품으로 무덤에 부장된 것이다. 제작되고 건너온 곳은 규슈의 왜이지만, 실제 장송의례는 왜를 따르지 않고 변한의 예를 따른 것이다. 규슈 중심의 왜와 남해안 중심의 변한과의 교류 중간 거점의 성격을 간접적으로 반영한 것으로 이해된다. 이와 같은 정황을 발판으로 당대 동남한과 일본 규슈 간의 해상왕래는 빈번하게 이루어졌을 것이다.

앞서도 그렇듯이 양 지역에는 전업적인 교역 대리인이 활약한 것으로 추정되는데, 그들이 거주하는 곳은 바로 해안 항구로서 동 지역에서 오랫동안 축적해온 항해기술을 확보한 것으로 이해된다. 이미 앞선 단계부터 청동기와 철기를 둘러싼 교류 혹은 유통이 이미 한반도 동남해안과 일본 규슈 사이에 일정수준 이상으로 이루어졌기 때문에, 항해의 포구시설이나 선박을 운용함에 전문인력이 등장하였을 것이다. 김해만, 양산 등의 낙동강 하구 혹은 울산만의 동천강 하구가 그들의 근거지로서 각 지역 정치체의 군장들이 이들에 대해서 일정 수준 관여하였을 것으로 추정된다.

한일간의 해상항로가 상대적으로 근거리에 있고 중간에 쓰시마, 이키 등의 중간 정박지가 있지만, 당시 항해기술 여건으로 보아 언제든지 항해가 가능한 것이 아니므로 기왕에 경험이 있는 전문적인 인력을 활용하였을 가능성이 높다고 이해된다. 그러면서 중간의 여러 교역 거점에서 각지에서 온 교역 대리인과 선박운용 인력 등의 여러 사람들이 접촉하면서 교역과 관련된 항해지리와 기술에 대한 정보를 교환하였을 것이다.

요약

다뉴세문경과 청동무기를 부장하는 한반도 서남부 정치체 우두머리의 장송의례를 일본에서도 서기전 2세기경에 모방 수용한다. 부장되는 청동기중 무기와 공구는 일본에서 제작되었지만 고도의 첨단기술이 동원되는 세문경은 수입되었을 가능성이 높다. 규슈에 있는 왜의 소국이 처음으로 본격적으로 교류하는 거점은 한반도 서남부의 진국 혹은 마한이 되겠다. 그 루트로서 서남 해안의 연안 바다를 거치기 보다는 육상으로 동남 쪽으로 진출하여 남해안 동부로 나아가는 길을 선택한 것으로 추정된다.

그러다가 서기전 1세기경 위만조선이 붕괴하고 한군현이 한반도 서북부에 설치되면서, 다뉴경은 더 이상 제작 보급되지 않고 중원계 한식경이 보급된다. 한식경은 종전에 다뉴경이 가장 많이 보급되었던 서남한에서는 거의 없다시피하고, 동남한 북부지역에 상대적으로 많이 보급된다. 그리고 남한에 비해 일본 규슈지역에 압도적으로 많은 양이 군장급 무덤에 부장된다. 한식경이 서북한에서 일본 규슈로 이어지는 루트는 육상으로 한반도 동남부를 거쳐 남해안 동부에 이르는 길이 있지만, 서해안을 돌아 남해안으로 이어지는 바닷 길이 더 많이 이용되었을 것으로 추정된다.

그러한 중국 한경의 수입과 무덤에의 부장을 근거로 한과 왜의 대중국 교섭 능력에 일정한 차이가 있다고 일본연구자들은 주장한다. 한편으로 한반도에서는 청동거울을 위세품으로 부장한 풍습 자체가 위만조선 멸망 후 크게 위축이 되었지만, 왜의 경우 그렇지 않은 사실과도 관련된 것으로 추정된다.

서기 1세기경 일본에서는 방제경을 다량 제작보급하게 되고, 이를 처음에는 진한지역, 다소 늦게 변한지역에도 유입되어 무덤에도 부장된다. 당시 왜가 선진 문물을 제공받을 수 있는 한군현에 못지 않게 진변한과의 교역에도 적극적인 것은 동 지역이 서기전 1세기부터 철과 철기 생산의 거점으로 발전한 데 연유한다. 처음에는 그 교역의 대상이 진한이었다가 나중에 변한으로 확대되었는 바, 방제경은 왜가 진변한에 전달하는 일종의 증여물인 것이다. 이를 통하여 서북한과의 교류와는 별개로 진변한과 왜 간의 독자적인 상호 해상교류는 더욱 활발하였음을 알 수 있다.

이와 같은 여러 단계에 걸치면서 한반도 서해안, 남해안, 그리고 일본 규슈로 이어지는 해상루트에 전문 교역 대리인은 물론이거니와 각각의 교역 거점에 기반을 갖춘 해상전문 인력이 등장하였을 것으로 추정된다. 아울러 그들을 통제한 각 지역의 정치체의 군장이 존재하였는 바, 진변한지역의 경우 현지산 청동기, 철기와 함께 왜계 방제경과 제기형무기가 부장된 사실로 미루어 짐작할 수 있다.

〈참고문헌〉

[국문]

국립중앙박물관, 1992, 『한국의 청동기문화』, 범우사

김경칠, 2009, 『호남지방의 원삼국시대 대외교류』, 학연문화사

미야자토 오사무, 2010, 『한반도 청동기의 기원과 전개』, 사회평론

영남문화재연구원, 2001, 『경주사라리유적 Ⅱ-목관묘, 주거지』, 영남문화재
　　　연구원 학술조사보고 제32책

이건무·서성훈, 1988, 『함평초포리유적』, 국립광주박물관·전라남도·함평군

이양수, 2006, 「한반도 남부출토 한경의 분배와 유통」, 『고고학지』 15

이재현, 2003, 「변·진한사회의 고고학적 연구」, 부산대학교 대학원 박사학
　　　위논문

이청규, 2015, 『다뉴경과 고조선』, 단국대학교출판부

이창희, 2015, 「늑도교역론-금속제교역에 대한 신관점」, 『영남고고학보』
　　　73, 영남고고학회

이현혜, 1994, 「삼한의 대외교역체계」, 『이기백선생고희기념한국사학논총』
　　　(상)

임효택·곽동철, 2000, 『김해양동리 고분문화』, 동의대학교박물관학술총서 7

[일문]

高倉洋彰, 1993, 「前漢鏡にあらわれた權威の象徵性」, 國立歷史民俗博物館
　　　研究報告 55

宮崎貴夫, 2008, 『原の辻遺跡』, 同成社

吉田廣, 2003, 「朝鮮半島出土の倭系武器形靑銅器」, 『東北アジア靑銅器文化
　　　からみた韓國靑銅器文化に關する硏究』

武末純一, 2005, 「三韓と倭の考古学」, 『古代を考える 日本と朝鮮』, 吉川弘
　　　文館

福岡市敎育委員會, 1986, 『吉武高木-彌生時代埋葬遺跡調査槪要』, 福岡市埋

藏文化財調査報告書 第143集.

森岡秀人, 1989,「銅鏡」,『季刊考古學』27

常松幹雄, 2006,『最古の王墓 吉武高木遺跡』, 新泉社

鈴木敏弘, 2005,「弥生墓と 原史交易」,『季刊考古學』92, 雄山閣

柳田康雄, 2000,「平原1號墓」,『平原遺跡』, 前原市文化財調査報告書 第70冊, 前原市教育委員會 9-71

田尻義了, 2003,「彌生時代小形倣製鏡製作地-初期小形倣製鏡檢討」,『東北 アジア靑銅器文化からみた韓國靑銅器文化に關する硏究』, 靑丘學 術論集 22集

後藤直, 2009,「彌生時代の倭韓交涉-倭製靑銅器の韓へ移出」, 國立歷史民俗 博物館硏究報告 151

6장
삼국시대의 해상교류

논의 주제

국가의 형성과 발전을 설명함에 전쟁이나 종교에 중점을 두는 경우도 있지만, 영국 고고학자 콜린 렌프류(Colin Renfrew)는 무역을 통해서 국가의 발전을 설명한 바 있다. 그가 근거로 제시한 것은 지중해 일대의 정치체 간에 이루어진 해상활동으로 무역을 통해서 얻는 이익을 기반으로 국가의 권력이 증대하고, 그 무역항이 도시국가로 발전한다는 것이다. 세계 각 지역이 모두 동일하다고 할 수 없지만 국가의 성장이 무역을 통한 교류와 상호 맞물려 있음은 분명하다 하겠다.

중국동북 지역과 한반도에 고대국가 또는 그에 버금가는 정치체로 발전한 고구려와 부여, 신라, 백제, 가야 그리고 마한 등은 그 대부분 해안을 끼고 있고 바다로 진출할 수 있는 여건을 갖추었다. 그중에서 황해를 통해서 중국, 남해를 통해서 일본과 해상을 통한 대외교류가 활발하게 전개된다. 삼국을 통합한 이후 신라와 북쪽의 발해 또한 각각 바다를 끼고 대외활동을 전개하였음은 잘 알려진 사실이다. 그중에서 신라는 3면의 해안을 장악하여 더욱더 해상교류를 활발하게 수행하였다. 발해는 동해를 사이에 두고 일본을 상대로 한 해상교류를 수행하였음이 기록으로 전한다.

중국의 경우 한 왕조 때 바다 넘어 서북한에 군현을 설치하면서, 한반도와의 해상 왕래를 활발하게 수행한다. 삼국시대를 지나 남북조시대, 더 나아가 수 당에 이르러 제국을 건설하면서, 신라와 동맹하여 고구려, 백제에 대해 대규모 선단을 이끌고 공격하는 등 보다 적극적으로 한반도에 대한 해상활동을 전개하였다. 일본 또한 고대국가로의 성장기반을 구축하고자 적극적으로 해상을 통한 대외 교류를 도모한다. 한반도와 마주하는 규슈지역의 집단의 뒤를 이어서 세토나이 내해를 끼고 있는 긴키지역에 국가의 중심 혹은 왕경이 들어서면서 이 지역에서부터의 원거리 항해가 활발하게 전개되는 것이다.

그러한 정황 속에서 한·중·일 삼국에서는 기록에 보이는 교류의 실상을 보다 구체적으로 논의할 수 있는 고고학 자료가 다종 다양하게 확인된다. 그중에 대표적인 것이 도기와 자기, 청동기, 철기, 금공예품, 옥기 등의 수공업 제품이다. 물론 다른 물자들도 유통이 되었지만, 후대에 썩지 않고 다량으로 전하는 것은 이들 제품일 수 밖에 없다. 동 제품들은 실생활 용기로서 활용되는 사례도 있지만, 위세품으로써 전달되기도 한다. 유사한 형식의 유물이라 하더라도 그 원산지를 확인하려면 성분 분석이 필요하지만 육안적 관찰을 통해서도 판단할 수도 있다.

한편 사람이 왕래한 또 다른 고고학적 증거로서 무덤이 있다. 무덤은 앞서 선사시대도 그러하지만 집단마다 고유한 양식이 있다. 가령 한반도에서 중원대륙 혹은 일본열도에서 성행한 양식의 무덤이 확인되었다면 이 또한 동 지역으로부터의 인구 이동을 방증하는 것이 되겠다. 물론 인구 이동 없이 다른 지역의 무덤을 모방할 수도 있고, 무덤에 필요한 자재를 수입할 수도 있다. 그러할 경우 해상을 통해서 이동한 주인공은 묻힌 사람이 아니라, 그 자재를 수입한 사람이다. 한편으로 고대에 사람이 죽었을 경우 자기 고향으로 돌아가 묻히는 귀장제가 보급되었다고 하지만, 먼거리 바다를 건너야 하는 경우 특별한 신분의 사람을 제외하면 물리적으로 불가능할 수 있는 것이다.

이들 외래적인 증거를 통해서 해상이동을 설명함에 있어 물자나 사람이 어떠한 경로를 통하여 어떠한 선박으로, 그리고 누가 배를 항해하였는지를 직접적으로 확인할 수 없다. 삼국시대와 남북국시대에 이르면 문헌기록에서는 당시 해상활동을 확인할 수 있는 정황이 적지 않게 전한다. 그러나 구체적인 내용에 대해서는 보다 정교한 논의가 필요한 바, 그와 관련된 물적 증거를 체계적으로 수집 정리하고 해석하는 작업에 고고학이 보다 집중해야 할 당위성이 있다.

해상활동의 시작과 끝은 육지에서 이루어지며, 그 육지의 지점이 연안 포구이다. 포구의 정확한 위치와 구체적인 구조에 대해서는 고고학 발굴조사를 통해서 밝힐 수 밖에 없다. 일본의 경우 서기 전후한 시기의 항만시설이 이키 섬 등에서 조사된 바 있지만, 한반도 연안에서는 삼국시대 이후의 사례가 최근에 알려졌을 뿐이다. 그 대표적인 유적이 금관가야의 중심지가 있던 김해 봉황대와 관동리 유적이다. 또한 항해상의 거점 근처에는 항해 안전을 기원하는 제사유적이 있어 발굴된 바 있다. 한반도에서는 백제 왕경에서 금강을 따라 가다가 서해로 나아가는 거점의 죽막동 유적, 그리고 일본에서는 한반도 남해의 쓰시마를 넘어 일본 북규슈로 가는 도중의 오키노시마 유적이 널리 알려져 있는 바 이에 대해서 간략하게나마 기술할 것이다.

Ⅰ. 3세기대의 해상교류

1. 역사적 배경

고구려, 신라, 백제, 가야, 부여 등 여러 나라가 중앙집권 국가로 발전하기 이전에 몇개의 세력집단 혹은 소국이 연맹을 형성하기 시작하거나 완성하는 이른바 부체제 단계가 있다. 신라, 백제, 가야의 경우 삼국지 기록에는 여전히 다수의 소국으로 분립되어 있는 삼한으로 기술되고 있는 바, 그들이 3세기 대에 이르기까지 중국과의 대외 교섭 창구 역할을 한 것이 낙랑과 대방군이었다.

낙랑군은 한무제 이래로 한왕조 중앙정부에 의해 관리된 변군(邊郡)에 속한다. 2세기말 후한의 통치체제가 혼란스러운 때에 요동의 토착세력인 공손씨(公孫氏)가 연왕을 자칭하고 요동을 장악하면서 대방군을 추가로 설치하였다. 그러다가 화북을 장악한 위나라가 238년 공손씨 세력을 물리치고 동 2개 군을 접수하면서 한반도 남부와 일본의 조공 대상은 위나라로 바뀌게 된다.

고구려의 경우 3세기 전반에 공손씨 세력을 축출하는데 공조하면서 위나라와 우호적인 외교관계를 맺기도 하였지만, 동 세력이 해체되고 요동에서 서로 마주하는 상황이 되면서 군사적으로 충돌하기에 이르렀다. 그리하여 위나라는 유주자사 관구검(毌丘儉)을 시켜 244년 고구려의 수도 환도성을 점거하고 당시 고구려 왕을 옥저까지 추격하는 적대감을 드러낸다. 그러한 상황과는 대조적으로 삼국지 왜인전 기록에 따르면 위나라는 왜에 대해서는 238년 사신을 보내 히미코 여왕을 친위왜왕(親魏倭王)의 칭호를 부여하고 공물을 사여하는 친선 정책을 구사하였다.

3세기 후반이 되면 위나라는 붕괴하고 서진이 그에 대신한다. 서진은 위나라 장수 사마염(司馬炎)이 265년에 세운 나라로서 남쪽의 경쟁국가인 촉나라를 멸하고 다시 득세한 요동의 공손씨를 격퇴하는데, 그러면서 요동 양평에 위나라 때부터 설치한 동이교위부(東夷校尉府)로 하여금 낙랑 대방군의 한, 왜에 대한 통제력을 이양받게 하였다. 이미 쇠퇴과정에 있던 낙랑 대방은 한예지역으로 많은 인구가 이탈하면서 더욱 그 규모가 축소된다.

그러한 상황에서 진서 기록에 백제국 등의 마한이 270~289년 사이에 4

회, 진한이 280, 286년에 2회 서진에 조공한 것으로 전하는 바, 그것은 낙랑·대방 대신에 동이교위를 통한 것으로 이해된다. 또한 호남지역이 위치한 마한의 신미국(新彌國) 등 20여국이 조공을 받쳤다는 진서 장화열전(晉書 張華列傳)의 기록이 전하는데, 이는 동이교위 이외에 하북성에 위치한 유주의 자사 또한 한중 교섭에 관여하였다는 점에서 주목되는 사실이다.

한편 삼국지 위지 동이전 기록에는 한반도 남부 진변한에 철이 산출되어 대방과 예, 그리고 왜가 이를 수입한다고 전한다. 또한 한전에는 지금의 제주도로 추정되는 주호(州胡)가 중한(中韓)과 교역한다는 기록이 전하여 3세기대에 남해를 사이에 두고 해상 항해가 활발하였음이 확인된다. 또한 낙랑대방에서 왜까지 이르는 연안항로에 대해서 구체적으로 삼국지 왜인전에 전하는데, 그 기록은 다음과 같다.

'대방군에서 왜에 가려면 해안을 따라 한국을 지나가는데, 남쪽으로 갔다가 동쪽으로 가면 구야한국(狗耶韓國)에 이르는데, 여기까지의 거리는 7천여리가 된다. 바다를 건너 다시 1천 여리를 가면 대마국(對馬國)에 이르고 다시 1천여리를 가면 일기국(壹岐國)이 있다. 다시 1천여리를 가면 말로국(末盧國)에 이른다.' 이 기록은 앞서 제 4, 5 장에 보았듯이 서기전후한 시기부터 한중일을 연결하는 중요 루트로서 논의되었던 바, 이 장에서도 이와 관련하여 여러 차례 논의될 것이다.

2. 중국과의 해상교류

중국과의 해상교류와 관련하여 이 시기에 고고학적으로 주목되는 것은 한반도 서남부지역을 중심으로 발견된 중국에서 제작된 고식 청자와 흑유 자기이다. 백제의 초기도성으로 알려진 풍납도성에서는 1990년대 이후 수차례에 걸쳐 발굴조사를 통해서 도성의 궁정지와 의례공간으로 추정되는 지점에서 다수의 전문도기(錢文陶器)와 청자편이 확인되었다.

전문도기는 높이 50cm 내외의 비교적 큰 단지 항아리로서 수백 개체 분이 수습되었다. 저장용기로써 쓰인 것으로 추정되는 이 항아리에는 방구원전(方口圓錢)의 화폐 문양이 겉면에 빽빽하게 장식된 것이 특징이다. 이러한 전문도기는 서진시대에 하남지역 일대에서 제작 사용된 것으로 알려져 있다. 서진의 도기가 백제 도성에 확인됨으로서 진서 기록에 보이는 서진과 마한 혹은 백제와의 교류를 짐작하게 한다.

문제는 이 전문도기가 황해의 어떤 루트를 경유하여 백제도성에 이르게 되었는가이다. 종전처럼 서북 항로를 통하였는가 혹은 종전과 달리 횡단항로를 통하였는가 하는 것이다. 바꾸어 말하면 그 루트가 묘도열도를 거쳐 요동반도 남단을 지나 한반도 서북해안을 타고 내려오는 것인지 아니면 교동반도에서 막바로 황해를 횡단하여 황해도 남부와 경기만에 이르는 것인지 여부이다. 서진은 낙양에 도읍을 하였지만 중국 서해안에 이르는 전 지역을 관장하고 있었다. 따라서 이미 진한시대 이전부터 황해 진출의 항구 거점이었던 산동지역의 서쪽 끝 교동반도에서 출발하여 한반도 서남부 백제 지역에 이르렀을 것이다.

이미 묘도열도에서 요동반도로 이어지는 루트는 신석기시대부터 잘 알려져 있다. 그리고 한군현 시대가 되면 화북 혹은 산동지역과 서북한과의 왕래가 활발하게 되면서, 상당한 기간이 단축되는 횡단루트를 택하였을 가능성이 높아 보인다. 그것은 선박의 구조 개선과 항해 기술의 발전을 전제로 하는 것인데, 무엇보다도 돛을 단 범선이 충분히 활용되었을 것으로 추정된다. 범선은 이미 유럽과 아프리카 지역에서는 서기전 1천년기 이전에 등장한 고고학적 증거가 있으나, 중국 등의 아시아 지역은 아직 그렇지 않다. 그러나 다음에 보는 것처럼 여러 정황으로 보아 이 시기 훨씬 이전부터 범선이 널리 보급되었으리라 추정된다.

이러한 항해를 뒷받침하는 문헌기록은 전하지 않는다. 또한 대부분의 한국과 중국 연구자들은 서진시기에 횡단항로가 제대로 개설되지 않았다고 이해한다. 문헌기록은 공식적인 사행(使行)이나 교역에 관련된 것이므로, 비공식적이거나 소규모 인력을 통해서 이루어지는 해상 왕래가 있었음을 배제하는 것은 아니다. 신석기시대에 교동반도와 요동반도 간에 항해가 이루어진 이래 4천 년이 지나는 동안 황해 횡단항로를 통한 해상이동이 전혀 없었다고 말할 수 없겠다. 앞서 북단항로를 선택하여 항해하다가 표류하여 횡단항로를 경유하여 중국 서해안을 떠난 배가 한반도 서해안에 도착하거나 그 반대일 가능성은 충분히 있다고 볼 수 있을 것이다.

3. 일본과의 해상교류

일본과의 해상교류에서 중요 관문은 앞 장에서도 보듯이 규슈 지역과 마주하는 경남 동남부 해안에 위치한다. 낙동강 하구인 김해만 서쪽의 양동리, 동쪽의 대성동 무덤군 유적에서 확인되는 서기 1세기 이후의 고고학 자료가 이를 입증한다. 3세기가 되면 이들 유적의 수장급 고분에는 각종 청동기, 토기와 함께 부장되는 철기의 수량은 크게 늘어난다. 그중에서도 철기의 중간소재인 판상철부가 그러한데, 그것은 이 지역에서 철기 생산이 대규모로 이루어졌음을 입증하는 것이다. 판상철부는 서기전 1세기부터 경주 형산강과 울산 동천강 유역에서 본격적으로 생산되었으며, 그러한 주생산지가 서기 1세기 이후 김해 주변지역으로 파급되고, 변한의 중요 수출품이 된다.

변한의 철소재 판상철부는 일본 규슈는 물론 세토나이 해를 거쳐 멀리 긴키 지역까지 수출되는데, 이즈음은 물론 다음 4세기까지 일본에서는 철소재를 생산할 수 있는 기술을 제대로 갖추지 못하였다. 긴키의 고소베[高曾部] 시바다니[芝谷], 츠바이[椿井] 오오츠카야마[大塚山] 고분은 그러한 판상철부가 발견되는 대표적인 유적이다. 한반도 남부의 주요물자가 규슈를 지나 세토나이 해를 거쳐 긴키 지역까지 이르는 사례는 이미 야요이시대에 확인된다. 나라와 오사카에서 발견된 세문경이 그 대표적인 사례이다. 수백 년을 거치는 동안 세토나이 해에 이르는 해상루트는 여러 세력에 의해 집중적으로 활용되었으며, 그 루트의 해안선을 따라 확인되는 야요이 시대 말기의 고지성 취락이 이를 반영한다.

일본 왜 또한 정치적 권력을 과시하는데 필요한 위세품을 중국제품에서 구하는데 삼각연신수경(三角緣神獸鏡)이 그 대표적인 사례이다. 239년 삼국지 왜인전 기록에 보듯이 북위에 조공한 대가로 받은 물품 중에서 거울 100점이 있는데 그 실물사례가 규슈와 긴키를 비롯한 일본 전역에서 다수 확인된다. 이들 거울 중에 상당수는 일본 현지에서 중국 장인을 초청하여 제작한 것으로 추정하는 의견 또한 제시된 바 있다. 3세기 중엽 왜의 위나라에 대한 조공 길이 앞서 삼국지 기록에 소개한 대방에서 말로국까지의 루트인 것이다. 그러한 해상루트의 항해는 수십 일을 필요로 하는바, 동 루트를 거치는 동안 각 지역의 거주집단이 관여하였을 것이라는 추정은 앞서 한 바와 같다.

그리고 해상루트의 관리는 이전보다 조직화된 각 지역의 정치체에 의해 보다 체계적으로 이루어졌을 가능성도 있는데, 삼국지 왜인전에 기록된 '일대솔(一大率)'이 그 대표적인 사례이다. 당시 왜를 대표하는 야마타이국이 한반도와 중국으로 이어지는 해상무역을 통제하기 위해서 감독기관을 설치한 것이다. 그러한 감독기관에 대한 기록이나 고고학적 증거가 제대로 제시되지 못하고 있지만, 김해만 등의 중요 거점에는 그와 유사한 시스템이 갖추어졌을 가능성은 얼마든지 있다 하겠다.

Ⅱ. 4세기 대의 해상교류

1. 역사적 배경

이 시기에 고구려는 미천왕에서 고국양왕에 이르는 기간으로서, 중앙집권적 고대국가 체제를 정비하고 인접 세력에 대한 정복 전쟁을 감행하기 시작한다. 백제의 경우 비류왕에서 근초고왕에 이르러 역시 대외 영역 확장을 단행하는 시기이다. 신라는 내물 마립간의 초입 단계로서 국가체제를 정비하기 시작하고, 낙동강 하구의 김해만을 근거로 한 금관가야 또한 체재를 정비하고 해상무역의 거점으로서 도약한다.

서진은 291년부터 왕자들 간에 권력 다툼이 극심한 팔왕의 난(八王之亂)으로 쇠퇴하다가, 급기야는 북방 흉노의 공격을 받아 왕경이 함락되어 316년에 붕괴하는 상황을 맞이하게 된다. 서진세력은 남쪽으로 이주하여 남경을 도읍 삼아 동진을 317년에 재건하는데, 이러한 틈을 타 고구려는 313년 미천왕 때 쇠퇴 일로에 있던 낙랑과 대방을 붕괴시킨다.

한편 선비족 모용씨(慕容氏)가 고구려 등과 세력 다툼을 벌이면서 319년 서진의 동이교위를 물리친다. 요동을 장악하게 되고, 337년 전연을 세우면서 요동반도에서 산동반도로 이어지는 해상항로를 통제하게 된다. 더 나아가 342년 고국원왕 재위시절에 전연이 국내성을 공격하여 미천왕릉을 파헤치고 모후를 비롯한 수많은 고구려인을 포로로 끌고갔다. 고국원왕은 하남지역의 동진과 통교하고, 남쪽의 백제를 치다가 오히려 근초고왕의 공격을 받아 371년 평양에서 사망하기에 이른다.

한성을 도읍으로 한 백제는 근초고왕 때에 이르러 주변지역으로 영역을 확장하는 정복전쟁을 벌이게 되는데, 북쪽으로 황해도, 남쪽으로는 마한지역인 호남에 이르기까지 그의 통제 하에 놓이게 된다. 중국 측 양서와 송서에는 한 때 요서지역까지 경략한 것으로 전한다. 이러한 대외 영역 확장과 맞물려 근초고왕은 중국 동진에 여러 차례 사신을 보내고, 동진으로부터 진동장군영낙랑태수(鎭東將軍領樂浪太守)를 제수받는다. 그 이후 역대 왕들도 동진에 사신을 보내고, 침류왕 때에는 서역승 마라난타가 들어와 불교를 전파하기도 하는 것이다. 또한 왜와의 통교에도 힘을 기울였는데, 일본서기 369년 조에 왜가 남만 침미다례(南蠻 忱彌多禮)를 백제에게 주었다는 기록은 그러한 사정을 반영한 것으로 이해된다.

삼국사기 신라본기에 포상팔국이 가라(加羅)를 침략하려는 모의가 있자 신라가 원병을 보내 평정하였다는 기록이 전한다. 그 연대에 대해서는 의견이 일치하지 않는데 대체로 3세기말 4세기초 낙랑 대방이 쇠퇴할 즈음에, 종전의 교섭체계에 반발하여 경남 서부에 있는 고자국(古資國), 칠포국(漆浦國) 등의 여러 나라가 김해가야를 공격한 것으로 설명되고 있다. 포상팔국의 난 이후 함안을 중심으로 칠포국 혹은 아라 가야가 두각을 나타내기 시작한 것으로 설명되는데, 이로써 백제가 가야 해안을 거쳐 왜에 이르는 해상항로를 놓고 가야 제국 간에 각축이 벌여졌음을 알 수가 있다.

신라의 경우 포상팔국 난 이후 가야지역에서의 영향력이 높아지면서 지금의 양산으로 추정되는 황산을 확보한 것으로 이해된다. 신라는 이전까지 주로 동해 남부를 통하여 왜와 통교한 것으로 추정되는데, 그 연대에 대해서 논란이 있지만 삼국사기 이사금 단계의 왜와의 통교 기록이 이를 간접적으로 입증한다. 한편 일본서기에는 신공황후 조에 금은을 얻기 위하여 신라 정벌을 단행하였다는 기록이 전하지만, 이것은 다음 5세기 대 이후의 상황을 과장하여 기록한 것으로 추정되고 있다.

2. 중국과의 해상교류

동진 청자는 앞서 서진 청자와 달리 백제 도성 이외의 여러 지역에 전이되었음이 확인된다. 이에 속하는 도자는 크게 두 종류로 구분되는데 그 하나는 순청자로서 남한강 상류로 거슬러 올라가 원주 지역의 법천리 등의

〈그림 1〉 공주 수촌리 목곽묘 중국자기 출토상황 (충남역사문화연구원 제공, 이청규 사진)

무덤에서 출토된 양형(羊形) 청자, 최근에 발굴 조사된 고창 봉덕리 고분에서 출토된 반구병(盤口瓶)의 청자가 대표적이다. 다른 하나는 흑유자기로서 서산 부장리, 공주 수촌리, 천안 용원리 등지에서 발굴조사된 수장급 무덤에서는 소병과 계수호(鷄首壺) 주자가 다수 발견되었다〈그림 1〉.

이들 중국자기를 백제 왕실에서 수입하고 지방의 주변세력 수장에게 분여하였다는 것이 일반적으로 인정되는 설명이다. 동 자기는 절강성 월주요 등에서 생산된 것으로 추정되는데, 절강성에서 중국 동해안을 거슬러

〈그림 2〉 백제출토 중국동진청자 (국립대구박물관, 2004)

올라가 교동반도를 거쳐 백제의 왕도가 위치한 한반도 중서부해안으로 직항하는 횡단항로를 이용하였을 가능성이 높다 하겠다〈그림 2〉. 종전까지 적극적으로 활용된 묘도열도 경유의 북부항로는 전연 혹은 고구려 등에 의해 일시적으로나마 장악되기도 하여 오히려 불안한 루트가 되었기 때문이다. 도자기를 실은 선박은 앞서 지적한 것처럼 범선일 가능성이 높은데, 그러한 범선을 운용할 수 있는 능력을 갖춘 상인들이 한반도 서해안에 진출하였을 것으로 이해된다.

그것은 이미 화남지역에서 세력을 키운 손권(孫權)의 오나라가 그 이전부터 중국 동남해안을 거점으로 원거리 항해기술을 발전시켰다고 하는 중국 연구자들의 관점으로 보면 더욱 그러하다. 이미 서기전 3세기 중반 이전에 오나라는 돛을 자유자재로 구사하는 항해기술을 터득하여 대만까지 간 기록이 전한다는 것이다. 그러한 오나라의 항해기술이 같은 지역의 동진에 전승될 가능성은 충분하다 하겠다.

물론 백제에서 동진으로 사신을 보냈던 기록이 있는 점을 미루어 백제인 혹은 마한인들이 직접 건너가서 실어 날랐을 가능성도 무시 못한다. 이미 서해안 연안을 따라서 항해하는 기술은 수백 년 전 진국 혹은 마한 초기시대부터 충분히 발달하였으며, 화남지역으로부터 내도한 범선을 접하고 그에 버금가는 기술을 익혔을 가능성은 충분히 있는 것이다. 그러나 이와 관련한 기록이 전하지 않아 단정할 수 없다.

한편 앞서 중국자기가 주로 서해안을 횡단하여 백제와 그 주변지역에 이르렀다면 특히 해안의 항로 거점에 근접하면서 수장급 분구묘에서 중국제 흑유자기가 무덤에 부장된 서산의 부장리를 거점으로 한 세력인 경우 독자적으로 해상활동을 전개하였을 가능성을 전혀 배제하기 어렵다.

이들 동진 청자와 달리 다음에 보는 삼연식(三燕式)의 금공제품은 특정시기에 발해만 연안을 따라 서북해안을 거쳐 서해 남부 그리고 남해에 이른 해상루트를 경유하였을 가능성이 높다. 삼연계 유물이 발견된 유적은 동남부 해안인 김해 대성동 고분군으로서, 서기 2세기 대부터 지속적으로 수장급이나 그에 버금가는 사람의 무덤이 조밀하게 조영되었다. 이 지역에서 수년전부터 꾸준히 발굴조사되어 중원계 동경과 일본에서 유입된 청동기를 비롯한 많은 위세품이 부장된 사실이 확인된 바 있다. 최근에 들어 4세기대 수장급 무덤인 72호와 77호의 무덤이 발굴되었는데, 이 무덤에서 여러 사람의 순장 유골을 비롯하여 일본산 유물과 함께 한반도 남부에서는 그 예가 없었던 진나라식 혹은 삼연계 금동 투각 용문 운주(雲珠)와 교구(鉸具)가 확인되었다〈그림 3〉. 이들 유물이 부여계라고 주장하는 연구자

〈그림 3〉 대성동 삼연계 허리띠금구 (대성동고분박물관 제공, 이청규 사진)

도 있지만, 지금까지 발굴된 사례를 보면 부여의 영역인 송화강 유역에서
는 거의 확인된 바 없고, 요하 중류지역의 삼연계 고분에서 대부분 발견된
다. 따라서 부여계라 하더라도 동해안 연안을 따라 유입되었다기 보다는
이전부터 개척되었던 서해안과 남해안 연안루트를 따라서 유입되었을 가
능성이 많은 것이다.

　김해 지역의 금관가야는 이미 앞선 단계부터 서북한의 한군현과 일본
규슈 혹은 긴키 지역과의 교류를 활발하게 전개하였다. 요령지역에 위치
한 삼연계 유물이 발견됨으로써 한군현 붕괴 이후에도 동 지역과도 교류
가 있었음이 확인된다. 그러한 교류는 앞서 지적하였다시피 내륙보다는
서남해안의 해상루트를 통한 것일 가능성이 많아, 금관가야의 해상관문의
위상을 더욱 분명하게 높혀 주는 것이라 하겠다. 그러한 연안 항로를 운항

하는 해상전문 인력이 가야인인지 여부는 단정하기 어렵다. 삼연계 사람이 이곳까지 진출하거나, 또는 중간에 백제 마한의 세력이 관여하였을 가능성도 없잖아 있어 보인다.

3. 일본과의 해상교류

이 시기에 백제는 왜와의 통교가 활발하였을 것으로 추정되는데, 이를 입증하는 것이 일본 덴리 이소노카미 신궁(石上神宮)에 보전된 칠지도이다. 칠지도는 길이 75cm의 양날 검으로 양쪽에 각 3개씩의 가지날을 엇갈려 갖춘 것으로 앞뒤 면에 칼의 내력을 밝히는 60여자의 명문이 유명하다. 명문의 '태□사년(泰□四年)'을 동진 연호로 해석하여 369년을 가리킨다는 해석이 일반적인데, 한일간에 백제가 일본에 하사하였다는 주장과 그 반대로 헌상하였다는 주장이 맞선다. 어떤 관점이든 간에 한성 백제와 기나이 지역의 왜의 실력자 간에 통교가 있음을 입증하는 자료이다. 칠지도가 줄곧 해상루트를 경유하여 전래되었다고 한다면 당시 백제 도읍이 위치한 한강중류 풍납토성에서 배를 타고, 서해안을 따라 내려가다가 남해안을 거쳐 일본 규슈를 경유하였을 것이다.

한편으로 한반도 서남부를 장악하였으므로 전남동부 해안에 이르기까지 육로로 이동하다가, 후대에 백제 관문으로 활용되는 섬진강 하구 근처에서 해상으로 이동하였을 가능성도 있다. 이들 사신 혹은 통교 대리인이 이용한 선박은 별도의 항해기술자가 운항하였을 것으로, 그는 특히 경남 남해안의 뱃길에 정통한 사람임이었음은 물론이다. 항해전문 기술자는 그 지역 지리에 밝은 가야인이었을 것이고, 그가 운항하는 바닷길은 대체로 쓰시마까지로 추정된다. 그리고 그 이후는 규슈 왜인들이 담당하였을 것이며, 세토나이 내해 구간은 또 다른 선박과 해상기술 전문인력이 주도하여 항해하였다고 보는 것이 무리가 없다 하겠다. 경남 남해안의 뱃길을 운

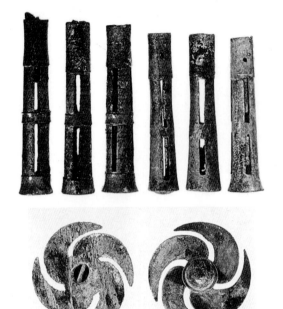

항할 때 경유 지점간에 그
통교권을 놓고 갈등이 발
생하였을 가능성이 높은
데, 앞서 본 포상팔국의 난
은 그러한 맥락에서 전개된
것으로 이해된다. 이즈음의
일본 규슈와 기나이 지역의
하지키(土師器) 토기가 경
남 해안의 고성, 동래, 김해
등지에서 확인되고, 김해
의 금관가야 이외에도 함안
의 아라가야, 고성의 소가
야 지역에서 생산되는 토기
가 일본 규슈는 물론 기나
이 지역까지 발견되는 것은

〈그림 4〉 김해 대성동고분출토 통형동기와 파형동기
(한국고고학사전, 2002)

대한해협을 사이에 두고 양지역의 여러 집단이 각각 나름대로 해상활동을
전개하였음을 입증해주는 것이다.

그렇다고 하더라도 금관가야의 경우 앞선 단계부터 활발하던 긴키 지역
과의 해상왕래가 더욱 발전하였음이 양 지역의 수장급 무덤에서 발견되는
파형동기(巴形銅器)와 원통형동기를 통해서 알 수 있다. 파형동기는 열대산
조개인 야광패의 형태를 모방한 청동장식으로서 방패에 부착되었던 것이
다. 가야지역에서는 4세기대의 김해 대성동 90호분을 비롯하여 최근에 발
굴조사된 80호 고분등에서 10여 점씩 조사된 바 있는데 지금까지 알려진
바로는 총 60여점에 이른다. 일본에서는 긴키지역의 이즈미 고가네츠카[和
泉 黃金塚]고분을 비롯하여 여러 유적에서 70 여점이 출토하였다〈그림 4〉.

통형동기는 길이 10cm 내외에 지름 1~2cm 정도의 크기로 속이 비고,

겉에 장방형 투창이 뚫린 것으로 그 속에 방울이 달리기도 한다. 대체로 창대끝의 장식으로 사용한 준(鐏)으로 추정되는 일종의 위세품으로 기나이 지역의 여러 고분에서 출토된 바 있다. 이러한 통형동기는 한반도에서의 발굴 사례가 많지 않았던 종전에는 일본에서 제작되어 전래된 것으로 이해하였지만, 최근에 들어서 한반도에서도 제작되었을 가능성을 제시하는 의견도 제시된다. 여하튼 한반도 동남부 김해에 근거를 둔 금관가야와 일본 기나이에 근거를 둔 야마타이국 간의 해상왕래가 공고히 되었음을 보여준다.

그러한 금관가야의 해상관문 중의 하나가 대성동고분유적에 근접한 김해 봉황대 포구유적인 것이다. 동 유적은 김해 시내를 남북으로 흐르는 해반천과 봉황대 사이의 습지에 위치하는데, 경사면에 자갈을 깔아 배를 끌어 올릴 수 있게 했던 시설이 확인된다. 아울러 바닷물이 범람하지 못하도록 목재와 석재를 점토에 섞어 다지고 군데군데 나무못까지 박아가며 쌓아 올린 기다란 둑 모양의 호안시설, 그 안쪽의 높은 마루의 창고형 건물자리가 확인되었다.

신라 또한 동해안의 포항과 울산 방면을 거쳐 일찍부터 왜와 교류하였을 것으로 이해된다. 포상팔국의 난 이후로는 앞서 지적하였다시피 낙동강 하구인 양산방면으로도 진출한 것으로 추정된다. 이들 각 지점에서 출발하여 쓰시마를 경유, 규슈에 상륙하는 사례도 있겠지만, 한편으로 일본 동해안을 따라서 통교가 이루어졌으며, 돗토리, 시마네현 지역에서 확인되는 경주양식의 토기를 비롯한 신라계 유물은 이에 비롯된 것으로 이해된다.

Ⅲ. 5세기 대의 해상교류

1. 역사적 배경

390년대 이후 근 1세기 동안 잘 알려지다시피 고구려는 광개토대왕과 장수왕 때로서 최대영역을 과시하는 정복국가 단계를 맞이한다. 상대적으로 백제는 근초고왕 사후 위축이 되고 급기야는 한강유역을 뺏기고 수도를 웅진으로 옮기며, 신라는 마립간기를 맞이하면서 체제를 정비하지만 아직 완성된 고대국가체제를 확립하지 못한다. 가야의 경우 광개토왕의 남정으로 금관가야는 쇠퇴하고, 아라가야와 대가야로 그 연맹의 주도권이 넘어가게 된다.

중국 요동 지역은 모용씨의 전연이 티벳계의 저족 부견(符堅)이 개창한 전진에 의해 해체되었다가, 384년 전진이 동진과의 비수(淝水)전쟁에서 패퇴한 틈을 타서 그 후예 모용수(慕容垂)가 후연을 건국하였다. 후연은 고구려와 겨루다가 407년 멸망하였지만 다시 고구려계 고운(高雲)이 북연을 세워 그 뒤를 잇는다.

중국에서는 4세기말 이후 남북조시대가 전개되는데, 북부에서는 386년에 선비족 탁발부가 역시 전진이 비수전쟁에서 패퇴한 기회를 이용하여 북위를 건국하고, 지금의 대동에 도읍을 정하여 534년까지 지속한다. 남부에서는 유유(劉裕)가 동진 말기 반란을 진정시킨다는 명분으로 군사를 일으켜 여러 세력을 평정한 다음 420년 송나라(유송)를 건국하였다. 유송은 다시 479년 소도성(蕭道成)이 새운 남제로 대체된다.

고구려는 광개토대왕 때 390년대에 강화도 혹은 한강 하구일대에 위치한 것으로 추정되는 관미성을 장악하는 등 백제를 압박하였다. 신라의 요청을 받아 남정을 단행하여 금관가야와 왜의 연합세력을 격퇴한다. 또한 400년 전후하여 요동 지역으로는 모용씨의 후연을 붕괴시키고, 길림지역으로는 북부여을 흡수하였다. 427년 평양으로 천도한 장수왕은 475년에는 백제의 한성을 공격하여 개로왕을 살해하고 한강유역을 점유하게 된다.

백제는 고구려의 공격을 받으면서 472년 북위에 지원을 요청했지만 실패로 끝나고 만다. 그러나 남조의 유송에는 420년 이래로 여러 차례 사신을 보내어 진동대장군백제왕(鎭東大將軍百濟王), 장군우현왕(將軍右賢王) 등에 봉해진다. 476년 웅진에 천도하면서 고구려의 해상항로 통제 후 송나라에의 사행과 484년 남제로의 사신 파견이 저지당하기도 하였다. 그러나 백제는 개로왕 때 곤지(昆支)를 일본으로 보내는 등 왜와의 통교 또한 활발하게 수행한 것으로 전한다.

대가야 또한 처음으로 472년 남제에 사신을 보낸 사실이 기록이 있는데, 그것은 대가야가 금관가야를 대신하여 가야연맹을 대표하는 세력으로 발전하였음을 반영한 것이다. 백제 또한 대가야와 통교하는 바 그것은 왜와의 원활한 통교를 위함이다. 왜는 동성왕이 즉위할 때 추쿠시국의 군사를 보내어 호송하게 하였다고 기록하고 있다. 이를 그대로 믿기 어렵다 하더라도 백제와 왜 왕실과의 관계가 긴밀하였음이 확인된다. 한편으로 왜는 송과 통교하면서 백제왕의 칭호를 받은 기록이 전하는바, 이를 근거로 왜가 백제, 신라, 가야에 대한 지배력을 행사하였다는 의견이 있지만, 이는 과장되었다고 판단하는 것이 학계의 정설이다.

2. 중국, 일본과의 해상교류

5세기 대에 삼국의 대중국 문물교역은 이전과 이후 단계에 비해 다소 그 입증자료가 줄어든다. 그것은 한반도 내에서 삼국간의 전쟁이 격심하여지면서 대외 통교가 위축되었기 때문인 것으로 추정된다. 천안 용원리 무덤에 부장된 청자 종지가 송나라 것으로 추정되는 것을 제외하고는 이 시기 것으로 추정되는 중국계 유물은 드문 편이다. 그것은 특히 고구려가 황해의 해상권을 장악하면서 백제를 비롯한 한반도 남부 국가의 해상을 통한 통교가 크게 줄어들었기 때문으로, 이는 다음 일본 왜와의 교류가 활발한 것과 대조가 된다.

금관가야가 고구려 남정이후 위축되는 5세기 대에 들어서면 그 전반에는 신라, 그 후반에는 대가야를 중심으로 전개되는 대일 해상교류가 특기할만하다. 우선 신라의 경우 황남대총과 천마총 등 이 시기의 경주 왕릉급 적석목곽분에서 다량 출토되는 금공제품과 함께 반출되는 무수한 곡옥이 일본 산이라는 한국 고고학자 박천수(朴天秀)의 최근 주장이 주목된다. 이에 따르면 5세기 대에 일본으로부터 경옥이 대량 반입되었다는 것으로, 아직 이를 단정할만한 분명한 증거가 제시되지 않았지만, 이를 부정하기 어렵다. 이를 인정한다고 한다면 전단계 이후 양산과 동래 지역에 영향력을 행사한 신라의 집권세력은 이 지역을 거점삼아 일본과의 해상통교를 활발하게 전개한 것으로 이해된다.

왜가 신라계 문물을 받아들인 사실을 입증하는 유적자료로서 나라현의 니이자와센쯔카[新澤千塚] 고분군이 있다. 나라분지의 남쪽에 600여기의 고분이 군집하여 있는데, 그중 5세기 중엽에 해당하는 126호분에서는 황남대총에서 출토된 금제이식과 반지를 비롯하여 신라산 유물이 부장되어 있었다. 한편 대가야계 유물이 부장된 사례로서 일본 기나이에서 가까운 동해안 북부 내륙지역의 니혼마쓰야마[二本松山] 고분 유적이 있다. 길이 90m에 이르는 대형 전방후원분으로서, 전면에 반원형을 이루고 그 상부에 세 개의 보주형 입식이 부착된 금동관이 부장되어 있었다. 그것은 대가야의 지산동 32호분 출토 금동관과 형식이 유사하다. 이처럼 대가야계 유물이 동해안 북륙지역에서 확인됨으로써, 대가야가 섬진강 혹은 남강 하구를 통하여 일본 동해안으로 이어지는 해상루트를 따라 왕래하였을 가능성이 있음을 알 수가 있다.

백제의 경우 웅진시대에 이르러 금강하구에서 서남해안을 지나 일본에 이르는 해상루트를 통하여 통교한 증거로서 부안 죽막동 제사유적이 있다. 이 유적은 서해안으로 돌출된 변산반도의 끝에 자리잡고 있는데, 인접한 바다에 고군산열도, 비안도, 위도 등이 있다. 금강과 만경강 하구로 들어가고 나오는 바닷길목에 있으며, 물의 흐름이 복잡하여 조난 위험이 컸던 해역이다.

20m 이상의 해안 절벽 단구 비탈면에 고대의 여러 지역에서 생산된 각종 유물이 산포되어 있었다.

서기 3~4세기경에 처음 유적이 형성되었는데, 바다길을 쉽게 조망할 수 있는 곳을 택하여 제사를 지냈다. 제물로 쓰였던 음식물은 남아 있지 않아 알 수 없으며, 항아리파

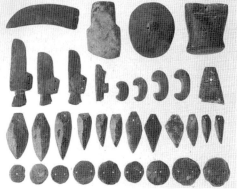

〈그림 5〉 죽막동 제사유물 (국립전주박물관, 1995)

편이 다량 확인된다. 고배나 항아리받침 같은 제사 전용의 그릇이 없어 제사행위가 규모도 크지 않을 뿐만 아니라, 전문적이고 정교하게 꾸려지지 않은 것으로 이해된다. 원거리 항해를 반영하는 이국적인 유물이나, 엘리트의 위세를 반영하는 제물도 확인되지 않고 있다.

서기 5~6세기 경에는 백제는 영역국가로 발전하여 호서지역 이남까지 진출하고, 수도를 금강유역에 두고 원거리 해상을 통한 중국 산동반도와 일본 규슈와의 왕래를 활발하게 전개하면서 백제의 해안 거점은 금강과 만경강 하구 근처가 된다. 그리고 그러한 해안 거점 중의 하나인 부안 죽막

동에 제사유적이 있는 것이다. 죽막동은 당시 왕경이 있던 부여, 공주가 위치한 금강 유역을 나와 남쪽 방향으로 연안을 따라 항해할 때 마주한 연안 돌출부이다. 그 항로가 가야 남해안을 거쳐 왜의 규슈에 이르기 때문이기도 하겠지만, 가야와 왜와 관련된 제사용 기물이 유적에서 다수 확인된다.

출토된 유물을 보면 호, 기대, 고배, 개배, 컵형잔 등의 한반도와 일본산의 토기, 흑유자기 등의 중국제 자기가 있다. 그밖에 철모, 철촉 등의 무기, 행엽, 안교 등의 마구, 동령, 동경 등의 의기, 곡옥, 소옥 등의 옥제 장신구가 출토되었는데 앞서 그릇과 함께 고분의 부장유물인 점에서 같다. 고분에 부장되지 않은 유물로서 도끼, 거울, 도자, 판갑을 축소하여 모조한 석제, 토제 모조품과 말을 축소한 토제 마도 함께 출토한다.

이러한 출토 유물의 계통을 통해서 제사의례를 수행한 주체를 추정할 수 있다. 우선 첫째 경우 백제계토기로서 항아리와 통형기대, 파수부잔이 있는데, 모두 음식이나 술을 담은 공헌용 제기로 생각된다. 남조에서 제작된 중국제 자기는 출토맥락을 보아 이 백제계토기와 관련이 있어 보인다. 따라서 제사 주체는 백제의 유력한 지배집단으로서 중국과 직접 교섭하거나, 교섭집단과 밀접하였을 것으로 보인다.

두번째는 백제계 토기와 함께 일본의 도기인 쓰에키(須惠器) 양식의 기대와 호형토기가 사용된 경우이다. 각종 소형 석제 모조품은 그 형태, 활석 재질, 제작수법 등에서 다음에 볼 오키노시마 유적을 비롯한 일본의 제사 유적에서 출토된 것과 같다. 따라서 그 제사주체는 왜와 적극적으로 교류하는 집단으로 추정되는 것이다.

세번째는 큰 항아리에 각종 금속유물을 봉납하여 지내는 제사이다. 높이 60~120cm크기의 항아리에 금속제 무기, 마구, 장식품이 넣여진 상태로 발견되었다. 토기양식은 고령, 합천, 함양 고분 출토품과 유사하여 대가야권에 속하는 것이다. 이로 보아 대가야와 관련된 제사로 추정되는데, 그 주체는 물론 백제세력일 가능성이 높다. 6세기 초에 백제와 대가야는 호남

동부의 섬진강 유역을 둘러싸고 밀접한 관계를 맺었음이 앞서 기술한 바와 같다.

서기 6세기 이후 7세기경에는 특별한 공헌물이 없이 호, 병, 고배, 장군 등의 토기만이 제기로서 확인된다. 금강 중류 사비에 왕경을 천도하고 백제가 안정세로 진입하는 단계로서, 죽막동 유적이 왕경에 보다 가까운 상황에 놓이게 되었다. 제사주체는 발견된 토기형식으로 보아 인근의 지방 집단일 가능성이 높은데, 중앙을 대신하여 제사의례를 수행하였을 것으로 판단된다.

Ⅳ. 6세기 대의 해상교류

1. 역사적 배경

고구려는 장수왕 때 확보한 영역을 문자왕까지 유지 확대하다가 그 이후 안원왕 시절에 신라 백제의 연합세력에 한강유역을 비롯한 일부 지역을 탈취 당하였다. 대외적으로는 북조의 북위와 남조의 양 등 양면에 걸쳐 외교관계를 유지함으로서 외부로부터의 압력을 줄이는 정책을 취한다.

백제의 경우 웅진시대의 후반 동성왕, 무령왕 때에 왕권을 회복하면서 양나라와 돈독한 외교관계를 맺는다. 양나라와 백제와의 교류는 양직공도의 그림과 기록, 양서의 네 번에 걸친 사신기록이 또한 입증하고 있다. 일본서기에 의하면 512년 게이타이(繼體) 천황이 상다리(上多唎), 하다리(下多唎), 사타(娑陀), 모루(牟婁) 등의 4개현을 백제에게 주었다고 전한다. 이를 모두 믿기 어렵지만 백제가 여수, 순천, 광양 등에 입지한 것으로 추정되는 임나4현을 장악하여 가야지역에 왜와의 교두보를 마련하였음을 알 수가 있다. 대가야는 6세기 전반에 고흥, 순천, 남원지역에 영향력을 행사하는데, 아라가야에는 왜와의 교역 혹은 외교 업무를 담당한 것으로 알려진 왜

신관(倭臣館)이 설치된다.

신라의 경우 대중국 외교에 불리한 입지를 극복하기 위해서, 백제와 합동으로 확보한 한강유역을 독점하는데, 이후 백제 성왕과 신라 진흥왕간의 관산성 전투가 벌어지고, 이에 성왕이 사망하는 사태가 발생하였다. 512년에 동해안으로 진출하여 고구려 세력을 몰아내고, 우산국을 정벌하여 동해의 지배력을 확보하였으며, 아울러 532년에 금관가야, 그리고 563년에 대가야를 복속시키면서 명실공히 영역국가로서의 면모를 과시하게 된다.

2. 중국과의 해상교류

백제가 성왕과 무령왕 재위시절인 6세기 전반에 양나라를 대상으로 대중국교섭이 활발하게 전개한 사실은 공주 송산리의 6호분과 무령왕릉의 고고학적 증거를 통해서 확인된다. 이에 대해서는 2가지 종류로 나누어 볼 수 있는데, 첫째는 그 숫자가 많지 않지만 직접 제품이 수입된 사례가 있다. 무령왕릉에 부장된 도자기가 바로 그것으로 청자단지 2점, 네귀 달린 흑자병 1점, 벽감의 등잔으로 쓰인 작은 종지 6점이 있다. 이들은 중국 양나라가 위치한 절강성 해안의 월요에서 생산된 것이다. 또한 매지권(買地券) 위에 철제 오수전이 수십점 발견되었는데, 이는 무령왕이 사망한 바로 그해 523년에 중국 남조에서 발행되었던 것이다.

두 번째는 중국으로부터 제품이 아닌 기술 혹은 정보의 전래를 보여주는 문물이다. 무엇보다도 송산리 6호분과 무령왕릉의 전축분 무덤양식과 그 자재로 활용된 벽돌이 이를 대표한다. 무덤 양식은 백제에서 예외적인 것으로, 벽을 축조할 때 벽돌을 수평으로 4장 이상 쌓고 그 위에 1장을 수직으로 쌓는 방식을 반복한다. 주실의 천장은 터널모양을 이루는데, 천장을 축조할 때 목조 가구시설을 설치하여 둥근 아치 모양으로 연속해서 벽

〈그림 6〉 무령왕릉의 구조와 유물출토상황 (국립공주박물관 전시)

돌을 쌓아 만든다. 또한 벽돌 모양도 놓이는 위치에 따라 각기 다른 모양을 갖추었다. 벽돌의 종류는 크기와 문양, 형태에 따라 28가지가 된다. 문자가 새겨진 사례가 4종류 있는데, 그 놓일 위치에 따라서 바닥에는 '대방(大方)', 벽에는 '중방(中方)', 그리고 천장에는 '급사(急使)'라고 하여 구분하였다. 다른 명문은 '와박사임진년작(瓦博士壬辰年作)'으로서 512년이라는 제작 시기를 표현한 것이다. 송산리 6호분에 쓰인 벽돌 중에는 '양관와위사의(梁官瓦爲師矣)'라는 글자가 새겨진 사례가 있어 양나라 관청용 벽돌을 모방해서 제작하였음을 알 수가 있다.

이러한 문물의 유입은 중국인이 담당한 부문이 많지만 백제인의 해상활동 또한 적지 않은 것으로 판단된다. 그러나 그들의 정확한 해상항로를 추적할 수 있는 기록은 제대로 전하지 않고 있다. 그렇지만 다수의 연구자들이 종전의 서북연안과 묘도열도를 거쳐 산동반도에 이른 북부항로와 함께 공해상을 거치는 황해 횡단항로를 보다 적극적으로 활용한 것으로 주장한다. 앞선 단계까지 황해 횡단항로를 통한 항해에 대해서 단정하지 못한 것과는 다른 상황으로, 이는 항해기술이 발달하였을 뿐만 아니라, 여전히 황해 북부에 고구려의 위협이 있고, 또한 횡단항로의 거리가 훨씬 짧기 때문이다.

백제의 대중국 출발지 항구가 어디인지 기록에 확실하게 전하지 않는다. 당시 백제 수도 공주에서 가장 가까운 바다로 나아가는 경로는 크게 하천을 따라 금강 하구로 나아가는 것과 육로를 경유하여 당진만으로 나아가는 방법이 있다. 이러한 구체적 항로를 이해하는데 참고가 되는 것은 다음 6세기 후반 이후 한반도 중서부를 장악한 신라의 대중국 항해와 관련한 기록이다. 다음에 보겠지만 원효가 당은포를 활용하고 중국 당나라 도침(道琛) 또한 신라의 왕경 경주에 이르는 경로상에 동 항구를 지적한 기록이 있다. 따라서 서해안 대중국 거점항구는 당은포일 가능성이 높다 하겠다. 동 항구와 중국에 이미 오래전부터 전해 내려온 교동반도 남단의 성산 일대가 주목될 수 밖에 없다.

3. 일본과의 교류

한반도계 유물이 부장된 수장급 무덤으로서 한반도 남해안에 근접한 일본 규슈 아리아케해[有明海] 해안지역에 위치한 에다후나야마[江田船山] 고분이 한일 해상통교와 관련하여 무엇보다도 주목된다. 금공제품, 철제무기와 마구 등 각종 유물이 부장되었는데, 은상감명문대도의 글자를 판독한 바에 따르면 왜왕 웅략(雄略) 시절의 호족 무덤인 것으로 판명되었다. 금제이식의 형식으로 보아, 앞선 시기에는 대가야, 그리고 나중 시기에 백제계 유물이 부장되었는데, 이는 한반도 남해안과 일본 서북 규슈사이에 대가야와 백제와의 해상교통을 입증하는 것으로서, 이 지역이 금관가야의 낙동강하구가 아닌 경남 서부 해안지역과 연결되었음을 보여준다.

금관가야의 지역에 위치한 또다른 포구 김해 관동리유적에서는 다리처럼 돌출되어 배를 댈 수 있게한 선착장 잔교, 창고형의 건물지가 확인되었

〈그림 7〉 에다후나야마 고분 (이청규 사진)

다. 그리고 돌을 깔고 진흙을 다져 노면을 만든 폭 6m의 배후도로와 도로 양측에 배수를 위한 도랑시설이 확인되었다.

지금은 내륙에 있는 이 유적은 원래 가야 당대에 갯펄이 발달하고 밀물이 들어오는 내해 해안에 위치한다. 다음에 소개하는 배모양토기를 통해 알 수 있는 형식의 정박할 수 있는 입지적 요건을 갖춘 항구인 것이다. 이러한 고대의 포구에 대해서는 일본 측에서 이키[壹岐] 섬의 하루노츠치[原/辻]유적의 발굴 유구를 토대로 복원을 한 바 있어 참고가 된다〈그림 8〉.

앞서 보듯이 중국 양나라와의 통교를 보여주는 무령왕릉에는 규슈지역을 벗어나 긴키지역을 중심으로한 일본과의 교류를 입증하는 부장유물도 있다. 목관이 일본산 금송으로 제작된 것이라 하고, 부장된 청동거울 또한 일본에서 제작되었다고 전하는 것이다. 청동거울은 총 3점으로서 의자손수대경(宜子孫獸帶鏡), 방격규구사신경, 그리고 수대경(獸帶鏡)이 있다. 그중에 의자손수문대경은 동일한 형식과 크기의 것이 일본 시가현 가부토야마

〈그림 8〉 이키섬의 고대 하루노츠치포구 복원전시 (이청규 사진)

[甲山]와 군마현 간논야마[觀音山] 고분에서 출토한 바 있는 일본산인 것이다. 이를 통하여 일본 기나이와 간토 지역과 연결되는 교섭이 상정되는데 이는 백제가 이시기에 확보한 섬진강 하구를 경유한 것임은 두말할 것도 없다.

　한반도 삼국에서 전래된 유물이 다량 부장된 사례로서 나라현의 후지노키(藤ノ木)고분이 대표적이다. 횡혈식 석실내에 안치된 석관 안에서 6세기대에 속하는 중국, 신라, 백제, 왜에서 제작된 금동제 관, 안장, 식리(飾履) 등을 포함한 각종 위세품이 부장되어 있다. 일본연구자들은 그 상당수가 일본 현지에서 제작되었다고 주장하고 있지만, 적어도 그 모티브는 신라 혹은 백제계라는 것이 한국연구자들의 주장인 바, 이를 따른다면 이 또한 한반도 남부와 긴키의 세력자들간에 해상교통이 있었음을 간접적이나마 입증하는 것이 되겠다〈그림 9〉.

　앞서 유물을 통해서 간접적으로 해상이동을 유추한 것과 달리 인구집단이 직접 왕래 이주하였음을 보여주는 대표적인 사례로서, 일본식의 무덤인 공주 단지리의 횡혈묘와 호남지역의 전방후원형 고분이 있다. 공주 단

〈그림 9〉 나라 후지노키고분 (이청규 사진)

지리 횡혈묘군은 구릉 사면을 횡으로 파들어가 무덤구덩이를 조성한 것
으로 이러한 형식의 무덤은 일본 각지에서 발견된다. 그중에서 더욱 한반
도에 가까운 북부 규슈의 스오나다[周防灘] 연안과 옹가가와[遠賀川] 유역
의 횡혈묘와 유사하다고 하여 단지리 횡혈묘에 묻힌 사람을 이지역 출신
의 사람들로 추정하는 견해가 있다. 그리고 이를 일본서기에 동성왕을 따
라 온 500인의 왜인에 대응시키는 바, 이 주장이 옳다고 단정할 수는 없어
도 백제 지역에서는 이질적인 횡혈묘가 1~2기가 아닌 다수 축조되는 사실
은 양 지역간에 사람 이동이 있음을 입증하는 것이라고 할 수 있다.

　무덤형식은 일본계라 하더라도 그 묻힌 사람에 대해서 논란이 많은 것
이 전남해안지역을 중심으로 발견되는 전방후원형 고분이다. 총 13기가

〈그림 10〉 전방후원분의 분포 (박천수, 2011)

확인되었는데 남해안에 는 해남 용두리와 방산 리 무덤, 그리고 북쪽 끝 으로 서해안에 면한 고창 장산리, 석암리 무덤, 영 산강 유역을 따라 조성된 광주 월계동과 명화동 무 덤, 그리고 함평 신덕리, 영암 자라봉 무덤 등이 다. 이들 무덤의 봉분이 일본 고유의 무덤양식인 전방후원형을 보여주고 있고, 석실 또한 벽석에 요석(腰石), 연도입구에 장대석을 갖추는 등의 왜계 무덤 속성을 보여줄 뿐만 아니라, 봉분 주위로 돌아가는 원통형 토기도 일 본양식이어서 무덤의 주인공 또한 왜인이라는 것이다. 한편으로 무덤양식 은 일본계 왜양식을 따르고 있지만, 피장자는 현지 지역인이라는 주장도 만만치 않은데, 피장자의 신분은 여하튼간에 이들 무덤을 축조하는데 동 원된 인력에는 적어도 일본에서 동 무덤 축조방법을 익힌 백제 혹은 마한 계 사람이거나 아예 왜인일 가능성이 높다 하겠다. 이들 무덤 양식 또한 규 슈지역에 분포하므로, 6세기 전반에 백제와 규슈 호족세력간에 인적교류 가 있었음을 미루어 짐작할 수 있는 것이다〈그림 10, 11〉.

일본의 오키노시마섬 제사유적은 쓰시마와 규슈 본토 사이에 있는 작은 바위섬으로 긴키지역에서 북부규슈를 거쳐 한반도로 갈 때 거치는 해상루 트의 한가운데에 위치한다. 4~5세기부터 10세기까지 제사를 지내면서 봉 헌한 제물들이 다량 출토되었다. 앞서 죽막동의 예에서 보듯이 해외 교류 를 통해서 입수된 유물이 포함되므로, 한반도와 중국대륙과의 해상교통과

〈그림 11〉 광주월계동 전방후원분과 통형토기 (전라남도, 2000)

관련된 안전을 기원하는
제사가 이루어졌음을 알
수가 있다. 그리고 그 제사
는 직간접으로 기나이지
역을 거점으로 한 야마타
이정권과 관련된 것으로
추정된다〈그림 12〉.

제사유적은 섬의 남쪽
사면에 큰 바위가 모여 있
는 곡간에 위치한다. 그 시
기는 출토되는 유물의 편
년과 그 위치에 따라 크게
4단계로 구분할 수 있다.
1단계는 4~5세기로 바위
위, 2단계는 6세기로 바위

〈그림 12〉 오키노시마제사유적 2,4단계 유물 매납
(일본국립역사민속박물관 전시, 이청규 사진)

그늘, 3단계는 8세초로 바위그늘과 그 앞 노천대지, 그리고 4단계의 8세기 중엽 이후에는 바위에서 떨어진 노천에서 제사의례가 이루어진 것으로 추정된다.

1단계는 4세기 후반으로 큰 바위 사이의 틈새에 다량의 제기용 유물이 놓여 있는 17호 유적이 해당된다. 21점의 청동거울을 비롯하여 벽옥제 팔찌, 옥기와 철제무기를 봉헌한 것으로 이들 제물은 고분의 부장유물과 그 내용이 같아서, 무덤의 장송의례와 유사한 성격을 보여주고 있다.

2단계는 5세기 후반에서 6세기 전반의 7호 유적이 해당되는데, 실물을 축소하여 모조한 활석제 모조품이 다량 출토하였다. 곡옥, 낫, 검끝, 거울, 도끼, 도자를 축소하여 본딴 것을 비롯하여 절옥(切玉)과 유공원판등이 전한다. 이러한 활석제 모조품은 일본 나라의 미와야마[三輪山]를 비롯한 내륙 각지의 산이나 이세만의 가미시마[神島], 세토나이해의 오오시마[大島] 등 해상루트 상에 있는 섬의 제사유적에서도 다량 출토한다. 무엇보다 주목되는 것은 앞서도 지적하였듯이 그러한 활석제모조품이 앞서 부안 죽막동유적에서도 다량 출토하였다는 점이다.

철제 소형 모조품도 함께 출토하는데, 이러한 제기는 형식화된 제사의 특징을 보여준다. 실물 제기는 금동제 행엽 등의 마구와 금제반지 등의 장신구, 도, 검, 모, 갑옷, 방패 등의 철제 무기가 있다. 금동제 마구는 신라의 경주 적석목곽분에 부장된 유물과 형식이 같다.

요약

3세기 이후 고구려를 비롯하여 백제, 신라, 가야 등 한반도의 정치집단은 물론, 일본 열도의 왜는 단일 소국에서 벗어나 여러 소국을 통합하여 연맹체를 형성하고 고대국가로 발전하기에 이른다. 그러면서 각국의 지배세력들이 그 정치적 기반을 조성하는데 필요한 외교적 활동을 전개하고 각종 위세품을 수입하는데 그 상당부분이 해상루트를 통해서 이루어진다.

특히 중국과의 교류는 황해를 사이에 두고 마주보는 한반도 남서부에 위치한 백제가 선도한다. 3~4세기에 당시 왕경인 한성의 풍납토성을 비롯하여 그 주변지역 경기 충남지역에서 발견되는 서진과 동진의 고식청자와 금공제품이 이를 방증한다. 5세기에 고구려가 남하하면서 백제의 대 중국 해상활동은 위축이 되는데, 6세기에 이르면 공주 무령왕릉의 사례에서 보듯이 무덤양식은 물론, 무덤 축조에 활용된 양나라 벽돌과 자기 등의 유물을 통해 중국 남조와의 해상교류가 활발하였음을 알 수 있다. 당시에 이미 묘도열도를 거쳐 한반도 남부로 내려오는 북부항로 이외에 한반도 중부와 산동지역을 왕래하는 황해 횡단항로가 적극적으로 활용된 것으로 이해된다.

신라와 가야는 지리학적인 입지때문에 대 중국 해상활동이 소극적일 수밖에 없었다. 6세기전반에 신라가 한강유역을 차지하면서 백제가 갖고 있던 거점을 확보하면서 비로소 대중국 해상활동을 전개하게 된다. 가야 중에서 금관가야가 서기전 4세기경 중국 동북지역의 삼연계 유물 등을 확보한 것으로 보아 서해안과 남해안을 경유한 해상활동에 참여하였을 가능성이 있지만, 5세기 고구려 남정 이후 크게 위축된다.

일본을 상대로 하는 해상활동은 지리적 여건상 가야가 선도하였으며, 이어서 신라와 백제가 각기 다른 정치적 배경 하에 해상루트와 상대집단을 차별화하면서 수행하게 된다. 앞선 시기에 이어 3~4세기경에 금관가야가 일본 규슈는 물론 세토나이해를 경유하여 긴키지역의 야마타이 정권과의 원거리 해상교류를 수행하였는바, 그 증거로서 통형동기와 파형동기가 수장급무덤에서 확인된다. 백제 또한 4세기경에 일본과 교류하였음은 칠지도 등을 통해서 확인되지만. 양지역간에 본격적인 교류는 6세기 이후임이 당시 왕경이었던 공주 단지리의 횡혈묘와 호남 서남해안지역의 전방후원분을 통해서 확인된다. 특히 후자의 경우 그 무덤에 묻힌 사람이 왜계인 혹은 현지인 여부에 대해서 논란이 많지만, 마한의 옛 지역에 남해안의 연안항로를 통하여 한일간의 왕래가 크게 진전되었음을 알 수가 있다.

거꾸로 일본지역에도 한반도 계통의 위세품이 상위엘리트 무덤에 부장되거나, 토기 등 수공업의 특정 기술을 보유한 주민집단이 이주하여 남긴 유적·유물이 규슈지역을 비롯하여 세토나이해를 넘어 긴키지역, 그리고 동해안 연안을 따라서 시마네 이동지역까지 확인된다. 5~6세기경에는 특히 동해안 쪽으로 치우친 신라와 낙동강 내륙지역에 위치한 대가야가 각각 동남해안과 남해안 서부지역에 거점을 확보하면서 교류하였음이 동 계통의 토기와 금공제품이 일본에 발견된 사례를 통해서 확인된다.

한편 항해안전을 기원하는 제사유적이 백제 서해안 죽막동 절벽과 일본 북규슈 앞바다 오키노시마섬에서 확인된다. 이를 통하여 한일간에 남해를 왕래하는 항해가 빈번하였을 뿐만 아니라, 그 안전을 위하여 중앙정부 혹은 지방 엘리트들이 직접 참여하는 제의행사를 치루었음을 알 수 있다.

〈참고문헌〉

[국문]

강봉룡, 2005, 『바다에 새겨진 한국사』, 한얼미디어

국립전주박물관, 1995, 『바다와 제사-부안 죽막동 제사유적』

권오영, 2005, 『고대 동아시아 문명교류사의 빛: 무령왕릉』, 돌베개

김낙중, 2009, 『영산강유역 고분연구』, 학연문화사

대성동고분박물관, 2013, 『동아시아교역의 가교 대성동고분군』

대한문화유산연구센터, 2011, 『한반도의 전방후원분』, 학연문화사

박남수, 2011, 『한국고대의 동아시아교역사』, 주류성

박순발, 2001, 『한성백제의 탄생』, 서경문화사

박천수, 2007, 『새로 쓰는 고대 한일교섭사』, 사회평론

삼강문화재연구소, 2009, 『김해 관동리 삼국시대 진지』

유병하, 2002, 「해양교류와 고대 제사유적-한반도 서남해안 일대를 중심으
　　　　로」, 『해양교류의 고고학』

윤재운, 2006, 『한국 고대무역사 연구』, 경인문화사

전남문화재연구소 엮음, 2014, 『전남 서남해지역의 해상교류와 고대문화』,
　　　　전남문화재연구소 연구총서 1

전라남도, 2000, 『전남의 선사와 고대를 찾아서』

정진술, 2009, 『한국해양사-고대편』, 경인문화사

최성락, 2014, 「전남 서남해지역의 해상교류의 성격」, 『전남 서남해지역의
　　　　해상교류와 고대문화』, 혜안

한국해양재단편, 2013, 『한국해양사I-선사·고대』

高田貫太, 2005, 「일본열도 5,6세기 한반도계 유물로 본 한일교섭', 경북대
　　　　학교 박사학위논문

[일문]

九州前方後円墳研究会, 2012, 『沖ノ島祭祀と九州諸勢力の対外交渉』

東潮, 2006,『倭と伽倻の國際環境』, 吉川弘文館

西谷正, 2014,『古代日本と朝鮮半島の交流史』, 同成社

橿原考古學研究所附屬博物館, 2006,『海を越えたるかな交流−橿原の古墳と
　　　渡來人』

武田幸男編, 2004,『古代を考する日本と朝鮮』, 吉川弘文館

4부

고대·중세의
선박과 해상무역

7장
배모양 토기와 고대 선박

논의 주제

육상에서는 교통수단 없이 걸어다닐 수 있지만 바다나 강으로 다닐 때 배는 필수적이다. 인류가 물길에 눈을 돌리기 시작한 것은 언제부터인지 확실하지 않지만, 적어도 신석기시대 초기임은 1장에서 살펴본 바와 같다. 그 때부터 배를 만들기 시작했으며, 실제로 우리나라에서도 이를 입증하는 실물자료가 고고학적 조사를 통해서 확인된 바 있다.

조선시대 이후에는 배의 그림은 물론 제작 방법에 대해서도 기록으로 전하고 있다. 그러나 그 이전 고대 선박의 구조를 제대로 설명하는 기록은 미흡하여, 실물자료를 찾거나 그린 그림 혹은 그것을 본 딴 조형물을 찾아야 한다.

우리나라에서 물속에 남겨진 적지 않은 선박 실물이 고고학조사를 통해서 확보된 바 있다. 1970년대 초에 서해안 신안 앞바다의 중국 원나라 무역선을 비롯해서 최근에 이르기까지 20여건이 확보되었는데, 모두 12~14세기 고려시대의 배로서 여기서 다루고자 하는 고대 선박 실물은 드물다. 가장 최근에 비로소 신석기시대 이른 단계의 배 실물자료가 늪지에서 발굴 조사되었을 뿐이다.

실물자료가 거의 전하지 않는 삼국시대의 것으로 당시 배 모양을 본따 만든 명기가 다수 전하고 있어 그 공백을 메꾸어 주고 있다. 이에 대해서 초보적이나마 정리 설명한 글이 역사학자 정진술(鄭鎭述)과 고고학자 김건수(金建洙)에 의해 발표된 바 있다. 그 대부분은 출토상황이 알려지지 않은 것이어서 진위여부는 물론 시기와 지역이 정확하지 않은 문제가 있지만, 유사한 유물이 발굴조사를 통해 확인된 사례가 있어 그 자료의 신뢰도와 가치를 일정 수준에서 판단할 수 있게 되었다. 이를 통하여 그 대부분이 가야 신라가 자리했던 영남지역을 중심으로 4세기 후반에서 6세기 전반에 걸쳐 제작되고 무덤에 부장된 것임이 확인되고 있다.

이 시기에 신라는 형산강 중류의 경주를 중심으로 체제를 발전시키면서 서쪽으로 낙동강 중류의 대구, 창녕, 그리고 하류의 양산과 그 주변의 세력들에 대해서 그 영향력을 강화시켜 나간다. 가야의 경우 낙동강 하구의 해안에 위치하면서 해상교류의 거점 역할을 한 김해를 비롯해서 해안 서쪽의 함안, 강 중류의 고령 등의 정치체가 성장하면서 고대국가 체제로 진입하기 직전의 연맹왕국의 모습을 보여준다.

주의해야 하는 것은 백제와 마한의 고분에서는 배모양토기가 부장된 사례가 없다는 사실이다. 이들 국가는 황해를 사이에 두고 중국과 마주하는 서해안에 위치하여 해상활동은 물론, 한강, 금강, 영산강을 통한 수상 활동을 활발하게 수행하였음은 두말할 것도 없다. 특히 백제의 경우 동진을 비롯해서 양나라 등 중국과는 물론, 일본 왜와도 바다를 통해 상호 교류를 적극적으로 수행하였음은 잘 알려진 사실이다. 따라서 배모양 토기가 전하지 않은 것은 전적으로 장송의례 혹은 다른 제사와 관련된 문제로서, 사례가 없다고 하여 선박의 제작과 보급이 제대로 이루어지지 않았다고 설명할 수 없는 것은 물론이다.

고분에 배 모양의 토제품을 부장하는 풍습은 우리나라 뿐만 아니라, 고대 중국과 일본에도 사례가 있다. 중국의 경우 서기전후한 한 대, 그리고 일본은 우리나라와 비슷한 시기인 5~6세기 경의 고분시대에 다수 전한다. 이들 사례와 비교함으로써 당시 고대에 동아시아의 한반도 주변 해상을 운항하였던 고대선의 구조를 제대로 이해할 수 있는 것이다.

한편 깊은 바다를 운항하는 배와 연안 바다 혹은 강을 오가는 배는 상호 그 구조와 규모의 차이가 있음을 주의할 필요가 있다. 강이나 연안 바다의 경우 깊지 않아 바닥이 평편한 것이 유리하지만, 바닷배의 경우 풍랑이 심할 경우를 대비해야 하므로, 파랑을 막아낼 구조가 필요하다. 또한 그 거리가 멀어 항해에 며칠씩 소요되며, 탄 사람의 숫자도 많은 것이 일반적이다. 아울러 배의 속도를 높이기 위해서는 여러 사람이 노를 젓는 구조를 갖추어야 하고, 바람을 이용한 돛을 달았음은 물론이다.

다음에 보겠지만 배모양토기 중에는 돛을 단 선박의 사례가 거의 확인되지 않는다. 그렇다고 하여 동 시기에 범선이 없었다고 볼 수 없다. 이 시기로 편년되는 암각화 등의 사례를 비롯한 여러 정황으로 보아 범선이 제작 보급되었을 가능성은 충분하다고 하겠다.

Ⅰ. 가야 신라의 배모양 토기

1. 출토상황과 그 해석

20 여점의 배모양토기 중 발굴조사를 통해서 확인된 것은 4점으로 경주 금령총, 합천 옥전, 김해 진영 여래리, 달성 평촌의 사례뿐이다. 앞서 3례는 고분에서 출토하였지만, 평촌리의 사례는 생활유적 구덩이에서 수습되었다. 그 대부분은 출토지점도 확실하지 않고 발견되었을 당시의 고고학적 맥락도 전혀 알 수가 없으므로, 그 정확한 시공간적 위치는 물론이거니와 심지어는 유물 자체의 진위 조차도 단정 짓기가 어려운 것이다. 따라서 발

굴조사된 사례를 근거로 그렇지 않은 다른 예의 상당한 부분을 판단할 수밖에 없다.

경주의 금령총은 일찍이 신라 최대의 왕릉급 무덤이 군을 이룬 노동동에서 1920년대에 일본인 학자에 의해 발굴된 적석목곽분이다. 바로 북쪽으로 붙어 직경 50m의 서봉황대 고분이 있고, 동쪽으로는 금동 신발이 출토한 식리총이 위치한다. 고분의 직경은 10m에 불과하지만 순금제 금관과 함께 각종 금공제품과 토기, 철기가 부장된 것이 확인되어 왕자 급의 신분을 가진 사람이 묻힌 무덤으로 추정되고 있다. 이 무덤에서 배모양토기 2점이 출토하였는 바, 상형 토기로서는 주인과 시종이 말을 탄 기마형 인물토기 1쌍이 있어 더욱 유명하다. 그 추정연대는 5세기말 6세기 초로서 배모양토기는 다음에 보겠지만 고물 쪽에 앉아서 노를 젓는 사람이 표현되어 있고 2단 투창이 달린 대각을 갖춘 것이다.

2012년에 경남 진영 여래리 사례는 수십 기의 4~5세기 목곽묘와 석곽묘가 군을 이룬 무덤군 유적에서 발굴조사된 것이다. 경주와 달리 금공제품이 부장되거나 규모가 큰 수장급 무덤은 확인되지 않는데, 그 대부분이 길이 2m 정도의 중형급 이하의 무덤이다. 배모양 토기는 무덤 한쪽에 치우쳐 10여점의 항아리, 기대, 고배와 함께 놓여 있었는데, 금령총과 달리 사람의 형상을 갖추지 않고 대각 또한 달리지 않은 것이다.

2010년 대구 달성 평촌리의 발굴조사를 통해서 수습된 사례는 생활구덩이에 다량의 토기파편과 함께 깨진 상태로 수습되었다. 대부분 함안계 고배형 토기로 4세기 후반 5세기 전반으로 편년되는 것이다. 대각이 떨어져 나가고 상당부분이 파손된 상태로 매몰된 것으로 보아 원래의 용도대로 제대로 활용되지 못하고 폐기된 것으로 보인다.

발견 지점은 바로 1km 안 떨어진 큰 하천이 위치하는데, 경주 금령총은 형산강, 달성 평촌리는 낙동강 중류, 그리고 진영 여래리는 낙동강 상류가 있다. 그중에서 낙동강은 신라와 가야를 아우른 영남 내륙의 전 지역을 관통할 뿐만 아니라, 남해 바다로 나아가 멀지 않은 거리에 일본 규슈에 이를 수 있는 루트이다. 그러한 자연적 입지를 고려한다면 하천용 선박 뿐만 아니라, 바다로도 막바로 나아갈 수 있는 해상 겸용의 선박을 제작할 수요가 많다 하겠다. 실제로 다음에 보는 것처럼 다양한 형식의 배모양 토기가 전하는 것은 이 때문인 것으로 추정된다.

그렇다고 한다면 무덤에 부장된 배모양 토기는 실제 생활의 쓰임새가 반영된 셈인데, 의례용 명기로서의 상징적 의미는 상대적으로 그리 크지 않다고 할 수 있다. 신라의 중심지 경주를 비롯하여 주변의 경산, 대구, 양산, 창녕 등지의 수장급 무덤은 물론 가야의 여러 중심지 김해, 고령, 함안, 합천 등의 수장급 무덤이 다수 발굴 조사되었지만, 배모양 토기는 거의 출토되지 않았다. 그것은 이집트의 피라미드에서 보는 것처럼 죽은 파라오가 이승 세계에서 오가는 태양선을 상징하여 묻은 배이거나, 혹은 영국의 고대 수장의 무덤처럼 뭍으로 끌어올려 왕의 시신을 안치하고 땅에 묻은 배와는 다르다 하겠다. 또한 크기와 표현방식에서 다소 차이가 있지만, 실물을 충실하게 묘사한 배모양을 축소하여 만든 토기가 중국과 일본에서도 최고의 수장급 무덤에서는 확인되지 않는 사실과 맥락이 통한다.

다만 순금제 금관이 부장된 왕실 가족의 무덤으로 추정되는 금령총의 사례가 있을 뿐으로 이 또한 최고 왕의 무덤은 아닌 것이다. 그마저도 전체 무덤 중에서 극히 일부에서만 확인됨으로 보아, 오히려 묻힌 사람의 생시에 수행하였던 직분이 선박 제작, 관리나 활용 등과 관련이 있음을 반영한 것일 가능성이 높다 하겠다. 그리하여 각각 관련된 선박에 따라서 모양이 다르며, 그것은 또한 토기 장인들이 직접 배를 관찰하고 제작하였기 때문임은 두말할 것도 없다.

그러나 배모양의 토기가 전혀 명기로서의 상징적 의미가 없었다는 말은 아니다. 모든 사례가 그런 것은 아니지만 금령총의 토기를 비롯하여 여러 점의 토기가 고배 대각을 갖추고 있고, 영락 모양의 장식이 달려 있는 명기의 특성을 잘 보여주고 있는 것이다.

2. 배모양 토기의 종류

삼국시대에 전하는 배모양 토기는 그 크기가 그 대부분 30cm를 넘지 않는 소형으로서 대각 받침이 있는 것과 없는 것으로 구분할 수 있다. 그것은 그릇으로서의 기능과 관련된 것으로 배 자체의 구조와는 관련이 없다. 대체로 돛을 단 구조선인 범선을 제외하고, 통나무를 깎아 만들고 별다른 시설을 더하지 않은 독목선에서부터 판재를 덧붙이고 파랑막이와 노걸이를 시설한 준구조선에 이르기까지 여러 형식이 제작되었다.

형식을 분류함에 선박의 구조를 기준으로 삼아야 되겠지만, 조선 제작 기술로 볼 때 충분하게 이해되지 않거나 논란이 있을 수 있는 부면이 있다. 특히 호암미술관 소장의 사례처럼 선체가 통나무배 모양처럼 단순하면서 유난히 깊고, 파랑막이와 여러 개의 노걸이 시설을 갖춘 사례가 그러하다. 무덤 부장용의 의기적인 속성이 강조되었다고 이해할 수 있지만, 배 실물의 형태를 충분히 모방한 것이라면 통나무배와 같은 부류로 묶기 어려운 것이다.

이러한 점을 고려하여 그 구조에 대해서 충분하게 이해되기 전까지 토기 자체의 형태에 근거하여 6개의 형식으로 세분하고자 한다. 장래 이 6개 형식은 정진술의 형식분류 안대로 3~4개로 묶어 줄일 수도 있을 것이다.

1) 1식

통나무를 다듬어 만든 배로 추정되는데, 신석기시대의 경남 창녕 비봉리에서 출토한 실물이나 부산 동삼동 출토 배 모양의 토기가 길면서 폭이 좁은 것과 달리, 짧으면서 이물과 고물이 치켜 올라가 선현이 둥근 곡선을 이루어 마치 근대에 한 사람이 저어가는 매생이배를 연상시키는 것이다.

비슷한 모양의 1인용 선박은 세계 다른 지역의 원시적인 나무껍질 배나 가죽배와도 닮았다.

이와 같은 배모양 토기로서 가장 단순한 사례가 호림박물관에 소장되어 있다. 배바닥이 움푹 패인 접시처럼 생겼는데, 평면형태가 타원형을 그리고 있다〈그림 1〉. 이와 같은 모양의 배에 고배 대각을 덧붙인 것이 다수 전하는데, 발굴조사를 통해 수습된 사례로서 합천 옥전 99호 고분 출토 배모양 토기가 있다. 접시모양의 배 바닥

〈그림 1〉 호림박물관 소장 배모양토기 (국립중앙박물관, 1997)

〈그림 2〉 합천고분출토 배모양토기 (국립중앙박물관, 1997)

은 둥근 구형을 그리는데, 이물과 고물이 똑같이 가로로 직선을 그리는 것이 차이가 난다. 대각은 경남해안의 가야토기에 특징적인 낮은 나팔형이다. 길이는 각각 14.6, 14.4cm이고, 폭은 둘 다 7.2cm이다〈그림 2〉.

출처를 알 수 없는 사례로서 국립경주박물관 소장 토기가 있다. 길이 15.3cm, 폭 6cm로서 바닥이 좀더 깊고, 이물과 고물은 똑같이 급한 곡선을 그리고 있다. 고배대각은 八자형으로 투창이 없는 형식이다. 비슷한 배모양토기는 태평양박물관에도 있는데, 길이가 12.9cm, 높이는 10.2cm에 이른다. 다만 고배에 작은 투창이 있는 가야양식인 점이 다르다.

2) 2식

긴 통나무의 안쪽을 파내어 횡단면이 U자형에 가깝게 성형한 것으로 고물 쪽에 한 사람이 앉아서 노를 젓는 형상이 묘사되어 있는 형식이다. 그 대부분은 현측에 노걸이가 없어 여러 개를 갖춘 3식 이후의 형식과 차이가 난다.

이에 속하는 가장 단순한 사례로서 출토지가 알려져 있지 않는 유강열(劉康烈) 기증 국립중앙박물관 소장품이 있다. 높이가 16.5cm로서 안쪽을 파낸 독목주(獨木舟)인바, 통나무 원형이 많이 남아 있는 형식이다. 이물과 고물이 수직으로 세워져 반듯하게 잘려진 모습을 보이고 있으며, 이물에는 말머리 비슷한 형상이 장식되었다. 이물 쪽에 사람이 서서 삿대질을 하는 모습이 제작되었는데, 사람의 크기로 보아 복원된 실물 크기 또한 길이 3m가 채 안될 것으로 보인다. 이 형식에 속하는 다른 사례가 평면 유선형을 이루는 것과 달리 장방형을 이루고 있으며, 2단의 엇갈린 투창이 있는 대각이 달려있다.

발굴조사된 사례로서 2점의 경주 금령총 출토 배모양토기는 둘 다 배 뒤편 고물 쪽에 한 사람이 앉아 노를 젓고 있는 형상을 하고 있다〈그림 3〉. 횡단면은 U자 모양에 평면이 기본적으로 유선형을 이루고 있다. 한 점은

〈그림 3〉 금령총출토 배모양토기 (국립중앙박물관, 1997)

길이 20.1cm로 이물과
고물쪽의 상부로 물이 튀
는 것을 방지하기 위한
방형판을 덧씌운 형태를
갖추었다. 고물 쪽에 배
를 젓는 사람이 앉는 자
리시설이 따로 마련되고,
이물 쪽과 선체 중간에
각각 1기의 횡강력 부재

〈그림 4〉 기메박물관 전시 배모양토기 (이청규 사진)

가 시설되어 있는데 양측현 상부에 별도의 현측재를 시설한 것처럼 보이
나 명확하지는 않다. 다른 한 점은 길이 23.3cm로 고물 쪽은 수직으로 잘
려져 있는 형태를 갖추었지만, 이물 쪽에는 뾰족한 돌출부를 만들었다.

출토지가 분명하지 않은 동 형식의 사례로서 2점이 더 알려져 있다. 우
선 한양대박물관 소장품은 길이 46cm으로서 배모양 토기 중 가장 대형에
속한다. 배 앞부분은 유선형을 이루고 이물이 뾰족하며 영락장식이 달려
있다. 선체 중앙에 2개의 횡강력 부재가 시설되어 있고, 고물 쪽에 사람이
앉아 노를 젓는 모습 또한 앞서 금령총 출토 사례와 비슷하다.

배 앞부분이 뾰족한 유선형을 이루고 이물에 돌기부와 영락장식이 달려
있는 사례로서 프랑스 기메박물관 소장품이 있다. 역시 고물 쪽에 한 사람
이 앉아 노를 젓고 있는 형상을 하고 있는데, 다른 예와 달리 측현 상면에
점토비짐이 각 4개씩 부착되어 있다〈그림 4〉. 이를 노걸이라고 추정하기
도 어렵지만, 그렇다 하더라도 한사람이 노를 젓는 통나무배에 여러 개의
노걸이가 있는 형상은 서로 어울리지 않는 바, 여러 점에서 신중히 검토해
야할 사례라고 할 수 있겠다.

앞서의 사례와 달리 투각 없는 대각이 부착된 고배의 접시 안에 배가 안
치된 형상을 하고 있는 토기로서 호암미술관에 소장된 1점이 있다. 이 역

시 출토지가 확인되지 않았는데, 노를 젓는 사람 1명이 고물 쪽에 치우쳐 묘사되고, 이물과 고물의 상부에 방형판을 세워 높이 올린 것이 앞서 금령총 사례와 같다. 그러나 뱃전 양쪽 한가운데에 각각 2개씩의 노걸이가 표현되고, 이물에는 별도의 덮개 있는 구조물이 묘사되어 있는 점이 다르다. 이와 같이 배의 이물 부위에 덮개시설이 딸린 사례는 다음에 보듯이 중국 한 대의 배모양 토기에서 확인된다.

3) 3식

선체의 바닥이 깊은 데에 비해 길이가 짧아 측면에서 보면 배의 앞 뒤쪽으로 곡선을 크게 그리며 올라가는 모양을 갖춘 배모양 토기이다. 평면은 유선형으로서 이물과 고물의 면이 볼록하고 횡단면 또한 깊은 U자형을 그린다. 이와 같은 모양은 앞서 보듯이 1식의 통나무배와 비슷한 것이다. 그러나 배의 양측과 전후면의 뱃전 상부를 돌아가며 일정한 두께의 판재가 중간에 끊어지지 않고 잇대어 있으며, 노걸이가 시설된 점이 크게 다르다 〈그림 5〉.

배의 앞뒤 쪽 양측 부분에서는 판재가 날개모양으로 치켜 올라가고 양현으로는 낮고 길게 이어진다. 이물과 고물의 정면에서는 다소 높게 판재가 시설되면서 그 상부에 반원형의 홈이 패여 있는데, 이에 대해서는 방향키를 걸치거나 아니면 닻을 내리기 위한 시설로 이해하는 등 의견이 엇갈리고 있다.

〈그림 5〉 호암미술관 소장 배모양토기
(국립중앙박물관, 1997)

무엇보다도 양측현 상부에는 다시 노걸이가 각각 4~6개가 설치되어 있지만, 배 안쪽에는 횡강력 부재가 시설되어 있지 않다. 그러면서 배 안쪽으로 가장

자리를 돌아가며 폭 좁은 테두리 판재가 수평으로 설치되어 있는 것이 확인된다. 이처럼 선체는 통나무배의 원시적인 형태를 갖추면서 뱃전 상부에 시설된 구조물과 다수의 노걸이가 있어 배의 원래 구조를 복원하는 데에 다소 혼란스럽다. 여러 사람이 노를 젓는 배인데 양쪽 현판을 연결하는 횡강력부재 혹은 멍에가 보이지 않는 것이다.

이와 비슷한 배모양 토기의 사례로, 이화여대박물관에 1점, 호암미술관에 2점, 성신여대박물관에 1점 등이 전한다. 그 형태가 거의 비슷하고, 길이도 19~24cm 범위에 있어 동일지역의 장인집단의 제작품으로 추정되지만, 출처가 불명이어서 학술자료로서 가치가 낮은 약점이 있다.

4) 4식

이에 속하는 배모양 토기는 바닥이 평평하고 폭이 좁으면서 다수의 노걸이를 갖추고 있다. 3점이 전하는데, 1점은 발굴조사되고 다른 2점은 출처가 알려지지 않는 것이다.

발굴된 1점은 최근에 4세기 말 5세기초로 추정되는 김해 진영 여래리 목곽묘 24호 무덤에서 출토한 것이다. 잔존 길이 22.5cm, 폭 10.5cm, 높이 4.5cm이다〈그림 6〉.

배 앞쪽으로 좁아드는 유선형으로 이물 부분이 파손되어 알 수 없으나 현측선을 연장하면 뾰족하거나 폭이 좁을 것으로 추정된다. 고물 비우는 수직으로 잘린 형태로 폭 또한

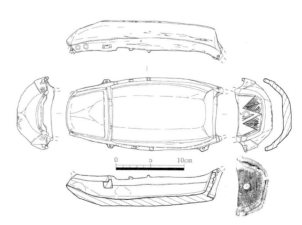

〈그림 6〉 김해 진영리 목곽묘출토 배모양토기
(경상북도문화재연구원, 2013)

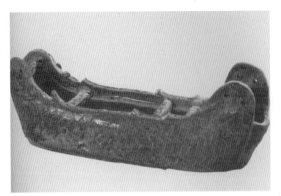

이물 쪽보다 훨씬 넓다. 뱃전 한가운데에 노걸이가 2개가 있고, 뒤 고물에는 키를 넣은 구멍을 표현한 원형 점토띠가 붙어 있다. 뱃전 상부를 따라 구조물을 한겹 올린 것과 같은 윤곽이 있으며 멍에는 뱃전 상부 앞 부분에 치우쳐 시설되어 있다.

출토지가 알려지지 않은 것 중 1점은 호암미술관 소장품으로 길이가 27.9cm, 폭 4.5cm로 보물 555호로 지정되어 있다<그림 7>. 양쪽의 현판이 수직으로 올라가고 폭 또한 이물부터 고물까지 일정하여 평면 형태가 세장방형을 이룬 것이 두드러진 특징이다. 바닥 또한 다른 배들이 완만한 곡선을 이루는 것과 달리 편평하다. 현판을 연결하는 멍에가 뱃전 상부 양측에 걸쳐 가로로 세 개가 달려 있는데, 거의 같은 위치에 노걸이가 있어 노를 젓은 사람이 앉을 수 있게 배려하였다. 또한 이물쪽 에는 별도로 양 측현을 연결하는 가로목이 확인된다. 이물과 고물 쪽에 양측 현판이 크게 올라갔으며, 이물에는 평편한 비우가 현측 상부보다 훨씬 높게 시설된 반면, 고물 쪽으로는 현측 상부 높이로 바깥으로 불룩한 비우가 시설되어 있다.

앞서 호암미술관의 토기와 유사한 개인 소장품이 김건수에 의해 최근 소개된 바 있다. 길이가 31.1cm에 폭 8.6cm로 다만 다른 것은 노걸이가 현 양측에 각 4개가 있고, 이물과 고물 비우에 해당하는 구조물이 배 안쪽으로 다소 들어가 시설되었다는 점이다. 멍에의 위치 또한 고물 쪽에 치우쳐 두 개, 이물 쪽에 1개 배치된 것이나, 고물 쪽에 높이 올라간 현판을 연결하는 가로목도 유사하다. 이러한 유사점 때문에 오히려 그 실물을 정밀히

236   해상활동의 고고학적 기원과 전개

관찰하여 그 성격을 충분히 검토할 필요가 있는 것으로 이해된다.

5) 5식

통나무배 위에 별도의 선체를 올려 설치한 것처럼 보이는 구조를 갖춘 형식으로서, 이와 같은 선저 구조물은 물의 저항을 줄이고, 무게 중심을 낮추어 안전하게 항해하기 위한 것으로 추정된다.

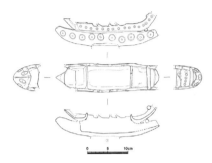

〈그림 8〉 달성 평촌리 배모양토기
(경상북도문화재연구원, 2011)

앞서 4식의 선체에 간단한 선저구조를 갖춘 사례가 최근에 달성 평촌리에서 발굴조사된 바 있다. 길이 25.6cm로서 상부의 선체구조는 3형식의 호암미술관 소장품과 비슷한데, 다만 멍에 대신에 배머리와 배 뒷편에 가까이 격판이 시설되어 있는 점이 다르다.

〈그림 9〉 호림미술관소장 배모양토기 (박천수, 2010)

노걸이는 뱃전 양쪽 중앙에 각각 3개씩을 갖추고 있으며, 바닥구조물은 앞쪽이 뾰족한 유선형이다. 바닥에 낮은 굽다리 흔적이 남아 있다〈그림 8〉.

또 다른 사례는 호림박물관 소장품으로서 뱃머리와 배 뒤 고물에 현판 양 끝이 연장하여 날개처럼 돌출되었다. 뱃전 양쪽에 6개씩 총 12개의 노걸이가 있으며 긴 판재 모양의 멍에가 앞뒤로 보강되어 있다. 길이 28cm이고 폭이 10.2cm로 두번째로 큰 배모양토기이다〈그림 9〉.

이물비우와 고물비우가 발달하고, 유선형의 선저구조물이 두드러진 형식으로 2점이 더 전한다. 우선 호암미술관의 사례를 보면 이물 쪽의 비우가 유난히 솟아 있고, 뱃전이 연장하여 올라온 양쪽의 돌기가 두드러진 반

〈그림 10〉 호암미술관소장 배모양토기 (박천수, 2010)

〈그림 11〉 아모레박물관소장 배모양토기 (박천수, 2010)

면에, 고물 쪽은 낮게 처리되었다. 양쪽에 파랑막이가 별도로 시설되고 배 중앙공간과는 격벽 판재로 구분되어 있다. 경남지역 양식의 2단의 작은 투창이 달린 고배 대각이 달리고 배 현판 양쪽에 배와 관계없는 수레바퀴가 붙어 있어 명기의 특징을 잘 보여주고 있다 〈그림 10〉.

다음 아모레박물관 소장품을 보면 길이 24.6cm, 폭 5.8cm, 높이 17.7cm로서 앞서 호암미술관과 달리 뱃머리와 배뒤의 바깥 구조물과 격벽시설, 그리고 대각형식이 비슷하다. 다만 선저구조물과 배 현판이 구분되지 않고 수레바퀴장식이 없는 것이 차이가 난다〈그림 11〉.

II. 일본의 배모양토기

일본에서 발견되는 배모양 토기는 80여점 전한다. 배모양이 단독으로 만들어진 토제품과 원통 위에 올려 부착된 하니와[埴輪] 형태 두가지 종류가 있는데, 전자로는 30점, 후자로는 47점이 전한다. 일본의 배모양 토기는 이른 것은 4세기 말이지만, 그 대부분은 5세기 전반 것으로 추정되며, 그 상당수가 긴키의 가와찌[河內] 지역에 집중되는 사실이 주목된다.

이에 대해서 일본인 연구자들은 한반도에서 4세기말에 일어난 고구려의 남정과 관련된다고 설명하고 있다. 즉 고구려의 남정 즈음에서 상당수의 한반도 남부 한계(韓系) 유이민이 이곳에 유입되었다고 이해한다. 그러한 한인의 도래를 입증하는 것이 이 지역의 많은 곳에서 발견되는 백제, 가야계 토기라는 것이다.

단순히 토기 뿐만 아니라 일본식 도기 쓰에키를 처음 생산하였던 한인계 도공의 토기가마와 말을 사육하는 인구집단이 이주하여 남긴 유적이 이 지역에 적지 않게 확인되는 사실에 근거한다. 더 나아가 이들 도래계 집단이 남긴 생활유적에 조성된 우물 시설에 준구조선의 선체부분을 활용한 사실이 더욱 이러한 주장을 뒷받침한 것으로 이해되고 있다.

여하튼 이들 배모양 토제품이 이 지역과 인근의 하천과 호수, 그리고 바다를 통한 수상교통의 중요성을 보여주는 것으로 이들 유물이 부장된 무덤에 당시 항해활동을 담당한 관료집단 혹은 지방세력이 묻혔다고 추정하고 있다. 배모양 하니와가 당시 왕릉급에 해당하는 전방후원분에 부장된 사례가 드물고 그 대부분 원형 혹은 방형분에서 부장되기 때문이다. 다음에 보겠지만 기나이의 오사카, 나라의 고분 사례를 포함하여 지방 세력으로 마츠차카[松板] 다카라츠카[宝塚]와 간토지역의 릿토[栗東] 신카이[新開] 4호 고분, 그리고 멀리 떨어진 남 규슈의 미야자키[宮崎]의 사이토바루[西都原]와 오오이타의 가메츠카[龜塚] 고분 출토 사례가 바로 그것이다.

이들 지점은 각각 해상 또는 호상(湖上) 활동의 중요거점지로서 다카라츠카의 경우 동해안을 따라 형성된 연안 해상루트가 기나이 지역으로 통하는 거점, 신카이 고분은 거대한 호수 비와고(琵琶湖)를 무대로 한 수상교통의 거점, 그리고 오오이타와 미야자키의 경우 원거리이기는 하나 각각 기나이와 연결된 해상루트의 거점인 것이다.

이들 토기를 보면 원통형 받침이 달린 것과 그렇지 않은 것으로 구분할

수 있지만, 배 자체의 모양으로 구분할 경우는 크게 A, B형의 두가지로 나누어 볼 수 있다. 우선 A형은 배밑 바닥 부분이 평편한 선저부가 별도로 제작되어 선체의 전후면으로 크게 돌출된 것이다. B형은 별도의 선저바닥이 제작되지 않은 것으로 양 현측판이 이물과 고물으

〈그림 12〉 일본 고분출토 배모양토기
(다카마와리 1호분과 2호분 : 오사카문화재연구소)

로 이어지면서 크게 치켜 올라간 예가 적지 않게 있다.

우선 A형에 속하는 것으로 나라의 가잔[菓山] 고분 출토 배모양 하니와가 있다. 이물에 수직판이 고정되어 있으며, 현측판 상부가 이물에 이르러 수직판 위로 크게 돌출한 것은 B형과 같다. 현측판 사이에 격벽이 2매 설치되어 있고, 그 상부에 가로로 걸쳐 횡목을 설치하였다. 이러한 상부의 형태는 B형에 속하는 오사카의 다카마와리[高廻り] 1호분의 사례와 같다. 다카마와리 2호분 출토 배모양 하니와는 전체 길이 128.7cm로서 이물의 수직판에 U자형무늬가 장식되었다. 격벽은 2매가 설치되었는데, 현측판 바깥으로 넘어가지 않게 하였으며, 갑판과 노걸이가 시설되어 있다〈그림 12〉. 오사카의 보다이지[菩提池] 서쪽 3호분 출토 배모양 하니와는 원통형 받침을 2개 갖고 전체 길이 110cm로 이물에 파도를 막기 위한 수직판을 세우고 배 안쪽으로 이물 근처에 목판 1매로 막아 격벽을 설치한 것이다. 현측 상부에 노걸이가 1개가 확인된다.

교토의 니고레[ニゴレ] 고분출토 배모양 하니와는 바닥이 평편하고, 이물에만 수직판이 있고 격벽은 1개를 갖고 있는 것이다. 갑판이 시설되고, 노걸이도 확인되는데, 전체 배길이는 82.5cm이다.

오사카 후지데라[藤井寺] 오카[岡] 고분 출토 배모양 하니와는 추정길이 150cm 정도로서 이 또한 2매의 격벽, 노걸이, 그리고 갑판이 시설되어 있다.

〈그림 13〉 신카이 고분출토 배모양토기
(리옷토우문화재센터, 2014)

B형을 대표하는 배모양 토제품으로서 릿토[栗東] 신카이[新開] 고분의 사례가 있다. 배바닥은 통나무배 모양으로 그 위에 가로로 판재를 잇대어 선체 모양을 완성하였다. 복원된 전체 길이는 115cm이고 폭은 상부에서는 27cm, 저부에서는 12.5cm이다. 이를 실물대로 추정하면 전체 길이 15~20m, 선체폭은 2m 정도로서 대형의 준구조선의 모습을 갖추게 된다. 이물의 수직판이 배바닥에 설치된 것이 아니고, 배의 선단에 직접 설치되어 앞으로 크게 돌출된 모양을 보이고 있다. 노걸이가 현측판 상부 양쪽에 각각 7개가 쌍을 이루어 설치되어 있는 바, 일반적으로 배모양 하니와에 표현된 노걸이 숫자가 4~6쌍인 것보다 큰 대형이다〈그림 13〉.

배 바닥의 중앙에는 바닥에서 5~6cm 정도 띄워서 세로방향으로 판상의 구조물을 설치하고, 그 위에 가로판을 7개소에 설치하였다. 가로판이 설치된 위치는 노걸이와 대응되므로, 이 가로판은 노를 젓는 사람들이 앉는 의자 역할을 하는 셈이다. 이러한 구조와 앞서 추정한 크기를 종합하여 일본인 연구자는 실물은 50~60인 정도가 승선할 수 있는 것으로 추정하고 있다.

오사카 다카마와리 1호분 출토 배모양 하니와는 길이 99.5cm로서 원통형의 받침을 2개 부착한 것이다. 이물과 고물 부분의 개방부위가 작아서 분할식의 수직판이 있었던 실물을 본딴 것일 수 있다. 4각판이 아닌 심엽형을 하고 있는 격벽이 현측판의 바깥으로 돌출되어 있다〈그림 12〉.

마츠사카 다카라츠카 고분 출토 배모양 하니와는 분리형의 원통형 받침

을 2개 갖춘 것으로, 전
체길이가 140cm 정도
가 되는 대형급이면서
장식이 많고 의기적인
기물이 딸려 있는 것이
특징이다〈그림 14〉. 배
의 선단은 크게 휘어져
올라갔으면서도 파도
를 막는 수직판이 설치
되지 않았는데, 필요에
따라 조립한 것으로 이
해된다. 전면의 시야를

〈그림 14〉 다카라츠카고분 출토 배모양토기
(마츠사카시 교육위원회, 2005)

확보할 때에는 수직판은 오히려 장애가 되기 때문이다. 이물과 고물 부위
에 현측판과 연결한 격벽시설이 각각 2개씩 마련되어 있으며, 위세를 상징
하는 의장형 장식과 양산모양의 장식이 세워져 있다. 현측판 상부에는 구
멍이 뚫린 노걸이가 양쪽에 각 3개씩 마련되어 있다.

Ⅲ. 중국의 배모양 토기와 목기

중국에서 출토한 배모양 제품으로 한 대 무덤에서 나온 것이 널리 알려
져 있다. 그 대부분 중국 남중국해와 면한 광동성 광주지역에서 출토하였
는데, 토제품으로서 동한대의 사례가 최근에 이르기까지 10여점, 목제품
으로서 서한대 것을 중심으로 10여점이 전한다. 대부분 연안항로 혹은 하
천에 운항하던 실물 구조선을 그대로 본뜬 것으로 무엇보다도 한국과 일
본 사례와 달리 갑판위에 선실을 시설하고 방향을 조정하는 데에 회전축

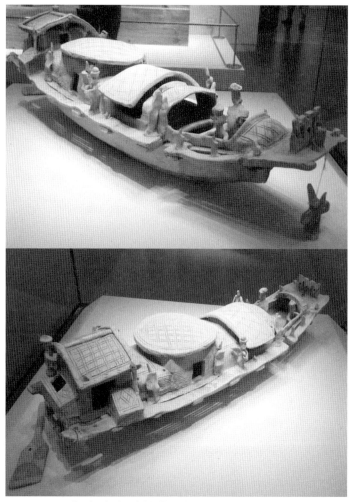

〈그림 15〉 광주선열로 출토 배모양토기 (중국국가박물관 전시, 이청규 사진)

을 이용한 조타(操舵)와 정박용 닻이 묘사된 것이 주목된다. 그중에 3점이 가장 많이 소개되었는데, 1955년 광주(廣州) 선열로(先烈路) 출토 , 1980년 광동(廣東) 덕경(德慶)출토의 토제품과 1950년 광주(廣州) 황제강(皇帝岡) 출토 목제품이 바로 그것이다.

우선 선열로에서 출토한 배모양 토기를 소개하면 전체 길이 54cm, 높이

15cm, 폭 15.5cm이고, 횡단면 U자형을 이루며, 총 3개의 선실이 마련되어 있다〈그림 15〉. 전면에 있는 선실은 이물에서 일정거리 공간을 두고 설치되어 있는데, 다소 낮은 지붕이 곡선을 이루면서 양면으로 경사진 모양을 갖춘 것으로 화물을 선적한 공간으로 추정된다. 두 번째 선실은 앞서의 것보다 높은 원형의 지붕을 갖추었는데, 양쪽에 문이 달려 있어서 사람이 자유롭게 드나들 수 있게 되었다. 맨 뒤에 있는 선실은 고물에 바로 붙어 있는 형상인데, 지붕이 첫 번째 것과 같은 형식을 하면서 셋 중 가장 높다. 그 전면으로 앞을 내다볼 수 있으며, 바로 붙어서 화장용 시설로 추정되는 작은 구조물이 있다. 선실 바로 뒤에 붙어 상자모양의 시설을 한 위에 앉아 전면을 바라보고 있는 사람이 묘사되어 있다. 상자형 시설 아래로 장방형의 판재가 장대에 부착된 조타(操舵)가 달려 있어 이를 조종하는 것으로 추정된다.

이물에는 닻으로 추정되는 십자형의 토제품이 딸려 있으며, 전면과 바로 이어지는 현측 상부에는 들이치는 파도를 막기 위해 뱃전 시설이 마련되었다. 이물과 첫 번째 선실에 두 사람이 배치되어 있는데, 그 전면을 반쯤 가린 덮개가 있어 파도와 바람을 피할 수 있는 공간이 마련되어 있다.

첫 번째 선실에서 두 번째 선실 사이의 양옆 현측에 3명 씩 6명의 선원이 배치되어 있다. 현측 상부에 일정한 간격으로 방패와 창이 놓여 있어서 무장을 한 배임이 확인되는데, 실물크기는 대략 길이 20m, 높이 5m 정도에 1만석 정도의 화물을 선적할 수 있는 중형급 배로 추정된다.

1980년 덕경 출토 배모양 토기는 전체길이가 40 cm 정도로서 앞의 사례와 마찬가지로 선실과 조타를 갖추었다. 선실은 마찬가지로 3기이지만, 그 위치와 구조가 다소 차이가 난다. 이물과 고물에 수직판이 없으며, 현측판이 밋밋하게 올라가서 갑판 위로 돌출하지 않은 모양을 하고 있다. 횡단면은 U자형으로 추정되는 구조선이다〈그림 16〉.

앞의 선실은 이물에 바짝 붙어 시설되었는데, 길이 7cm, 폭 12cm, 높이

6cm로 맞배지붕모양을 갖추
었다. 중간의 선실은 길이가
16cm, 폭 13cm, 높이 10cm
로서 크고 작은 두 부분으로
나누어진다. 앞부분은 뒷부분
의 3분의 1정도 크기로서 낮
고 좁으며 맞배지붕을 하고
있다. 뒷부분은 현측의 양쪽
에 문이 달려 있고 지붕은 우
진각 형식으로서, 기와를 얹
은 모양새를 취하고 있다. 뒤
의 선실은 고물에 바로 붙어
시설되었는데, 길이 7cm, 폭
11cm, 높이 8cm로 이물에 있
는 선실과 크기가 비슷하다.
그러나 지붕은 우진각이 변형

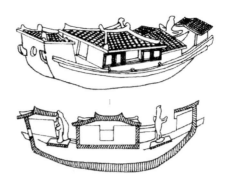

〈그림 16〉 광동 덕경출토 한 대 배모양토기
(譚玉華, 2015)

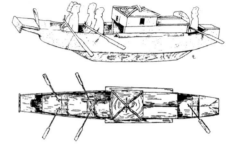

〈그림 17〉 중국 한 대 배모양목기 (林巳奈夫, 1976)

된 모습을 하고 있다. 뒷 선실 바로 아래 이물에는 비교적 큰 방형모양의
조타가 딸려 있어 이 선실자체가 조타실 기능을 한 공간으로 추정된다. 한
편 배에는 세사람이 탔는데, 두 사람은 첫 번째 선실과 두 번째 선실 사이
에서 전면을 바라보고 있고, 또 다른 한 사람은 뒤 선실에 위치하고 있다.

나무로 만든 배모양 명기는 광주 황제강 무덤에서 출토한 사례가 가장
널리 알려진 사례이다〈그림 17〉. 총길이 80cm, 폭 14.2cm, 높이 20cm로
횡단면 U자형을 이루고 한 가운데에서 뒤로 치우쳐 선실이 갖추어져 있다.
지붕이 높은 전실과 낮은 후실로 구분되는데, 전실은 우진각형, 후실은 맞
배형의 지붕을 갖추고 있다. 이물에는 뱃전이 수평으로 돌출하고, 그 상면
에 소형의 조립형 수직판이 세워져 파도를 막는 역할을 한다. 선실 좌우 현

측으로도 뱃전이 마련되어 있다. 이물과 선실 사이에 4개의 노와 4인의 노를 젓는 사람이 두 줄로 배치된 모양이 갖추어져 있고, 고물 쪽에는 측현 상부의 노를 작동하는 또다른 한사람이 배치되어 있다. 목제품 자체는 크지만 실물은 앞서 토제품보다 하천을 운항한 소형의 화물선으로 추정되고 있다.

배모양 목제품의 또다른 대표적인 사례는 장사(長沙) 오가령(伍家嶺) 무덤에서 출토한 것이다. 날렵하게 생긴 모양의 선체 안쪽에 두 개의 선실이 배 뒤쪽으로 붙여 시설되었다. 방향잡이 노가 이물 쪽에 1개 배치되어 있고, 선실 앞면 대부분에는 한쪽에 8개 모두 16개의 노가 달려 있다. 노걸이 대신 현측판 상부 갑판 위로 높은 판재를 세워 길게 잇대고 놋구멍을 뚫은 것이 특징적으로, 날라오는 화살 등으로부터 방어하기 위한 것으로 이해된다.

Ⅳ. 배모양토기로 본 삼국시대 선박

4~6세기의 신라 가야는 성숙한 고대국가로 발돋움하면서, 정치, 경제, 사회, 종교 모든 분야에서 종전과 크게 다른 변화를 겪는다. 그러한 변화의 맥락에서 사람의 왕래가 많은 것은 물론이거니와 보다 많은 양의 화물이 운송되면서 하천과 바다를 공간으로 한 선박 운항의 사례도 급증하였을 것이다. 각각의 용도에 걸맞는 선박이 건조되면서 그 종류도 늘었음은 물론이다.

그러한 삼국시대의 선박은 앞서 본 바처럼 당시 제작된 소형의 배모양 토기를 통해서 추정할 수 있다. 정확한 선박의 구조에 대해서는 검토할 여지가 있지만, 그 대부분이 거의 실물에 가깝게 묘사된 것으로 추정되는 바, 그것은 당대 토기 장인들이 실물을 충분히 숙지하고 제작하였기 때문인 것으로 풀이된다. 당대 신라 가야는 내륙 지역에는 많은 지류가 딸린 낙동강이라는 긴 하천이 발달하였을 뿐만 아니라 일본과 바다를 통해 왕래하기 쉬운 남동남해안에 면하고 있는 것이다.

그러나 실제 선박을 통한 해상활동이 활발하다고 해서 배모양토기가 만들어지는 것은 아님이 서해안에 면한 백제와 마한의 사례를 통해서 알 수 있다. 그것은 별도로 명기 부장하는 무덤의 장송의례가 전제되고, 또한 당대에 실물모양으로 토기를 제작하는 관행이 토기 장인들 사이에서 자리잡은 경우에 비로소 배모양토기가 전하는 것으로 이해된다. 잘 알려지다시피 신라 가야의 경우 제작되는 토기 기종도 다양하고, 그 장식 표현이 뛰어날 뿐만 아니라, 기마인물상을 비롯한 각종 토우와 가옥, 수레, 악기, 신발 등의 일상도구는 물론 각종 짐승을 형상화한 토제유물이 다양하게 제작되어 전하는 것이다.

그러한 정황은 이웃하는 중국과 일본의 사례에서도 확인된다. 중국의 경우 이른 단계의 사례가 전혀 없는 것은 아니지만, 한나라 때 와서 가옥은 물론, 사람과 동물 등을 비롯하여 일상생활에 관련된 다양한 사물을 소형으로 본따 만든 토제품을 무덤에 부장하는 풍습이 크게 유행한다. 그러한 맥락 속에서 배모양 토기가 제작되는데, 다른 형상물과 달라서 그 실제 출토 사례는 중국 남부 광동지역에서만 전한다. 광동을 비롯한 중국 남중국해 연안은 중국의 다른 지역보다 선박을 이용한 활동이 활발한 곳으로, 기록을 보면 한나라 이전 전국시대부터 큰 싸움을 치룰 때 선박을 활용한 사례가 적지 않게 확인된다. 광동지역에서는 또한 수십미터 길이의 대형 선박을 만들어내는 대규모 조선시설 유적이 발굴조사를 통해서 확인된 곳이기도 하다.

일본 또한 중국보다는 늦고 우리나라와 비슷한 시기에 고대국가의 기틀을 잡아가는 시기에 배모양토기가 제작되어 무덤에 부장되거나 그 봉분 주위에 두른 사례가 다수 확인된다. 동 시기는 한국과 중국을 상대로 한 해상교류는 물론 일본 동해연안과 세도나이 내해, 그리고 내륙의 큰 호수를 공간으로 한 선박 이용이 이전보다 크게 늘어난 시기이다. 동 시기에 일본에서도 사람과 가옥, 악기 등 각종 사물을 형상화한 토기의 제작이 크게 번창하는 점에서 우리나라 신라가야와 중국의 한나라 때에 비슷하다.

앞서 본 것처럼 삼국시대 배모양 토기를 통해서 추정되는 선박은 6개의 형식으로 구분할 수 있다. 우선 가장 원시적인 형식으로서 통나무의 안쪽을 파서 만든 배가 있다. 그러나 통나무 전부를 활용한 것이 아니라 그 일부만을 잘라서 평면 타원형의 접시 모양을 만든 것으로 한 사람이 노를 저어 갈 수 있는 정도의 크기로 추정된다. 속도도 내기 어려울 뿐만 아니라, 안정된 모양을 갖춘 것이 아니어서 가까운 거리를 운항하는데 사용되거나 낚시용에 적합한 구조이다.

두 번째는 앞서보다 길어진 것으로 횡단면 U자형에 가까운 통나무의 모습이 남아 있는 배 모양을 한 형식이다. 이 형식은 다시 세부 형태를 보아 두가지로 구분할 수 있는데, 우선 별다른 구조물이 없는 점에서 앞서 1식과 같은 것으로 평면 장방형에 이물과 고물이 수직으로 잘려진 가장 단순한 형태의 통나무배가 있다. 다음은 이물과 고물쪽 상부에 바람과 파랑을 막기 위한 방형 판재와 양 측현 내부를 잇는 횡강력부재가 갖추어져 있어 구조상 앞서의 사례보다 발전한 형식이다. 한 사람이 이물 쪽에 치우쳐 앉아서 노를 저어 나가게 되어 있으며, 배의 속도를 높일 수 있도록 배 앞부분이 유선형에 가까운 평면구조를 갖추었다. 그중에는 양현측에 노걸이와 같은 모양이 여러 개를 갖춘 사례가 있는데, 뒷전에 한 사람이 노를 젓는 형상을 한 것과 어울리지 않아 이색 모양의 배라고 할 수 있다.

세 번째 형식은 선체가 길이에 비해 깊어 앞서 1형식을 연상시키지만, 뱃전을 돌아가며 판재를 잇댄 상부구조가 번듯하게 갖추어진 배이다. 무엇보다도 노걸이가 양쪽에 4~6개 설치되어 소형 통나무배와는 구분이 된다. 뱃전의 상부구조와 노걸이 시설만 보면 다음 5형식의 준구조선과 흡사하여 통나무배로 단정하기가 어렵다. 연구자에 따라서는 이를 원래 통나무배의 실물 그대로가 아니라, 주기(酒器)의 용도로서 변형시킨 것이라고 판단하기도 한다. 그러나 배실물 모양을 충실히 따른 것이라면 오히려 배의 용적을 늘인 준구조선이라고 할 수도 있을 것이다.

네 번째 형식은 평편한 바닥에 양측현을 연결한 횡강력부재가 여러 개 설치된 평저선이다. 이에는 다시 이물 쪽으로 유선형을 이루고 고물이 수직으로 마감된 형태의 것과 평면이 세장방형을 이루면서 양측 현판이 수직으로 올라가고 이물과 고물 쪽으로는 높이 치켜 올라간 형태의 것이 있다. 역시 양현 상부로 노걸이가 서너 개가 설치되어 여러 사람이 배를 젓게 한 것이다. 구조로 보아 실물크기가 앞선 사례가 좀 더 커서 많은 화물을 실을 수 있으며 속도 또한 빠를 것으로 추정된다.

이와 같은 평저선이 가장 발달한 사례에 대해서 앞서 소개한 중국의 한나라 배모양 토기를 통해서 엿볼 수 있다. 평저선이면서 갑판이 마련되었을 뿐만 아니라, 배의 전, 중, 후면에 가옥형 구조물이 갖추어져 있어 각각 휴게공간, 화물선적 공간, 조타시설 등으로 활용되는 것이다. 그러한 시설은 당연히 배의 운항 시간이 길어서 장기적으로 선상 생활을 하는데 필요한 것임은 쉽게 짐작할 수 있는 바, 동 형식의 선박의 구조와 용도를 이해하는데 참고가 된다.

다섯 번째는 기본적으로 앞서의 평저선이 유선형의 선저 구조물 위에 얹은 형식이다. 멍에 혹은 횡강력부재 2~3개가 선체 내부의 현측판을 연결하고, 노걸이가 4~6쌍이 달려 있다. 전체 구조로 보아 배모양토기로 복원한 실물 크기로는 가장 대형급에 속하는 것으로 이해된다. 그러한 구조를 취함으로써 선체를 크게 그리고 높게 만들 수 있을 뿐만 아니라, 수면에 닿는 부분을 최소화하여 속도를 높일 수 있는 것으로 이해된다.

이처럼 별도의 유선형 선저 구조를 갖춘 것은 기왕에 제작되어 왔던 통나무배를 적극 활용한 것이라고 해석될 수 있다. 바닥에서부터 현측판 상

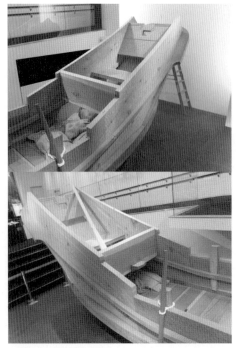

부까지 판재 혹은 삼판을 연접하여 올리는 구조선 제작 기술이 아직 충분한 수준에 이르지 않아 수용한 방식이라는 것이다. 동 형식의 이러한 선박구조를 이해하는데 일본의 배모양 토기가 참고가 된다.

일본의 배모양 토기는 앞서 보듯이 선저부가 별도로 달린 A형과 그렇지 않은 B형으로 구분되는데, A형에서 B형으로 이행된다고 하는 견해가 제시되고 있다. 그것은 앞선 시기에 통나무의 내부를 파내고 만든 규모가 작은 배에서 뒷 시기에 판재를 이용하여 바닥의 폭을 넓히고, 현측 또한 높힌 구조선으로 발전하는 과정을 보여준다는 것이다. 즉 A형은 기왕의 통나무배를 바닥으로 하고 그 위에 별도의 선체를 시설한 것이지만, B형은 아예 통나무배의 바닥을 제거하고 판재를 상당부분 이용하여 거의 구조선 형태로 발전하였다고 추정한다. 그러나 판재의 연접 기술이 어떠한지에 대해서 구체적으로 이해하기에는 동 배모양 토기로써는 한계가 있음은 물론이다.

〈그림 18〉 왜의 선박 복원 (이키박물관 전시, 이청규 사진)

여섯 번째 형식 또한 앞선 형식과 함께 유선형의 선저 구조물 위에 선체가 얹혀진 것이다. 그와 다른 것은 무엇보다도 평편한 판재로 이루어진 이물비우와 고물비우가 분명하다는 점이다. 선체 내부의 앞뒤쪽으로 사람이 자리하거나 혹은 화물을 별도로 안치하기 위한 칸막이 시설을 갖춘 것도 또다른 특징이다〈그림 18〉. 같은 유선형 선저 구조이지만 유난히 좁고 날렵하며, 현측 상부에 노걸이가 한 개가 있거나 아예 없는 사례는 선체의 비례가 실물의 그것과 같다면 그 크기는 5식보다 작은 배로 추정된다.

이러한 여러 형식의 선박 중에서 바다를 운항하였던 배는 어느 것일까.

우선 규모가 작거나 한사람이 노를 젓는 통나무배는 제외된다. 이에 해당되는 1식과 2식의 합천 옥전과 금령총 출토예가 바로 그러하다. 다음 3식의 호암미술관 등의 사례는 앞서 설명하다시피 좌우 뱃전에 각 4~6개의 노걸이가 있는데, 선체가 높아서 바닷배로서 최소한의 여건을 갖추고 있다. 그러나 실물을 그대로 표현한 것이라면 길이가 짧고 안정성이 낮아 장거리 항해용으로는 부적합하다 하겠다. 바닥이 편평하면서 여러 개의 노걸이가 있는 4식은 장거리 항해보다는 강을 따라 운항하는 배로서의 성격이 강하다. 혹은 근거리의 연안과 도서지역을 오가는 배일 가능성이 높다 하겠다.

원거리 항해용은 파도를 막을 수 있을 뿐만 아니라, 먼 거리를 가는데 속도가 낮으면 곤란하므로 일정 속도 이상을 낼 수 있어야 한다. 아울러 선체가 너무 낮으면 파도가 들이쳐 전복될 가능성도 있으므로 일정한 높이를 갖추어야 한다. 이러한 여러 조건에 합당한 배의 구조로서 5식과 6식이 검토대상이 될 수 있겠다. 파도를 막을 이물과 고물비우가 분명하게 설계되고, 일정 높이를 확보할 수 있도록 선저구조물에 얹혀 있는 형태를 하고 있다. 선저구조물은 또한 유선형을 이루고 있어 물살의 저항을 덜 받고 항해할 수 있도록 도와주는 것으로 이해된다. 따라서 앞서 다른 어느 형식보다 원거리용 바닷배로서의 모양을 갖추고 있다.

6식의 경우 선저 구조물의 앞부분이 크게 돌출하고 횡단면 U자형으로 우묵하게 들어가 침수하기 쉬운 형태를 하고 있다. 그런 이유로 실물 모습이 아니라, 주기로서 용도를 고려한 토기의 속성이라고 보기도 하는데, 의기로써 용도 또한 분명하지 않아 원래 모습일 가능성도 배제할 수 없다. 그

〈그림 19〉 울산 천전리 암각화유적의 배모양 그림 (장명수, 2011)

렇다고 한다면 추정되는 실물 배의 크기도 크지 않아, 크게 침수되지 않고 빠른 속도로 바다로 항진할 수 있는 배일 가능성도 있다 하겠다.

잘 알려지다시피 이들 5·6식이 항해용 선박이라 하더라도 1백 km가 넘는 거리의 공해상에서 운항되는 것은 아니다. 경남해안에서 출발하여 바다를 횡단하더라도 그 거리는 수십km를 넘지 않아 쓰시마에 도달하는 대한해협이 운항 공간인 것이다. 쓰시마 지나 일본 규슈에 이르는 해상공간에도 이키섬등의 징검다리 섬이 있으며, 그 이외의 해상루트는 일본 동해안이든 세토나이 내해이든 연안을 따라 있는 것이다. 한반도라 서남해안으로 향한다 하더라도 연안을 따라서 운항하는 것임은 물론이다. 이러한 연안루트를 운항하는데 5·6식의 선박이 동원되었을 가능성은 충분하다 하겠다.

문제는 바다를 왕래하는 선박이면 으레 갖추어야 하는 돛이 확인되지 않는다는 점이다. 돛은 당연히 바람을 이용하여 항해속도를 높힐 수 있는 구조물로서 앞서 확인한 배모양토기에서는 확인되지 않는데, 그것은 일본의 사례에서도 마찬가지이다. 앞서 기술하였다시피 남부 유럽이나 이집트에서는 이미 서기전 2천년 이전부터 돛을 단 범선이 지중해연안과 나일강을 따라 운항되었음이 토기나 벽화 등에서 묘사된 그림을 통해서 확인된다.

또한 한국의 울산 천전리〈그림 19〉나 일본 각지의 석실분 암각화〈그림 20〉에서 확인되는 돛달린 선박 그림으로 보아 배모양 토기에서 확인되지 않는다고 반드시 당대에 범선이 없었다고 할 수 없다. 한편으로 한반도

와 일본 연안 해역을 항
해하는데 그 거리가 멀
지 않아 돛을 달지 않은
배가 운항되었을 가능성
도 충분하다. 그러나 돛
을 달지 않은 일본의 고
분 출토 배모양의 토기
실물 그대로 복원한 배를
1979년에 직접 운항 실
험한 결과, 바람의 힘을
빌지 않고 14명이 노를
저어 대한 해협의 물살을
거슬러 넘어가기가 쉽지
않은 사실이 확인된 바
있음을 유의해야 한다.

〈그림 20〉 이키 횡혈식석실분의 배모양그림 (이청규 사진)

요약

우리나라에 삼국시대의 선박을 추정하는 데 근거가 되는 고고학자료로
서 대체로 고분에 출토한 것으로 전하는 배모양토기가 있다. 그 대부분은
출토된 맥락이 전하지 않아 당시 제작된 것이라고 단정 짓기는 어려우나,
당대 토기장인들이 실물을 충실하게 형상화한 것으로 이해된다. 대부분 신
라 가야지역에서 출토한 것으로 전하는데, 백제와 마한에서 발견된 사례가
없는 것은 장송의례와 당대 토기제작 관행과 관련된 것으로 추정된다.

대체로 6개의 형식으로 분류되는데, 두 개의 형식은 통나무배로서 전혀 별도의 구조물이 추가되지 않은 것과 이물과 고물 상부에 방형 판재, 그리고 측현을 연결하는 횡강력부재가 시설된 것이다. 또 다른 두 개의 형식은 판재를 잇대어 측현을 만든 평저의 준구조선으로 여러 개의 노걸이와 횡강력부재를 갖춘 것이다. 한 형식은 평면 유선형을 이루었으며 다른 한 형식은 세장방형을 이룬 것이 차이가 난다.

보다 발전한 형태의 두 개 형식은 별도의 유선형 선저구조 위에 선체가 얹혀진 모양을 하고 있다. 한 형식은 양 현측 상부에 4~6개의 노걸이가 있고 횡강력부재가 갖춘 것이다. 다른 한 형식은 선저구조가 날렵하고, 선체의 이물과 고물의 비우가 뚜렷하지만 노걸이가 확인되지 않은 것이다.

중국의 배모양 토기는 전국시대부터 선박의 제작과 활용이 활발하였던 중국 남부 광동지역에서 주로 출토되었는데, 한 대의 무덤에 부장된 것으로 평저선에 갑판과 여러 용도의 가옥시설을 갖춘 것이 특징적이다. 일본의 경우 우리와 비슷한 5~6세기에 배모양토기가 집중적으로 제작되어 무덤에 매납되었다. 당시 야마토 정권이 자리한 긴키지역과 그 주변에 선박의 운용에 직접 관여한 사람이 묻힌 것으로 추정되는 무덤에서 출토한 사례가 많다. 그 크기가 크고 세밀하게 형상화한 점에서 신라가야의 배와 다르지만 기본적으로 앞서 선저형구조를 갖춘 형식과 통한다.

선저형 구조를 갖춘 선박이 속도가 빠르고 선체가 높은 것으로 보아 바닷길을 운행하였던 선박으로 추정된다. 그러나 돛을 달지 않아 바람을 이용한 항해가 곤란한 것에 문제가 있다. 실제로 비슷한 형식의 배를 복원하여 노젓는 방식만으로 실험 운항한 사례로 미루어 보면 한반도 남해안과 쓰시마 사이의 대한해협을 가로지르는 것이 어려운 사실이 확인되므로 별도의 범선이 삼국시대에 운용되었을 가능성은 충분히 있다 하겠다.

〈참고문헌〉

[국문]

경상북도문화재연구원, 2010, 『달성 평촌 예현리 유적』, 학술조사보고 147

국립중앙박물관, 1997, 『한국고대의 토기』

김건수, 2013, 「주형토기로 본 삼국시대 배 고찰」, 『도서문화』 42

장명수, 2011, 「천전리 암각화의 형상 도해분석」, 『한국암각화연구』 17, 한국암각화학회

정진술, 1995, 「삼국시대 주형토기선의 항해술」, 『일본학』 14, 동국대학교 일본학연구소

조영제·유창환, 2003, 『합천 옥전고분군 X : 88-102호분』, 경상대학교박물관

[중문]

何培, 2012, 「从广州汉代墓葬出土船模看汉代船舶形制」, 『青年文學家』 2012 -14, 黑龙江文学艺术界联合会·齐齐哈尔市文学艺术界联合会

谭玉华, 2015, 「广东德庆东汉墓出土陶船补说」, 『古代史與文物研究』 2015- 4, 中国国家博物馆

涂师平, 2010, 「世上现存最早使用舵的舟船模型——东汉陶船模型鉴赏」, 『宁波通讯』 2010-6, 宁波日报报业集团

[일문]

東潮, 2006, 『倭と伽倻の國際環境』, 吉川弘文館

松阪市教育委員會, 2005, 『史蹟寶塚古墳: 保存整備事業に伴う寶塚1號墳 寶塚2號墳調査報告』, 松阪市埋藏文化財報告書 1

深澤芳樹, 2014, 「日本列島における原始·古代の船舶關係出土資料一覽」, 『國際常民文化研究叢書』 5

栗東歷史民俗博物館, 2014, 「新開古墳出土船形埴輪」

林巳奈夫, 1976, 『漢代の文物』, 京都大学人文科学研究所

竹原千佳譽, 2008, 「船形埴輪樹立の歴史的背景」, 『神戸女大大史學』25, 神戸女
　　子大學史學會

中村修, 2010, 「海人と船形埴輪」, 『倭王軍團－巨大古墳時代の軍事と外交』,
　　新泉社

千田捻, 2002, 『海の古代史－東アジア地中海考』, 角川書店

8장
중세의 난파선과 해상무역

논의 주제

중세 이전의 선박 실물이 발굴되기 위해서는 몇가지 여건이 충족되어야 한다. 당연한 이야기이지만 무엇보다도 보존될만한 자연적 조건을 갖추어야 되는 바, 밀폐되면서 변화가 없는 물속이나 갯펄이 바로 그러하다. 실제로 우리나라나 중국의 경우 그러한 환경 속에서 대부분의 선박이 발견되는 것이다. 아이러니칼하게도 그것은 당대의 사람들이 안전하게 보존 관리하였기 때문이 아니라, 오히려 뜻하지 않는 재해, 풍랑이나 홍수를 만나 침몰하거나 묻혔기 때문이다. 사람이 안전하게 관리하고자 하여 육상으로 끌어낸 배는 오랜 세월 흐르는 동안 썩거나 풍화되어 없어지기 마련이다.

보존이 잘 되어 있다 하더라도 그 존재가 확인되지 않으면 알려지지 않는다. 밀폐된 바다나 갯펄은 육상과 달라서 묻힌 배가 당연히 사람의 육안에 쉽게 눈에 뜨이지 않기 마련이며, 우연히 이곳에서 어로작업을 하는 주민들에 의해 처음 발견되는 경우가 대부분이다. 그렇게 발견되었다 하더라도 난파선의 구조는 물론이거니와 도자기 등 선적된 화물과 관련된 정보를 얻기 위해서는 전문 연구인력과 장비가 동원되어야 한다. 잘 알려진 것처럼 수중발굴은 육상과 달라서 잠수에 필요한 기본 장비는 물론 유물 노출, 사진촬영과 실측 등에 특수한 장비가 갖추어지지 않으면 않된다. 그 뿐만 아니라 육상으로 인양하여 공기 중에 노출될 경우 목제 유물과 금속 유물은 심각하게 변형되거나 부식되므로, 이를 방지하기 위한 첨단 보존 기기와 기술이 또한 필요한 것이다.

이러한 여러 이유로 고고학 분야 중에서도 해저 난파선을 대상으로 한 수중 고고학은 전세계적으로 최근에야 발전한 것으로, 1900년대 중반에 유럽을 중심으로 본격적으로 수행되었던 것이다. 우리나라에서는 1970년 대 말 목포 신안 난파선의 발견으로부터 시작해서 서해 연안을 따라서 적 지 않은 난파선 유적이 확인되었다. 나아가 이를 전담할 기관의 필요성이 제기되면서 1984년 국립해양문화재연구소가 발족되기에 이른다. 한국 난 파선 유적 조사성과의 대부분은 동 연구소의 업적으로서 이 장에서 소개 하는 내용은 그것을 추린 것에 다름이 아니다.

지금까지 우리나라에서 본격적으로 조사된 난파선 유적의 대부분은 서 해 연안에서 확인되었으며, 그것도 거의 전부가 고려시대에 속하는 것이 다. 우리나라에 바다를 통해서 배에 싣고 물자가 이동되는 것은 신석기시 대까지 소급되지만, 지속적이고도 대규모로 이루어지는 본격적인 해상 물류활동은 통일신라시대 이후인 것으로 이해된다. 중국과 일본 등의 다 른 국가로의 견당사, 견일본사를 파견하는 등의 공무역, 장보고가 주도하 는 사무역 등의 활동을 통해서 이루어진 사례가 그 대표적인 사례이다. 이 들 무역 혹은 물자이동은 공해상에서 이루어지는 것으로, 해안선 연안을 따라 이루어지는 것은 기록에 분명하게 확인되지 않는다. 더군다나 그 구 체적인 실상을 알 수 있는 선박이나 화물에 대한 실물 자료는 아직 제대로 조사되지 않고 있다.

고려시대에 들어오면 공해상은 물론 연근해상에서 이루어지는 물자이 동도 기록에 알려진다. 이른바 조운제도가 그것으로 13개의 조창과 그에 속하는 화물선의의 크기와 숫자가 파악되고 있다.

배의 구조나 배에 선적했던 화물에 대해서는 고고학조사로써 확보된 실물자료를 통해서 상당부분을 설명할 수 밖에 없는데, 그 내용은 크게 세 가지가 있다. 우선 난파된 배의 위치를 확인하고, 배에 선적된 화물과 관련된 기록을 통해서 무역루트를 추정할 수 있는데, 이는 공해상을 넘나드는 원거리 무역과 연안 루트를 이용한 근거리 연안교역의 사례로 구분된다. 다음 난파된 배 자체를 통해 살필 수 있는 배의 구조로서, 고려시대 배에 대해서는 단편적인 기록으로 전할 뿐으로 그 실상을 거의 알 수 없다. 다행히 난파선을 통해서 비록 일부이기는 하지만, 그 구조를 밝힐 수 있으며, 그 연대를 알 수 있는 자료를 통해서 그 제작연도도 추정이 가능하다.

세 번째로는 배로 운반하는 물자가 무엇인지, 남아 있는 실물자료를 통해서 확인이 가능한 것이다. 물론 오랜 세월동안 바다 속에서 썩거나 분해되어서 남아 있지 않는 화물도 많지만 도자기나 금속유물은 상당수가 남아 전한다. 최근에는 도자기에 명문패찰이 함께 출토되어 없어진 내용물이 무엇인지 알 수 있는 사례까지 제시되고 있다.

Ⅰ. 한국 난파선 유적의 발굴

수중 고고학의 주요 조사대상은 바다 속에 침몰한 배이다. 그 시작은 수중작업장비와 기술이 발달한 19세기 후반에 유럽 지역에서 시작되었는데, 그 대부분이 접근이 그나마 용이한 해안 연안에 한정할 수 밖에 없다. 동아시아에서의 대표적인 사례는 중국과 함께 한반도 연안에 집중되어 있으며, 그 시초가 신안 해저선인 것은 잘 알려진 사실이다.

해상항로는 앞서 제1장에 설명한 것처럼 연안항로와 공해상의 항로가 있다. 공해상에 난파되어 침몰하는 경우가 빈번하였을 것이지만, 난파된

장소와 난파선을 찾는 일은 물리적으로 쉽지 않은 것은 물론이다. 발견되
는 난파선은 당연히 수심이 낮고 후대에 접근이 수월한 연안도서에 근접
한 곳에 위치하는데, 이곳은 또한 배가 난파되어 후대에 보존될 수 있는 여
건을 갖춘 곳이기도 하다.

〈표 1〉 한국해역의 수중고고학 조사 연보

단계	연도	대상	선체	도자기	기타	구역
1	1976~1984	신안 난파선	중국선	남송 원	중국화폐	전남
2	1983~1984	완도 어두리선	고려선	고려 3만점		전남
	1981~1987	태안반도		고려		충남
	1992	진도 벽파리	중국선			전남
	1995~1996	무안 도리포		고려 630점		전남
	1995	목포 달리도	고려선			전남
	1997	제주 신창리		남송		제주
3	2002	군산 비안도		고려 2935점		전북
	2003~2004	군산십이동파도	고려선	고려 8100점		전북
	2005	보령 원산도		고려 1000점		충남
	2005	신안 안좌도	고려선	고려 2점		전남
	2006	군산 야미도		고려 78점		전북
	2006	안산 대부도	고려선	고려		경기
	2008	태안 대섬	고려선	고려 23000점		충남
	2009	태안 마도(1)	고려선	고려	목간	충남
	2010	태안 마도(2)	고려선	고려	목간	충남
	2011	태안 마도(3)	고려선	고려	목간	충남

한반도 주변에서 그러한 입지조건을 갖추어 난파선의 사례가 다수 발견
될 수 있는 지역은 서해안과 남해안 다도해지역이다. 많은 해외의 사례가
그렇듯이 수중고고학의 방법이 도입되고서 배를 찾은 것이 아니다. 어촌
주민의 전언에 의해서 난파선이 찾아지고 그것이 계기가 되어 수중발굴이
본격적으로 이루어진 것이다. 한국에서의 수중고고학의 조사 성과는 앞서
표에서 보는 것처럼 3단계로 나누어 살펴볼 수 있다. 발굴조사 내용을 각
단계별로 구체적으로 설명하면 다음과 같다.

1. 1기

1단계는 1976년 처음
조사되어 1984년 마무리
된 신안 해저선 발굴로써
대표된다. 잘 알려지다시
피 중국 원나라 무역선으
로서 선박의 구조도 상당
한 부분이 남아 있음은
물론, 선적된 화물의 규
모나 수준으로도 세계적
으로 그 예가 드문 난파
선 유적이다. 1978년도에
개관한 광주국립박물관
이 설립될 수 있었던 것
도 이 난파선에서 출토된
중국 현지에서도 보기 어
려운 남송-원대 도자기

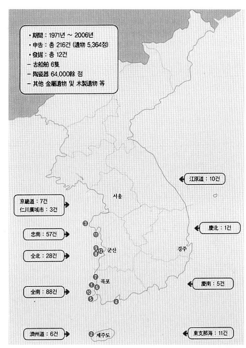

〈그림 1〉 난파선 유적 발굴 사례 분포
(국립해양유물전시관, 2006)

일괄 유물 때문이다. 이를 통해서 동아시아 다른 어느 나라에도 뒤지지 않은 조사연구기반을 앞당겨 갖추어지게 될 수 있었던 것이다.

전남 신안군 증도면 방축리 도덕도 앞바다에서 1976년 도자기가 발견되어 그해부터 1984년까지 10차례에 걸쳐 발굴되었다. 해저 수심은 23 m에 위치하고 흙탕물 구역으로서, 시계가 거의 제로에 가까울 정도이어서 육안으로 확인하는 발굴조사를 할 수 없었다. 당시 수중발굴은 해군 해난구조대의 지원을 받아 수행하였다. 중국 도자기와 고려청자, 동전, 자단목 등을 포함하여 각종 유물이 수집되었는데, 최종 단계에 선체도 부재별로 분리되 인양되었다.

1981~83년에 걸쳐 해저면에 50도 정도 기울어 오른쪽 갑판 상당부분과 왼쪽 갑판 아래쪽 3분의 1이 남아 있었던 선체가 인양되었다. 현재 용골과 저판 등을 비롯한 434점의 선박 목재를 해체해서 보존처리 복원하여 해양문화재연구소 전시실에 전시되고 있다.

2. 2기

2단계는 1981년에 시작하여 2002년에 이르는 기간으로, 이 기간에 신안선이 발굴된 목포를 비롯하여 완도에 이르는 전남 서부 해안도서지역에서의 수중발굴조사가 실시되었다. 거의 전부가 고려 난파선으로서, 이를 통해서 국내 선박과 선적 화물에 대한 실물조사가 본격적으로 이루어지게된 것이다. 그러면서 서해안 연안을 따라 이루어진 조운선은 물론 고려도자의 산지에서 수요지까지의 유통과정이 파악되는 단서가 제공되었을 뿐만 아니라, 수중탐사 장비는 물론 조사방법이 대폭 개선되었다.

1981년부터 1987년까지 문화재관리국과 해군 해난구조대가 합동으로 충남 보령 태안반도 신진도 등의 여러 섬 근해에서 고려청자를 수습하였는데, 이 지역의 조사는 2000년대에 이 근처 해역에서 다수의 난파선을 발견하는 기초를 마련하게 된다. 1983년 말에 1984년초에 걸쳐 전남 완도 어두리 앞바다에서 3만2천여 점의 고려청자를 선적한 선박유체가 발굴되었다. 선박으로 당시로서는 처음 알려진 고려 선박 실물일 뿐만 아니라, 출토된 청자가 해남 진산리 가마에서 출토되는 철회청자 기종이 다수이어서 고려 초기의 선박구조와 도자기의 해상교역에 관한 많은 학술정보를 제공하였다〈그림 2〉.

1992년에 진도 벽파리 갯펄에서 나무배가 발견되었는데, 보수공과 함께 배의 안전을 기원하는 의미로 시행된 압승공의 흔적이 확인되었다. 고려자기와 중국자기가 함께 발견된 것으로 전한다. 1995년 목포에서 6.5km

떨어진 달리도 갯펄에서 14세기경의 고려 배의 저부가 조사되었다. 목재의 방사성탄소 측정자료를 보정한 연대가 서기 1210~1400년의 결과가 나왔다. 1995~1996년에는 무

〈그림 2〉 안좌도선 노출상태 (국립해양유물전시관, 2006)

안 도리포에서는 수심 8~10m 아래에서 상감청자가 수습되었는데 선체는 확인되지 못하였다. 청자 양식은 강진에서 생산된 14세기 후반의 것으로 추정된다.

3. 3기

3단계는 전남 서해안에서 벗어나, 전북과 충남지역의 난파선을 발굴 조사하는 시기이다. 다종다양한 고려도자가 선적되었을 뿐만 아니라, 행선지는 물론 수신인 실명까지 적힌 목간이 다량 출토되어 보다 구체적으로 고려시대 연안무역의 실상을 파악할 수 있게 되었다. 또한 조사기관으로서 국립해양박물관 국립해양문화재연구소가 정식 설립되었을 뿐만 아니라, 수중조사 탐사 선박까지 갖추어져 바야흐로 우리나라에서의 수중고고학 연구의 도약적인 기반이 마련된다.

2002~2003년 군산해역의 비안도 동쪽 1km 지점에서 어민의 신고로 발견되어 선체는 확인되지 않았지만, 대체로 12세기경으로 추정되는 고려청자 수천점이 인양되었다. 같은 군산의 십이동파도 해역에서 2003년에서 2004년에 걸쳐 8천점이 넘는 고려청자가 발굴되었다. 선체의 바닥에 포장된 상태로 발견되었는데, 12세기경으로 추정되는 것이다. 군산 바로 아래

에는 신시도, 무녀도, 산유도, 비안도 등으로 연결되는 다수의 고군산열도가 있다. 고군산열도의 남쪽 끝에 있는 야미도는 만경강 하구에 가장 근접한 위치에 있는데, 1995년에 착수하여 2005년에 완공된 새만금 방조제와 연결되어 현재는 방파제 한가운데에 편입되었다. 만경강의 하구에 간조 때 수심 2m, 만조 때 4m인 야미도 인근해역에서 2006년도부터 2009년에 걸쳐 세 번의 수중조사가 실시되었다. 선박은 제대로 확인되지 않았지만 2,700점의 고려 청자가 수습되었는바, 대접이 대부분으로 12세기초에 난파된 것으로 추정된다.

2005년에는 원대 난파선이 발견된 신안 중도 남쪽, 그리고 고려 선박이 발견된 목포 달리도의 서쪽에 위치한 안좌도의 갯펄가에서 선박 일부가 발굴조사되었다. 밀물 때에는 3~4m 바다 밑에 잠기지만, 썰물 때에는 노출되어 거의 바닥부분만 확인된 것이다. 30여점의 자기가 출토되어 고려 후기 14세기대에 속하는 것임을 알 수 있었다〈그림 2〉.

태안반도 해역에서는 보령 원산도의 난파선이 1987년도에 청자가 처음 신고되면서 알려졌지만, 2004~2005년에 발굴조사되었다. 썰물 때는 노출되는 지점이지만 선체는 확인되지 않았는데, 13세기경으로 추정되는 1,000여점의 청자 파편이 수습되었다. 다음 2006년에 안산 대부도 갯펄에

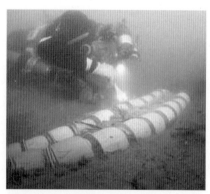

〈그림 3〉 태안 마도2호선 수중조사 광경
(국립해양문화재연구소, 2011)

서 선박의 바닥부분이 발견되었다. 주위에서 출토된 도자기가 12~13세기경에 속하는 것이 판명되었는데, 운항 중에 난파된 것인지 여부는 확인되지 않았다.

태안군 근흥면 일대에서는 세 척의 고려선이 발굴조사가 되었다. 2007~ 2008년에 정죽리 대섬 앞바다에서 발굴된 선박에서

는 무려 23,800점의 각종 청자가 선적되어 있었다〈그림 3〉. 2009년 마도 앞바다에서도 고려시대 조운선의 실물 마도 1호선이 확인되었는데, 선체 일부는 물론 각종 곡물, 도자기 등이 발견되었다. 죽찰과 목찰로 된 화물표가 함께 나와 출항 시기는 물론 보내고 받는 곳이 정확하게 명시되어 있어서 항로에 대한 구체적인 정보를 제공받을 수 있었다.

2010년에는 마도 2호선이 조사되었는데, 쌀과 콩, 메주 등의 곡물과 젓갈, 꿀, 참기름 등을 내용물로 하는 도자기가 실려 있었다. 역시 죽찰 화물표를 통하여 12세기말 13세기 초의 것으로 추정되는 항로 정보를 추정할 수 있는 귀중한 학술자료가 확보되게 되었다〈그림 4〉. 이어서 2011년에 마도 3호선이 발굴되었는데, 선체가 거의 잘 남아 있어 완전한 상태로 인양하기 위해서 현재 작업 중에 있다. 청자는 거의 보이지 않고 도기 수십점이 확인되었는데 곡물, 홍합, 상어 등을 담아 실어 나른 것으로 추정된다. 역시 출토된 목찰을 통해 13세기 후반에 운항된 사실이 확인될 수 있었다.

Ⅱ. 고려 선박과 도자 무역

1. 고려 선박

고려선박에 대한 기록 중에 주요한 것을 추리면 우선 고려 전기 10세기경에 왕건이 후백제 견훤군과 서해안에서 벌인 해전과 관련한 기록, 12세초에 송나라 사신 서긍(徐兢)이 고려에 와서 서해안에 정박 중인 배모양을 묘사한 기록, 그리고 동해안에 침입한 여진족을 격퇴하기 위해 활동한 병선에 대한 일본사람의 기록이 있다. 그밖에도 13세기경 여몽연합군이 일본 정벌을 단행할 때 배를 만들고, 출항해서 태풍을 만났을 때의 기록, 그리고 왜구들을 격퇴한 병선의 활동 기록 등도 또한 전한다.

앞서 발굴조사된 선박의 사례는 이들 기록에 거의 관련이 없지만, 고려

중앙 정부에 조공을 받치는 조운선에 대한 기록은 그렇지 않다. 고려시대 연안 화물선의 항로 혹은 물류시스템에 대해서는 조창과 조운선에 대한 기록이 잘 나타나 있다. 조창은 당시 수도였던 개경 근처인 경기황해에서 호서 호남해안을 거쳐 경남해안 이르기까지 12곳에 위치한다.

연근해 세곡 운송선과 관련하여 조운창에 각 6척의 초마선(哨馬船)이 있고, 2개의 조운창에는 기타 평저선이 20~21척이 있었다고 전한다. 그리고 초마선은 곡물 1천섬을 싣는 대형화물선이고, 그 밖의 평저선은 200섬을 싣는 중형화물선인 바, 이러한 기록은 발굴된 난파선의 구조와 성격을 이해하는데 중요한 근거가 될 수 있음은 물론이다.

배의 구조에 대해서는 앞서도 여러 번 기술하였지만, 크게 배의 외형을 규정하는 부분, 배의 밑바닥을 구성하는 저판과 양측 모양을 결정하는 외판, 그리고 배의 앞면을 구성하는 이물비우, 뒷면을 구성하는 고물비우 등이 있다. 또 다른 중요 구조물은 지상가옥의 들보 혹은 뼈대 역할을 하는 횡강력 부재로서 배의 양 옆 외판을 결박한 가룡(加龍)이 있고, 외판의 최상단에 가로지르는 대들보 역할을 하는 대가룡 혹은 멍에가 있다. 그밖에 중요한 구조물로서 바람을 받아 배를 움직일 수 있게 하는 돛대와, 배의 방향을 조정하는 키, 그리고 배를 정박할 때 사용하는 닻과 이를 끌어올리고 내리는 호롱이 있는 것이다.

서해안 연안에서 발견된 고려 선박은 기본적으로 많은 화물을 선적하고 연근해를 따라 운항된 것으로 배바닥이 평평한 것이 특징이다. 저판의 두께는 측면의 외판보다 두 배 정도 두꺼운데, 이러한 평저선의 특징은 서남해안이 드나듦이 복잡하고 간만의 차이가 심하여 썰물 때 갯펄에 안전하게 정박하도록 한 것이다. 배의 외판은 각재를 측면에 L자형 홈을 파서 맞물린 다음 비스듬히 피삭이라는 나무못으로 연접시킨 것으로, 특히 저판에서 외판으로 연결시킬 때 단면 L자형의 부재를 사용한다.

와해되는 것을 제어하기 위해 가로 나무대인 가룡목을 각 단의 양측외판을 연결하고, 외판 상단에는 대들보 역할을 하는 가로나무대를 설치하는 것이다. 이들 가로나무대가 선체를 보강하지만, 한편으로 배안쪽 공간의 칸막이 역할을 하기도 한다. 신안 난파선에서 보듯이 중국 송원나라 배들은 판자로 된 격벽시설이 있는 것과 차이가 난다. 또한 거의 대부분의 난파선에서 중앙 저판 한가운데 1곳에 돛대자리가 확인되므로 해상선박의 대부분은 돛대가 하나인 단범선으로 추정되고 있다.

고려 선박의 구조를 알려주는 실물 발굴사례는 총 10척이다. 그 대부분 한반도 서해안에 위치하는데, 목포 해남 구역에 완도선, 목포 달리도선, 신안 안좌도선, 군산해역에 십이동파도선, 태안해역에서 대섬선, 마도 1호, 2호, 3호선, 그리고 안산의 대부도선이 있다. 이를 고려 전기와 후기로 구분하여 보면 우선 전기를 대표하는 것으로 목포 해남 구역에 완도선, 군산해역에 십이동파도선이 있다.

십이동파도선은 11세기의 가장 빠른 고려선박으로 추정 길이가 14~15m에 너비 5.5m 정도의 중형선인 바, 저판은 3열로서 두께가 33cm 정도로 두터운 편이다. 중앙저판에 돛대 구멍이 두 곳에 나 있으며, 저판과 외판을 연결하는 단면 L자형의 만곡부종통재(彎曲部縱通材)가 2단으로 설치되었다. 외판은 1단만 있으나, 6~7단 정도 올라간 것으로 추정된다. 이물 비우가 전체형태를 알아 볼 수 있을 정도로 남아 있었다. 길이 165cm, 폭 110cm로 3개의 판재를 세로로 세워 나무 못인 장삭으로 연결시켰다. 이 배에서는 돛대를 감아올리는 호롱의 축을 지지하는 지지대와 돌닻장이 확인되는데, 횡단면은 배가 부른 직사각형 모양을 이룬 것으로 추정된다.

선적된 도자기를 통해 12세기로 추정되는 완도선의 경우, 추정 전체길이 9m, 너비 3.5m, 깊이 1.7m의 소형선박이다. 남아 있는 부재를 보면 우선 저판은 5열로서 보통 저판 선재 하나는 4m 내외 길이인바, 중앙저판재 중심부에 돛대를 세울 구멍이 있다. 저판과 외판을 연결하는 중간 부재로서 만곡부종통재가 있는데 역시 단면 L자형을 이루고 있다. 외판은 좌 우

〈그림 4〉 완도 어두리 선박 (국립해양문화재연구소 복원 전시)

현 5단 이상 되는 것으로 추정되는데, 아래 외판 바깥 상부에 홈을 파서 위 외판을 붙이는 방식으로 결구하였다. 외판을 잡아주는 횡강력부재가 만곡부조종통재에서 1~3단에 이르기까지 각각 가용이 시설된 흔적을 보여준다. 이물과 고물 쪽의 부재가 전하지 않아 전체 모양을 파악하기 어려우나, 횡단면이 배가 부른 사각형 모양을 하고, 평평한 이물과 고물 비우가 갖추어진 형태를 한 것으로 추정된다〈그림 4〉.

한편 고려 후기의 선박으로 달리도선, 안좌도선 등이 있다. 달리도선은 전체 길이 12m, 너비 3.6m, 깊이 1.6m의 배로서 저판은 세줄로 구성되어 있으며, 중앙저판에 돛대를 세운 2개의 사각구멍이 확인된다. 외판은 앞서 고려 전기의 선박과 달리 단면 L자형의 만곡부종통재 없이 막바로 저판과 연결되어 있는데, 양현 모두 4단이 확인되었다. 외판은 단마다 다른 각도로 접합되었는데, 총 6단까지 올라간 것으로 추정된다〈그림 5〉.

선체의 횡단면이 반 원형으로서, 사다리꼴을 이루는 고려 전기의 선박과 차이가 난다. 이물비우는 유실되었으나, 저판 뱃머리 부분에 이물 비우를 끼울 수 있는 홈으로 보아 세로형, 고물비우는 가로형이 확인되었다. 횡강력부재로서는 외판을 결구한 가룡보다 크고 대가룡보다는 작은 차가룡이 시설된 것이 확인되었다. 차가룡 한가운데에는 돛대를 지지하는 당아뿔이 끼워져 있다. 가룡은 1단과 3단, 차가룡은 2단과 4단에서 확인되었는바, 원래는 5단에 가룡, 6단에 차가룡이 더 있었던 것으로 추정된다.

안좌도선은 전체 길이는 17m, 너비6.6m, 깊이 2.3m의 중형선이다. 기본

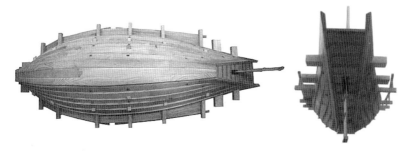

<그림 5> 달리도선의 바닥면과 뒷면 3D 복원 (곽유석, 2012)

적으로 달리도선과 같은 구조이나, 기술적인 측면에서 더욱 발달된 것으로 추정된다. 저판은 3열로 구성되어 있는데, 저판의 뱃머리 끝은 이물비우에서 끝나는 것이 아니라 더 돌출되어 있어 장애물로부터 이물비우를 보호하기 위한 배려를 하였다. 외판은 좌현 2단, 우현 7단이 남아 있었지만, 8단 이상이 있는 것으로 추정되는데, 뱃머리 부분이 유난히 두터운 것이 특징이다. 횡강력부재로서 배 최상단에 설치된 멍에 혹은 대가룡과 그 다음 크기인 차가룡이 가룡과 함께 시설되었음이 확인되었다. 이물비우는 세로방향으로 결구했음이 저판 뱃머리의 홈으로 확인된다.

한편 다음 절에서 소개하듯이 중국에서 발견되었지만, 고려 배로 주장되는 사례로서 봉래3호선과 봉래4호선이 있다. 봉래3호선은 추정 길이가 22.5 m 혹은 27m, 너비 8.4m, 깊이 2.88~3m로 대형 선박에 속한다. 총톤수는 160톤급으로 40명 정도의 인원이 승선한 것으로 추정되고 있다.

저판은 3열로 앞서 다른 고려 선박과 같으며, 나무 못인 장삭으로 연결한 것 또한 당대 중국 선박에서는 흔하지 않다. 외판은 우측 4단, 좌측 9단이 남아 있는데 이 역시 고려국내선과 마찬가지로 홈박이 붙이 이음방법, 길이방향은 반턱맞춤의 방법으로 연결하였다는 것이다. 돛대받침에는 구멍이 2개가 파져 있는데, 뱃머리에 치우쳐 한 곳, 중앙에 한 곳 도합 2곳에 조성되어 있다.

한편 고려국내선과 다른 것은 횡강력부재로서 가룡과 차가룡 대신 격벽

시설이 되어 있다는 점이다. 격벽은 두 번째부터 여섯 번째까지 남아 있는데, 흔적으로 미루어 9개가 설치되었으며, 이를 보강하는 장치로서 그 앞뒤로 늑골이 설치되어 있다. 이러한 격벽과 늑골시설은 전형적인 중국의 선박의 특징으로서 이를 통해서 중국 배라고 주장될 수도 있는 것이다.

배에서 14세기 전후로 추정되는 고려 상감청자 접시 1점이 중국 도자기와 함께 발견되어 고려 말기 선박일 가능성을 말해주는 또 다른 근거가 된다. 고려 배라고 주장하는 연구자들은 1270년경에 고려와 원의 연합군이 일본으로 원정하기 위하여 중국 군선 수천척이 한반도 남해에 들어올 때 중국 조선 기술이 유입되어 고려 선박에 적용되었을 가능성이 높다고 설명한다. 고려 국내선박이 1개의 돛을 단 것과 달리 2개인 것이 또한 차이가 나는데, 그것도 중국의 영향을 받거나 한편으로 원거리 선박이기 때문인 것이라고 설명되고 있다.

봉래 4호선은 저판 3열만 남아 있는데, 중앙 저판에 돛대구멍이 뚫려 있고, 나무못 장삭으로 연결된 점으로 보아 이 또한 고려선박일 가능성이 있다고 주장되고 있으나, 다음에 보듯이 중국 연안을 운항하는 선박에서도 사선(沙船) 혹은 평저선이 많으므로 보다 많은 논거가 필요한 것으로 판단된다.

2. 국내 해상무역과 도자

앞서도 잠깐 지적하였듯이 고려시대 서남해안에 조창이 있는데, 그것은 당시 수도였던 개경 근처인 경기황해에서 호서 호남해안을 거쳐 경남해안 이르기까지 12곳에 위치한다. 물론 연안항로를 따라 이동하는 선박은 세곡선 이외에 개경과 근기 지역으로 운송하는 물자를 실은 배가 있음은 물론이다. 도자기 등 대량으로 육상으로 운반하기 어려운 물자는 배를 이용하였을 것이다. 배의 침몰지점에 대해서도 기록에 상당수가 전하는데, 그에 따르면 태안반도, 군산, 그리고 해남 목포구역으로 확인된다.

배에 선적되어 운반되는 화물은 다종다양하지만, 수중에 매몰되어 확인되는 것으로 도자기가 큰 비중을 차지 한다. 실제로 난파선의 존재를 확인하는 단서도 도자기인데, 그렇다고 물론 화물선이 모두 동 물품만을 선적하는 것은 아니다. 도자기는 부식되거나 부패하지 않을 뿐만 아니라, 배에 선적된 수량이 많아 다른 물자보다 후대에 전하기 용이하기 때문에 발굴된 대부분이 도자무역선인 것이다.

도자기는 또한 당대의 역사와 문화를 고고학적으로 설명하는데 그 학술적 가치가 높다. 우선 그 생산지에 대해서 다른 어느 유물보다 확인할 수 있는 단서가 풍부하고, 그 시기와 연대 또한 형식학적 방법을 통하여 밝히기 용이하기 때문이다.

도자기를 실은 선박이 난파된 사례 중 가장 이른 것으로서 완도 어두리 사례를 들 수 있다. 3만여 점의 청자가 실려 있었는데, 가마터에 남아 있는 자기 형식으로 보아 11~12세기의 고려 전기에 해남 진산리에서 제작된 것으로 추정된다. 흙비짐 굽으로 구워진 중급이하의 제품으로서, 대부분 식기용의 대접이므로 남해 연안 혹은 제주도의 근거리에 운송하기 위해 선적된 것으로 추정된다. 특별기종으로 음각 연판문 반구병과 함께 철화수법으로 꽃무늬가 장식된 매병과 장고가 수점 확인되었다.

같은 11세기말 12세기 초의 도자기로서 군산 십이동파도의 사례가 있다. 8천여 점의 청자가 선적되어 있었는데, 그 대부분이 중하품으로서 문양이 없는 녹색, 갈색의 대접과 접시 종류의 생활용기이다. 기형과 문양으로 보아 앞서 어두리 사례와 마찬가지로 해남 진산리와 신덕리 가마에서 생산된 것이다. 난파선 위치로 보아 해남에서 출발하여 당시 왕경인 개경을 포함한 군산 이북 지역으로 운송될 예정인 것으로 추정된다. 그러나 막바로 해남에서 일괄 생산된 도자기를 해남 앞바다에서 조운선이 정박하여 실었다기보다는 일단 근처 영암 조운창인 장흥창에 운반된 다음, 배에 실

〈그림 6〉 마도1호선 출토 청자상감주전자세트와 김순영명 목간
(국립해양문화재연구소, 2010)

렸을 가능성이 높다 하겠다.

군산 비안도 난파선에서는 3, 100점의 청자가 선체의 바닥에 포장된 상태로 발견되었는데, 소나무 쐐기와 짚, 갈대 등으로 완충하고 배의 가로와 세로방향으로 적절하게 배열하여 선적된 채 발견되었다. 그 형식으로 보아 강진 용운리 등의 사례와 비슷하지만, 12세기 후반에서 13세기 전반에 이르는 시기에 부안 진서리 가마에서 제작된 것으로 추정된다. 부안 근처에서 선적하여 개경 방향으로 가다가 침몰한 것으로 보이는데, 역시 앞서 사례와 마찬가지로 최상급이 아닌 대접과 접시, 찻잔으로서, 음각으로 연꽃, 앵무새 무늬, 압출방식으로 모란과 연꽃무늬가 장식된 생활기종이 주종을 이룬다. 예외적으로 흑백상감의 국화와 모란 무늬 분합도 확인되었다.

개경에 근접한 태안반도 해역은 조선시대 기록에 '난행량'이라고 하여 해난사고가 잦았는데, 고려시대 국가에서 설치한 '안흥정(安興亭)'이라는 객관이 있는 지역이다. 이 지역은 우리나라 수로상의 4대 험한 항로로서 연중 지속되는 안개, 복잡한 해저지형, 급속한 조류 흐름, 수중암초 등이 존재한다. 실제로 이 지역에서 고려시대 난파선이 다수 확인되는 바, 태안 대섬,마도 1, 2, 3호 선이 바로 그것이다.

우선 태안 대섬의 난파선에서는 청자 2만3천점이 선적되어 있었는데, 같이 출토된 목간을 통해 탐진(耽津)에서 출발한 것이 확인된다. 개경의 중개인으로 추정되는 정9품 무반 대정 인수(隊正 仁守), 안영호(安永戶) 등과 수취인인 종3품 최대경(崔大卿) 등의 실명이 확인되는 것으로 보아 공물이나 진상용이 아님을 알 수 있다. 일부 작은 유병과 찻잔이 있지만 그 대부분 식기로서 대접, 접시, 완으로 3~4개의 크고 작은 대접이 셋트로 51조가 확인되었다. 음각으로 앵무새를 비롯하여 물고기, 파도, 연꽃무늬가 장식되거나, 양각 혹은 압출방식으로 연꽃과 국화 무늬가 장식된 사례가 다수 출토하고, 내화비짐 받침을 하고 있는 바, 최상급은 아니지만 중상급의 청자인 것으로 추정된다. 특수 기종으로 청자 철화문 두꺼비 모양의 벼루, 청자 사자모양 뚜껑 향로도 확인된다.

태안 마도 1호의 난파선에서도 수천 점의 청자가 선적되어 있었는데, 같이 출토한 수십 점의 목간과 죽찰에 화물의 선적과 출항 날짜, 발신지, 수신지가 확인된 바 있다. 정묘(丁卯)와 무진(戊辰)명 기록을 통해서 1207~1208년에 운송되었으며, 당대 무신 정권기 최고 통치자 최충헌 아래에 대장군으로 승진한 김순영(金純永) 등의 개경 상류층에 공급될 예정인 것이 확인된다. 이 배에 실린 자기 중에 앞서 다른 난파선에서도 출토된 음각의 앵무문과 연판문 , 양각과 압출의 연판문과 모란당초문 등이 장식된 대접이 다수를 차지하고, 철화문 발과 병 등도 포함되어 있다. 무엇보다도 상감수법으로 모란꽃 문양이 제작된 표주박모양 주전자가 주목되는데, 투각받침대와 음각 화문의 받침대접과 셋트를 이루어 선적되어 있었다〈그림 7〉. 대체로 이들 상당수는 그 형식으로 보아 강진 용운리에서 제작되었을 가능성이 높은데, 일부 우수한 상급 제품도 있지만 대부분 중급 이하의 도자제품이다.

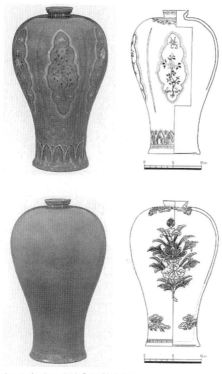

〈그림 7〉 마도2호선 출토 청자매병
(국립해양문화재연구소, 2011)

마도 1호선 인근에서 확인된 마도 2호선은 식품을 비롯한 각종 화물을 선적한 것이어서 출수된 도자기 숫자는 그렇게 많지 않다. 그러나 앞서 1호 마도선과 마찬가지로 연대와 발송지 및 목적지 수취인이 적힌 목간, 죽찰 뿐만 아니라 도자기 내용물의 이름이 적힌 패찰도 발견되어, 해상물류의 구체적 실상을 알 수 있어 중요하다. 특히 죽찰이 있는 청자매병 2점이 확인되어 주목되는데, 청자 음각연화절지문 매병 2점과 청자상감화훼 물새나비문 매병 1점이 바로 그것이다. 전자 중의 1점은 '중방도장교 오문부 댁(重房都將校 吳文富 宅)에 올림. 꿀을 병에 채움', 후자는 '중방도장교 오문부 댁에 올림. 참기름을 병에 채움'이라고 적힌 죽찰이 함께 출수하여, 그 발송처가 정8품 하급무관이고, 내용물이 꿀과 참기름이라는 사실이 확인되었다〈그림 7〉. 함께 나온 화물에 딸린 죽찰에는 고창현, 무송현, 장사현, 고부현 등의 지명이 나와 그 출항지가 고창 정읍 일대라는 것을 알 수 있다. 또한 부안 유천리의 가마에서 나오는 청자와 같은 형식에 속하는 것이 확인되었다. 그 외 도자기로서 200여점 정도 출토되었는데, 대접, 접시 등의 생활용기가 대부분이다. 출항 시기는 1213년에 종3품의 태부경(太府卿) 자리에서 물러

난 사람의 이름이 있는 죽찰을 통해 그 이전으로 추정된다.

마도 3호선에서도 목간과 죽찰이 수십점 출토하였는데 특히 수취인 이름으로 사심김영공(事審金令公)', '유승제(兪承制)', '신윤화시랑(辛允和侍郞)' 등 고려 강도정부 관료 이름이 확인되어 중요하다. 김영공은 당대 실력자 김준(金準)으로 이들이 각각의 직위에 있었던 1265~1269년에 선박이 항해하다 난파된 사실을 알 수 있다. 또한 여수현부사심(呂水縣副事審)의 이름을 통해서 발송처가 여수라는 사실도 알 수 있는데, 실물로 전하는 것은 45점의 도기 항아리와 30여점의 고려청자이다. 죽찰에 '건염(乾鰔)' '생포염(生鮑醯)', '사어(沙魚)' 등이 적혀 있어 마른 홍합, 상어 등의 품목을 항아리에 담아 배에 실었던 사실이 또한 확인된다.

한편 군산해역에서는 비안도 동쪽 1km 지점에서 고려상감청자 3178점이 인양되었는데, 대체로 12세기경으로 추정되고 있다. 군산 십이동파도 해역에서는 수중발굴조사하여 8천점이 넘는 고려청자가 발굴되었다. 이들 도자기는 다음에 보겠지만 그 형식으로 보아 해남 산이면 진산리, 화원면 신덕리 등에서 생산되는 도자기와 흡사하다. 그러나 막바로 해남에서 일괄 생산된 도자기를 해남 앞바다에서 조운선이 정박하여 실었다기보다는 일단 근처 영암 조운창인 장흥창에 운반된 다음, 배에 실린 것으로 이해된다. 그 연대를 정확하게 입증하는 자료가 발견되지 않았지만, 다만 청자의 형식으로 보아 12세기경으로 추정되고 있다.

Ⅲ. 중국 난파선과 무역도자

1. 중국 선박의 변천

문헌기록을 통해서 중국에서 근대 이전 선박의 제작과 운항이 어떠한 변천과정을 거쳤는지에 대해서 이설염(李雪艶)이 정리한바에 따르면 크게 진과 한, 당과 송, 그리고 원과 명의 3 시대 별로 나누어 설명이 된다.

우선 진한 시대는 이전보다 용도에 맞추어 제작된 선박의 종류가 크게 늘어난 것이 주목된다.[1] 전투용은 이 단계에 더욱 발전하여, 갑판 위에 가옥시설을 갖춘 루선(樓船)이라고 하는 선박이 위만 조선에 대한 군사 활동을 수행할 때 동원되기도 한 것으로 알려져 있다. 또한 배의 주요 장비로서 물을 젓는 노(漿)나 방향을 잡는 키(櫓 혹은 舵), 그리고 정박하는 데 필요한 닻(碇 혹은 錨)이 보다 효율성을 높이는 구조와 형태로 발전한다. 무엇보다도 바람을 이용하여 배의 속도를 높이는데 절대적으로 필요한 돛(帆)과 돛대(桅)가 크게 발달하는 사실에 유의할 필요가 있다.

다음 당 시대에 이르면 이미 진한대에 대형의 선박을 건조하는 조선시설이 확인된 양주(揚州), 초주(楚州), 월주(越州)를 비롯하여 강남과 영남 여러 지역을 중심으로 그 규모와 숫자가 크게 늘어난다. 더 나아가 송나라 때에 이르면 정부에서 해상무역을 장려하는 정책을 추진하는 바, 기록에 따르면 대형 선박이 2천여척 이상이 건조되는 것으로 전한다.

더욱 선박의 종류가 많아지고 부속장비와 시설이 크게 발달하는데, 그 중에서도 당나라 때부터 이른바 사선(沙船)이라고 불리는 대형의 평저선이 등장한 사실이 특기할 만하다. 사선은 규모를 늘이면서 폭을 넓히고 무엇보다도 바닥을 평편히 하면서 돛과 돛대가 여러 개 달린 것이 특징적이다. 물에 잠기는 부분이 깊지 않아서 수심이 낮은 황해의 북부 연안을 중심으로 운항이 되었는데, 후대인 송·원·명 시대에도 화물선, 여객선, 혹은 군선으로 많이 제작되어 연안 바다는 물론 큰 강에서도 활용되었다.

제작되는 선박의 종류가 크게 늘어나는데, 그 중에 전투용 선박을 중심

---

1 기록에 따르면 편(艑), 정(艇), 령(舲), 방(舫), 두함(斗艦), 척후(斥候), 몽동(艨艟) 등이 확인되는데, 앞서 4종의 선박은 사람이나 화물을 실어 나르는 보다 단순한 형태의 일반 선박이지만, 뒤의 3종은 전투에 동원된 것으로 그에 필요한 각종 설비가 갖추어져 있는 선박이다.

으로 기록에 전하는 내용이 주목된다. 루선(樓船), 몽충(艨冲), 두함(斗艦), 주하(走舸), 유정(游艇), 해주(海鶻) 등 여섯 종류가 바로 그것으로 이중의 상당수는 진한대 이전에 등장한 것이지만, 그 구조와 규모, 이에 딸린 시설장비가 크게 발달한 것이다.[2]

원명시대에 이르러 해상무역은 더욱 중시되면서 대규모 조선창 시설이 건설되는데, 강소 용강(龍江), 회남 청강(淸江), 그리고 산동 북청하(北淸河) 조선창이 그 대표적인 사례이다. 특히 용강 조선창에서 영락 황제의 명을 받아 건조한 선박으로서 정화가 원거리 서역 항해를 단행하는데 동원되었던 길이 44장 132m, 폭 18장 54m의 정화하서양보선(鄭和下西洋宝船)이 유명하다.

아울러 당대에 등장했던 사선과 함께 명대에 들어서면 이른바 '복선(福船)'과 '광선(廣船)'이 널리 알려져 있다. 복선은 복건성과 절강성 지역에서 제작 활용된 선박인바, 바닥에 뾰족한 용골을 갖추어진 첨저선으로서 물에 깊이 잠겨 일정 깊이 이상의 바다에서 운항되는 선박이다. 항구에 정박하기 어려워 작은 배를 이용하여 사람을 실어 나르는데, 장방형의 돛이 2~3개가 달리고 갑판이 넓은 것이 특징이다. 명나라 때 원양 바다에서 왜구를 물리치기 위한 전투용으로 활용하였던 기록이 전한다.

광선(廣船)은 광동성 지역의 연해에서 제작 활용되었다고 해서 이름이

---

2 이들 배의 기능과 구조를 살핌으로서 당대의 선박 기술의 수준을 이해할 수 있는 바, 이를 소개하면 다음과 같다. 우선 이 시기의 루선은 갑판 위에 가옥시설을 삼층 이상 세웠으며, 뱃전에 방어용의 여장(女墻)등의 각종 시설을 갖춘 선박으로서 군사지휘용으로 활용되기도 한다. 두함은 층층히 올린 막 구조물과 여장을 겹겹히 시설하고, 공격 장비를 갖춘 전투용 선박이다. 주하도 역시 선현에 여장을 갖춘 전투용 선박으로서, 소수의 정예군사가 빠르게 운항할 수 있게 구조가 단순한 선박이다. 해주는 현측 좌우에 부판(浮板)을 갖추고 이물보다 고물 쪽이 높은 선박으로 풍랑과 악천후에 운항하기 유리한 구조를 갖추었다. 몽충은 이물과 고물 쪽에 노기와 창을 사용할 수 있는 시설을 갖추어 적의 접근과 공격을 막으면서 빠른 속도를 낼 수 있는 소형 선박이다. 유정은 방어용 여장시설이 갖추어지지 않은 선박으로 회전이 자유롭고 정지하였다가 빠른 속도를 낼 수 있는 형식이다.

붙여진 선박이다. 앞머리가 뾰족하면서 길며, 선체의 횡강력 연결구조가 치밀하고 격창판이 발달한 것으로서 장거리 원양 항해에 유리한 선박이다. 19세기 중엽에 영국까지 바다로 건너간 '기영(耆英)'호가 이에 속한다.

2. 난파선 유적의 조사

중국의 난파선 유적에 대해서는 우리나라와 마찬가지로 크게 두 가지로 나누어 살펴 볼 수 있다. 하나는 육상에서 조사되는 경우로 내륙 하천에서 운항되는 배가 하천바닥이나 유역에 묻혀 있다가 발굴된 것이다. 특히 중국에서는 동서 수천 km 흐르는 긴 강이 있을 뿐만 아니라, 수당시대 이후 남북 내륙을 관통하는 대운하가 개발되어 운항되는 대규모 선박의 숫자가 적지 않다. 다른 하나는 바다 밑에서 조사되는 경우로 대륙 해안 혹은 도서 근처를 운항하다가 침몰한 배가 그 대상이다. 1960년대의 비교적 이른 시기부터 지속적으로 많은 숫자가 조사된 것은 전자로서, 신석기시대부터 근대에 이르기까지 전 기간에 걸쳐 다양한 형식의 선박이 확인되었다. 후자의 경우는 1980년대 말 이후로 그 사례가 있는데 그 대부분 송·원시대 이후의 선박이다.

이들 난파선 조사의 사례를 육상과 수중 발굴로 구분하고, 각각 선박의 형식과 시대 순으로 살펴보고자 하는데, 이에 대해서는 맹원소(孟原召)가 2002년도에 발표한 〈中國境內古代沈船的考古發現〉이라는 잘 정리된 글이 있어, 이를 토대로 필요한 것을 추려 설명하고자 한다. 단 우리나라에서는 조선시대 이후 발견된 사례가 드물고 고고학적 관점에서 수집되는 정보가 적은 사실을 고려하여 중국 청나라 이후의 조사사례는 생략한다.

1) 육상의 난파선

발굴되는 난파선은 제작기법으로 보아 통나무를 잘라 내부를 파내에 만든 독목선(獨木船), 통나무배 구조에 현측판으로 목판을 잇대어 만든 준구 조선, 그리고 배의 각종 부재를 목판으로 제작하고, 별도의 많은 시설을 부가하여 선박의 전체 구조를 완성한 구조선으로 나누어 볼 수 있다.

우선 통나무배는 우리나라와 마찬가지로 8천~7천년전의 것으로 절강 (浙江) 소산(蕭山) 과호교(跨湖橋)에서 2002년 조사된 중국에서 가장 이른 선박의 조사 사례가 있다. 남은 길이 5.6m, 폭 52cm 크기로 주변에 목재 가구편과 돌도끼 등의 공구가 있어, 발굴자는 출토지점이 선박 제작장이라고 추정한다. 통나무배는 근대에 이르기까지 사용되는 사례가 적지 않게 확인된 바 있다.

춘추전국시대 이전의 것으로 강소성 무진엄성(武進奄城)에서 1982년에 세 척이 발견되었는데, 각각 길이 7.35, 4.34, 11m의 것이다. 그 다음 서한 시기의 것은 1975년에 복건성 연강(連江)에서 길이 7.1m의 1척, 동한시기의 것은 1975년에 산동성 화주염강(化州鹽江)에서 6척이 발견되었다. 통나무배를 발전시킨 사례로서 1976년에 같은 산동성 지역의 평도(平度)에서 발견된 수나라 때의 것이 있다. 길이 23cm의 통나무배 2개체를 판목과 목제 장부로 연접한 것으로 전체 폭은 2.8m이다〈그림 8〉.

다음 통나무배에 현판을 연접시킨 초보적인 준구조선으로서 1975년에 강소성 무진만수(武進萬綏)에서 발견한 서한시대의 선박 사례가 있다. 저판은 3단으로 조립하고, 양측현판은 통나무배를 분할하여 연접한 배이다. 1979년 상해 포동천(浦東川) 사현(沙縣) 천양하(川揚河) 유역에서는

〈그림 8〉 산동 평도 통나무배 복원모형
(산동성박물관 전시)

당나라때 선박이 발견되었는데, 통나무배 양쪽으로 현판을 연접시킨 것이다. 길이 11.6, 폭 90cm 크기로 현판과 저판을 연접하는 데에 쇠못을 사용하고 연결부위에는 기름을 섞은 목탄을 바른 것이 확인되었다.

목판을 연접하여 만든 구조선으로 당나라 것이 운하 유적에서 다수 발견되었는데, 가장 일찍이 발견된 사례는 1960년에 강소성 양주 시교(揚州施橋)에서 발견된

〈그림 9〉 안휘성 회북유자 난파선 (孟原召, 2013)

것이다. 남은 길이 18.4m, 폭 4.3m, 깊이 1.3m의 크기로 5개의 선창을 갖추었으며, 늑골이 있어 좌우 선현을 연결하고 있었다. 1996년 하남성 영성후령(永城侯領)에서 출토한 선박은 잔존길이 24m, 폭 5m의 크기로 이물이 뾰족하고, 바닥이 평편한 형식이다. 저판과 현판을 제작하기 위해 다수의 목판을 연접하는데, 목제장부와 쇠못을 이용하였다. 돛을 단 흔적은 발견되지 않았지만, 선창이 시설되어 있고, 노를 걸었던 장치가 남아 있었다.

1999년 안휘성 회북유자(淮北柳子) 운하유적에서 8척의 당나라 선박이 발견되었는데, 그중 6척이 목판 구조선이었다. 길고 좁으면서 바닥이 평편한 형태로서, 현판이 곡선을그리며 연접되었는데 수직에 가깝다. 1호선의 경우 전체복원 길이 18.97m, 폭 2.58m, 깊이 1.1m, 6호선은 길이 27m, 폭 3.7m, 깊이 1.4m의 크기를 갖추었다〈그림 9〉.

1973년에 강소성 여고(如皐)에서 발견된 당나라 선박은 남은 길이

〈그림 10〉 하남성 활현 신구 평저 난파선 (孟原召, 2013)

17.32m로서 격판으로 구분된 6개의 선창을 갖춘 것이다. 단범의 목판선임을 알 수 있는 1기의 돛과 그것을 고정한 시설이 확인되었으며 선체에는 남방 지역의 청유자기가 실려 있었다.

송대의 선박은 〈송사 병지(宋史 兵志)〉 기록에 '방사평저(防沙平底)'라고 표현된 '사선(沙船)' 혹은 '평저선(平底船)'이라는 이름으로 널리 알려져 있다. 북쪽으로 천진에서부터 남쪽으로 상해에 이르기까지 여러 지역에서 다수가 발견되었다. 1978년에 천진 정해 원몽구(靜海 元蒙口)의 황하유역에서 길이 14.62m의 평저선이 발견되었는데, 12개의 횡목과 함께 선현과 늑골, 방향타 등이 확인되었다. 같은 해에 상해 남범 대치하(南氾 大治河)에서 길이 16.2m의 선박을 발견하였는데, 9개의 선창이 있고, 1개의 돛을 갖춘 평저선이었다. 또한 같은 해에는 상해 오송강(鳴淞江)에서 길이 6.23m에 7개의 선창이 남은 평저선이 발견되었다.

송나라 평저선은 2011년 최근에 들어와 하남성 활현(滑縣) 신구(新區)에서 바닥이 거의 남은 2척이 조사되었다. 전체 길이가 23.6m와 25.5m의 중형으로 방형의 이물과 고물을 갖춘 평저선으로서 바닥이 넓으면서 평편하고, 각 1기의 돛을 갖춘 것이 특징적이다〈그림 10〉.

다음 원나라의 배로서 비교적 이른 시기인 1976년에 하북성 자현(磁縣) 남개하촌(南開河村)의 장하(漳河)와 부양하(滏陽河)에서 6척이 발견되었다. 선창이 여러 개 갖추어져 있는 목판선으로서 그중 2척은 길이가 16m를 넘는다. 4호선은 고물에 '창덕분성양선(彰德分省粮船)'이라는 명문이 있어 곡물을 실은 선박임이 확인되었다. 383점의 자기가 실려 있었는데 대부분 하북의 민요로 유명한 자주요(磁州窯) 생산품이었다.

1988년에 북경에서 발굴된 1척의 원대 선박은 역시 내륙의 운하를 운행하는 조운선으로 전체 길이가 14.6m로서, 평저에 이물과 고물비우가 방형의 특징을 갖춘 것이다. 2010년 산동성 하택시(菏澤市)에서 발견된 원대목선은 선저와 우현이 잘 남아 있었다. 전체 길이 21cm, 폭 4.82m, 깊이 1.8m로서 방형의 이물과 고물을 갖춘 평저 사선이다. 고물 쪽으로 마련된 10개의 선창은 출토된 유물로 보아, 1~2번째 칸은 선원의 휴식공간, 3~7번째 칸은 화물선적 공간, 그리고 8번째는 선주의 공간, 9번째 칸은 식당으로 사용된 것으로 추정된다. 선내에서 경덕진요, 용천요를 비롯하여 균요, 가요, 자주요 등 여러 지역의 자기가 100여점 출토되었다.

명나라 때 조운선으로 1956년에 산동성 양산현(陽山縣) 송금하(宋金河) 유역에서 발견된 사례가 있는데, 전체길이가 21.8m의 선박이다. 이물과 고물이 평편하고, 평저의 바닥에는 13개의 선창이 있으며, 돛대가 남아 있었다. '황송통보(皇宋通寶)', '홍무통보(洪武通寶)' 등의 화폐와 함께 각종 무기와 생활공구가 출토하였다.

한편 앞서의 사례가 내륙 하천 혹은 운하에서 운항된 평저 사선인 것과 달리 해상에서 먼거리를 운행하는 첨저의 대형 선박이 연안가 개펄에서 발굴된 사례가 있다. 1974년 복건성 천주후저(泉州后渚)에서 발굴된 남송대 선박이 이를 대표하는데, 전체길이 24.2m, 폭 9.15m의 크기에 13개의 선창을 갖춘 것이다. 용골과 늑골, 격판과 돛, 조타시설이 확인되며, 도자기

를 비롯하여 향료와
약재, 금속공구, 피혁
제품 등 각종 화물이
선적되어 있었다〈그
림 11〉. 1982년에 천
주 법석(法石)에서 발
견된 선박은 앞서의
사례와 유사한 구조
를 갖추었으나, 규모

〈그림 11〉 복건성 천주후저 난파선 (孟原召, 2013)

가 작은 것으로 남송대에 속하는 진강자토요(鎭江滋土窯)의 자기와 함께 발
굴되었다.

1979년에 절강성 영파(寧波) 동문구(東門口)에서 발견된 송대 선박은 남
은 길이 9.3m에 뾰족한 이물에 평편한 고물, 여러 개의 선창과 전, 중, 후면
에 각각 돛대를 갖춘 외양선이다. 2003년에 같은 영파의 화의문(和義門) 옹
성유적에서 발견된 길이 9.4m, 폭 2.8m의 남송대 선박은 9개의 수밀격창
이 있지만, 돛대 시설이 확인되지 않은 것으로 보아 소형의 운수선으로 추
정된다.

다소 늦은 명나라 초기 선박으로서 산동 봉래수성에서는 1984년에 길이
28.6m, 남은 최대폭 5.6m의 선박이 발견되었다. 뾰족한 이물과 평편한 고
물을 갖추고 횡단면이 타원형을 이루었는데, 14개의 선창이 딸려 있었다.
2005년에는 인근지점에서 형식이 앞선 사례와 큰 차이가 없는 해상선박
을 4척 발굴하였다. 2호선은 길이 21.5m에 12개의 수밀격창, 3호선은 길이
17.1m에 8개의 선창을 갖춘 것으로, 발굴자는 1,2호는 명대, 3,4호는 원말
명초에 속하는 군용선 혹은 화물선의 성격을 지녔다고 추정한다〈그림 12〉.

앞서 보듯이 3,4호 선박이 고려 것일 가능성이 많다는 의견이 제시되고
있지만, 신안선처럼 명문자료가 확보가 되지 않은 것은 물론 배에 실은 화

<그림 12> 중국 봉래난파선 3,4호 (산동성문물고고연구소, 2006)

물이 제대로 확인된 것도 아니다. 그럼에도 고려선이라고 주장하는 것은 고려선 특유의 배 구조의 특징 때문임은 앞서 본 바와 같다. 1995년에 절강성 상산여차(象山

涂茨)에서 발굴된 명나라 해상선박은 길이 23.7m에 뾰족한 이물과 평편한 고물을 갖춘 것이다. 13개의 선창을 시설하고 2개의 돛을 달았으며, 청자 등의 자기를 선적하였다.

2) 수중의 난파선

바다 밑에서 발견되는 침몰선으로 오대에 속하는 것이 2010년 복건성 평담(平潭) 분류미(分流尾) 섬에서 각종 자기와 함께 확인된 바 있지만 그 대부분은 송대 이후에 속하는 것이다. 광동성 남해(南海) 1호선은 상하천도(上下川島) 인근의 수심 24m 깊이에서 1987년 발견되어 1989년, 2001~2004년, 2007, 2009, 2011년 등 수차례에 걸쳐 조사된 바 있다. 대략 30m 길이에 폭 7m, 높이 4m의 대형선박으로 출토되는 유물은 대부분 도자기로서 경덕진요, 용천요, 덕화요, 자토요에서 생산되었다. 2009년 이후 선박을 인양하기 위한 작업이 수행되고 있다.

뒤이어 1990년에서 시작해서 2002년에 이르기까지 수중조사가 이루어진 것으로 연강현(連江縣) 정해만(定海灣)에 위치한 백초(白礁) 1호 선박이 있다. 아직 그 전체 실상은 분명치 않으나 복건성 건요계 흑유자기를 비롯한 자기가 공반출토되는 사실이 확인된 바 있다.

1996년에 어부에 의해 발견되어 1998~1999년의 예비조사와

2007~2008년의 본 조사를 거친 수중난파선으로 서사군도(西沙群島) 화광초(華光礁) 선박이 있다. 선체 길이가 18.4m 이상, 폭 9m, 높이 3~4m에 이르는 대형 선박으로 판재가 여러 층으로 목제장부와 철제못으로 연접되어 있다. 남아있는 선창격판은 10개가 확인되고, 각 선창공간이 1.1~1.5m 사이의 크기를 갖고 있는데, 도자기와 철기, 동경, 동전 등 1만여 점이 발견되었다. 자기로는 경덕진과 덕화요, 자토요 이외에 남송에 속하는 여러 지역 제품이 출토된 것으로 전한다.

원대 선박으로 요령성 수중현(綏中縣) 삼도강(三島崗) 사례가 있는데 1991년에 수심 13~15m에서 발견되어, 1992~1997년에 6차에 걸쳐 발굴 조사되었다. 보존상태가 좋지 않아 일부의 선체만 확인되는데, 길이 21m, 폭 6m 크기의 선박으로 원대 자주요산의 도자기를 비롯한 각종 화물이 출토되어 발해만 연안을 오가는 상선으로 추정되고 있다. 복건성 평담현(平潭縣) 대련도(大練島) 근처 수심 15~18m에서 2006~2007년의 수중조사를 통해서 원대 말기의 선박이 발견되었다. 선체 저부와 이물과 고물의 일부가 확인되었는데, 6개의 격창판이 1m 간격으로 확인되었다. 서사군도(西沙群島)의 암초에서 발견된 난파선은 물살 등으로 인해 선체는 거의 남아 있지 않고 도자기만 흩어져서 확인되었는데, 원대의 강서 경덕진, 복건성 덕화요, 진강 자주토요에서 생산된 자기가 다수 포함되어 있었다.

명대의 난파선의 경우 비교적 많은 숫자가 발견되었는데, 산동 교남(膠南)의 압도(鴨島) 1호와 복건 평담(平潭)의 구량(九樑) 1호, 그리고 광동 산두(汕頭)의 남오(南澳) 1호가 대표적이다. 압도 1호는 수심 5~8m의 깊이에서 발견되었는바, 닻돌만 발견되었을 뿐 선체는 거의 확인되지 않고 경덕진 민요산 청화백자 등의 유물이 수습되었다. 구량 1호는 2006년에 조사되었는데, 동 선박에서 명대 백자와 청화백자 등의 자기가 수습되었다. 남오 1호는 수심 27m의 깊이에서 2010~2012년 기간에 3차에 걸쳐 발굴 조사되어 선체 상당수와 수만점의 유물이 수습된 사례이다. 선체 길이는 27m, 폭은 7.5m이고, 확인된 선창은 최소한 21개에 이른다. 출토된 유물은 대부분 자기로서 장주요의 청화백자가 다수를 차지하고, 경덕진 민요와 광동 매주요 등의 일상생활 용기도 일부 확인이 된다.

Ⅳ. 신안 난파선의 구조와 해상 무역

한반도 해역에 난파된 외국 배인 목포 신안 난파선은 앞서 설명하였다시피 우리나라 최초로 수중 발굴조사가 이루어진 선박으로 1323년에 침몰된 중국 원나라 배이다. 잔존 길이는 28.4m이지만, 추정복원 길이는 34m, 너비 11m, 깊이 3.6m로 약 260톤급 규모의 목선이다〈그림 13〉. 고려의 연안 선박이 길이 20m 미만인 것보다 규모가 크다.

배의 몸체를 구성하는 저판과 외판, 그리고 선수(船首)와 선미(船尾)를 살펴 보면, 우선 저판의 경우 무엇보다 단면구조가 평저형인 고려 선박과 달리 첨저형을 이루는 것이 주목된다. 이는 선박의 최저부에서 선수부터 선미까지 연결한 강력중심부재로서 인체의 척추와 같은 역할을 하는 용골에서부터 배 양측의 외판을 연접하여 올라가기 때문이다. 첫 번째 외판을 받쳐주기 위하여 용골 상부의 한가운데에 륵판, 좌우에 익판을 설치되었다. 용골은 단면 사각형으로서 앞부분에 길이 6.8cm의 전용골, 한가운데 길이 11.3cm의 주용골, 뒷부분에 8.4m의 미용골 세부분으로 나누어진다.

외판은 아래판의 상부 바깥쪽을 기역자 형태로 파내고, 윗판의 하부 안쪽을 연접시키는 이른바 홈붙이 클링커식 이음 방식으로 총 14단 연접되었는데, 윗판의 아래쪽을 파내고 아래판의 위쪽을 연접하는 고려선박과 차이가 난다. 용골에서 V자형으로 올라가다가, 외판 중간 쯤에서 수평에 가깝도록 크게 벌어지고 상부에 가서 수직으로 이어지는 형상이어서 날고 있는 새의 날개 모습을 하고 있다.

배의 외판이 마감되는 최전단인 선수 혹은 이물 비우는 평면 사다리꼴 형상을 하고 있다. 고려선과 마찬가지로 가로로 여러 단을 쌓아 올렸는데, 외판 좌우 변에 홈이 파여 연접할 수 있도록 하였다. 용골 기준선에 33도의 각도

〈그림 13〉 신안선의 복원상태 (국립해양문화재연구소)

를 이루고 있으며 총 길이는 7m에 이른다. 선미 혹은 고물비우는 복원 전체 길이 10m 정도로서 상부 폭은 넓고 아래로 갈수록 오므려 좁아지는 형태를 취하고 있다.

고려선박과 또 다른 큰 특징은 양측 외판을 지탱하여주는 황강력부재인 가룡이나 차가룡과 달리 수직 격벽을 설치하였다는 점이다. 격벽은 7~8단의 판재를 쌓아 올려 시설하는데, 앞 뒤로 7개 구간에서 설치되어 배의 내부공간을 8칸으로 구분하였다. 돛대는 고려 연안선과 달리 여러 개가 있는데, 주돛대의 받침이 선수쪽으로 첫 번째 격벽 앞에, 네 번째에 중간 돛대의 받침이 있어 두 개가 있으며, 그밖에 보조돛대가 갑판 위에 있는 것으로 추정된다.

중국에서 해양 운송용 선박은 앞서 보듯이 신안선과 마찬가지로 그 대부분 송대 이후로 남중국의 해안과 인근도서 지역에서 발견된 바 있다. 그 복원 크기가 30m를 넘는 대형 선박으로서, 격벽을 갖추고 있어 한반도 연안에서 확인되는 비슷한 시기의 그렇지 않은 선박과 대조가 된다. 또한 바닥에 용골이 있어 뾰족한 첨저선이 대부분인 점에서도 또한 차이가 난다.

신안 난파선은 1983년 조사에 수집된 배에서 발견된 꼬리표 목패에 적힌 명문자료 중에 '지치 3년(至治 三年)'과 '동복사(東福寺)'를 통해 1323년

동복사라는 절이 있는 일본으로 향한 배임이 확인되었다. 또한 '경원로(慶元路)'명의 청동저울추가 발견되어 경원 즉 현재의 절강성 영파에서 출항한 배임을 알게 되었다. 중국 화남 영파에서 일본으로 향하는 루트는 중간에 제주도 연근해를 경유하거나, 한반도 남해안 도서 지역을 경유하는 루트를 상정할 수 있다. 그런데 난파된 위치가 서남해안에서 다소 북상하여 서해 내륙 쪽으로 치우쳐 있다는 것은 동지역 인근에 기항하였을 가능성을 시사해주는 것일 수도 있다. 표류로 인한 항로 변경으로만 보기도 어려운 바, 그것은 정상항로에서 상당한 거리가 이탈하였기 때문이다. 그것은 뒤에 볼 것처럼 고려청자가 이 배에 선적된 사실로 뒷받침된다.

10차례 발굴조사를 거치면서 28톤의 동전, 8톤의 자단목 등의 화물과 함께 21,000여점의 도자기가 수습되었다. 그 대부분이 중국도자기로서 그 중 90% 정도가 원나라 양식으로서 당대에 제작된 것이고, 10% 못 미쳐 남송대 양식이 전한다. 원대 도자기로서 상당수는 대접과 접시와 같은 실용기인데, 특수기종으로서 화병, 반, 마상배등의 전형적인 청자가 다수를 차지하고, 남송 도자기는 순형호(筍形壺), 오관병, 병, 향로 등 일상용기에 속하지 않는 기종이 포함되어 있다〈그림 14〉. 제작 산지별로 살피면 12,000점 정도가 절강성 용천요에서 생산된 청자이다. 그 다음 강소성 경덕진에서 제작된 청백자가 5,300점이 있으며, 그밖에 건요, 자주요, 길주요 동의 화남 여러 지역 가마의 생산품이 포함된다.

한편 중국도자기 이외에 고려청자 7점, 일본자기 2점이 확인되었다. 고려청자의 경우 음각모란문 매병을 비롯하여 상감운학문 대접, 상감국화문 베개와 잔받침. 사자문 향로 등 일상의 기종이 아닌 비교적 상급의 기종으로서 강진 사당리나 부안 유천리에서 제작된 것으로 추정된다〈그림 15〉. 일본도자기는 시유도기로서 세토[瀬戸]자기 매병 2점이 확인되었는데, 한 점은 무문 다른 한점은 음각으로 모란문이 장식된 것이다.

이러한 도자기의 출토기종을 미루어 주된 무역대상품은 중국 도자기로

서, 목패에서 확인된 것처럼 일본
의 사찰 등에서 승려들이 사용할
목적으로 선적된 것으로 보인다.
그중에 고려청자는 수출대상인지
여부에 대해서 확실하지 않으나,
분명한 것은 선원의 일상생활용
기로 보기 어려운 사실이 주목된
다. 설혹 그것이 영파에서 출항하
기 이전에 선적되었다고 하더라도
선박에서의 생활에 긴요한 물품이
아닌 것이다. 수량이 많지 않아 본
격적인 무역대상화물로만 보기도
어려운 바, 선박에 탑승한 특정의
사람이 이를 보유하고 사용하였다
고 볼 수 밖에 없다.

〈그림 14〉 신안선 출토 중국 청자
(국립해양유물전시관, 2006)

한편 선체는 발견되지 않았
고 제대로 조사된 것은 아니지만
1970년대와 1990년대 후반 제주
도 서쪽의 한경 신창리 바다에서

〈그림 15〉 신안선 출토 고려 청자
(국립해양유물전시관, 2006)

다수의 남송 대 도자기가 인양된 바 있다. 출토된 기종은 그 대부분 대접으
로서 음각으로 파도무늬가 장식되고, '하빈유범(河濱遺範)', '금옥만당(金玉滿
堂)' 등의 명문이 안 바닥에 찍혀 있다. 이와 같은 명문의 대접은 남송의 절
강성 용천요에서 제작된 것으로 추정되며, 일본 류큐열도의 아마미 오오
시마[奄美大島]의 해저에서도 다량 출토된 바 있다. 이 신창리 난파선이 제
주도를 최종 목적지로 항해하였는지 아니면 일본 규슈지역으로 항해하는
도중에 난파된 것인지 확실하지 않다. 위의 도자기는 실제로 일본 북규슈

후쿠오카에서 출토한 사례가 다수 있어 일본을 최종소비지일 가능성이 더 높다 하겠다. 그렇다 하더라도 오랜 기간 동안 항해하는 도중에 제주도에 기항하였을 가능성 또한 전혀 없다고 단정하기 어렵다.

요약

우리나라에서 1976년에 시작되어 오늘날까지 지속되고 있는 수중조사를 통해서 확인된 난파선 유적은 20여건의 사례가 있다. 그 대부분이 서해안 남부 지역에 위치하는데, 특히 충남 태안반도, 전북 군산, 전남 목포 해남 일대에 집중한다.

그중에서 10여채의 선박 구조물이 확인 조사되었는데, 출토되는 도자기 등의 유물과 명문자료로 보아 11~14세기의 고려시대로서, 바다를 통한 화물 선적이 이 시대에 가장 활발하였음을 알 수가 있다. 바꾸어 말하면 그 이후 조선시대보다 해양무역과 운송 정책이 이 시대에 더욱 강화되었다는 것이다. 난파선 10채중 8채는 고려 연안을 운항하였던 국내 선박이고, 1채는 중국 무역선이다.

고려선박은 그 대부분 길이가 15~20m의 중형으로서 저부가 평탄하고, 이물비우와 고물비우 역시 방형을 이루는 형식으로서 항속은 느리지만 한반도 연안의 지형에 걸맞게 조선되었다. 저판에서 외판으로 이어지는 경계에 L자형의 종통재가 시설되고, 양쪽 외판을 가로 연결하여 지탱하는 횡강력부재로서 가룡과 차가룡이 위아래 단을 이루어 시설되어 있다. 돛은 한가운데에 1개가 시설되어 있다.

문헌기록에 따르면 조창제도가 있어 서남해안 10여 곳에 조창이 있고, 각각에서 관리하는 조운선이 있다. 각 지역에서 생산된 도자기를 비롯하여 곡물이나 해산물 등의 각종 산물을 실어 나르는 사실이 알려져 있다. 실제로 발굴조사를 통해서 난파선에서 인양된 자료를 보면 한 배에 다량의 도자기와 함께 화물의 내용과 발송처를 밝힌 죽찰과 목패가 출토되어 기록을 뒷받침하여 주고 있다.

도자기의 경우 12~13세기에 전남 강진, 해남과 전북 부안 등지에서 생산된 것이 대부분으로 대접, 접시, 찻잔 등의 생활기종이 상당수를 차지하고 간혹, 매병과 받침달린 주전자도 확인된다. 음각 혹은 양각압출방법으로 연꽃 모란, 앵무새 무늬 등을 장식한 것이 많으며, 상감수법으로 무늬를 장식한 예가 드물게 보인다. 그 발송지는 당시 수도인 개경으로서 공물도 있지만 상당수는 사적으로 발송되는 사례도 있는 것으로 보인다.

한편 중국 화남지역에서 도자기와 자단목, 중국화폐를 선적하고 목간으로 보아 보아 일본의 교토 동복사를 목적지로 항해하고 있는 중국 무역선이 14세기 초에 목포 신안 앞 바다에 침몰하여 발굴조사되었다. 이를 통해 중국 화남에서 한반도 서남부와 일본 규슈, 그리고 세토나이해로 이어지는 당대 동북아시아 항로를 확인할 수 있다. 길이 30m의 대형 선박으로서 고려배와 달리 바닥에 용골이 시설된 횡단면 V자형의 첨저배인바, 먼 바다를 항해하는데 적합한 구조를 갖추고 있다. 고려 배처럼 횡강력부재가 외판 양측을 연결한 것이 아니고, 배 앞뒤 사이를 일정한 간격으로 7개 설치하여 만든 격판으로 시설되어 있다. 돛대 또한 앞뒤 2개와 갑판의 보조돛대 모두 3개를 갖추어 원양화물선으로서의 구색을 갖추었다.

중국 산동성에서 발견된 봉래 3,4호선은 일부 중국 배의 속성이 있지만, 고려배로 추정하는 것은 앞서 신안선과 달리 첨저가 아닌 평저의 배 모양을 하기 때문이다. 이를 통해서 한반도에서 중국으로 건너간 배의 실재 사례를 확인할 수 있으나, 중국 배일 가능성도 배제 못한다.

앞서 신안 난파선이 원래 한반도에도 기착하였거나 동남아지역도 경유하였을 것이라는 주장이 배에 많은 중국 남송때 도자기와 함께 한반도와 동남아의 도자기가 출토되었기 때문이다. 신안선에 실린 12,000점의 도자기의 60%는 중국 화남의 용천가마에서 생산된 것이지만, 그밖에 각지에서 생산된 것이 포함되어 있다. 기종도 화분, 매병 등 일반생활기종이 아닌 완상용 등의 기종이 있어 일본 등의 자국에서 생산되지 않는 특별기종이 주요 무역품인 것이 확인된다. 신안 배에 실린 7점의 고려청자 또한 일반 생활기종이 아니어서 역시 당시 일본에서 선호한 기종 중에 선호하고 주문한 도자기일 가능성이 높다하겠다.

〈참고문헌〉

[국문]

강경숙, 2012,『한국도자사』, 예경

고미경, 2006,「신안 해저 출토 용천요 청자 연구」, 명지대석사학위논문

곽유석, 2012,『고려선의 구조와 조선기술』, 민속원

국립해양문화재연구소, 2010,『태안마도 1호선 수중발굴 조사보고서』

_____, 2011,『태안마도 2호선 수중발굴 조사보고서』

_____, 2012,『태안마도 3호선 수중발굴 조사보고서』

국립해양유물전시관·신안군, 2006,『안좌선 발굴조사보고서』

국립해양문화재연구소·국립목포대학교 도서문화연구원, 2011,『고려의 난
　　　파선과 문화사』, 2011 국제학술대회

국립해양유물전시관, 2006,『신안선과 동아시아 도자교역』, 신안선 발굴 30
　　　주년 기념특별전

김도현, 2013,「한국 수중고고학 현황 연구」, 부경대학교 박사학위논문

김영원 외, 2003,『항해와 표류의 역사』, 솔

김용한, 1993,「신안해저 인양침몰선의 구조연구」, 영남대학교 대학원 석사
　　　학위논문

김재근, 1986,『한국선박사 연구』, 서울대학교출판부

김태은, 2012,「마도2호선 인양 청자매병의 특징과 성격」,『해양문화재』5
　　　호, 국립해양문화재연구소

서울대박물관, 2010,『태안 해저유물과 고려시대 조운』, 제49회 서울대학교
　　　박물관 기획특별전

윤용혁, 2010,「중세의 관영 물류시스템, 고려 조운제도」,『태안 해저유물과
　　　고려시대 조운』

이원식, 1991,『한국의 배』, 대원사

_____, 2004,「고려 완도선의 주요수치추정과 구조복원에 관한 연구」, 한국
　　　해양대학교석사학위논문

이진한, 2011,『고려시대 송상왕래 연구』, 경인문화사

국립해양문화재연구소, 2013,『해양유물전시관 안내』

[중문]

孟原召, 2013,「中國境內古代沈船的考古發現」,『中國文化遺産』2013-4, 國家文物局

山東省文物考古研究所外, 2006,『蓬萊古船』, 文物出版社

李雪艶, 2012,「中国造船工艺的历史演变与航海业的功能追求」,『大众文艺』2012-2, 河北省群众艺术馆

袁曉春, 2011,「蓬萊高麗(朝鮮)古船的結構與特徵」,『고려의 난파선과 문화사』, 국립해양문화재연구소·국립목포대학교 도서문화연구원

[일문]

後藤雅彦, 2013,「中國における水中考古學研究と沈沒船」,『考古學ジャーナル』641.

西谷正, 2013,「日本とアジアの水中考古學」,『考古學ジャーナル』641

5부

도서왕국의
해상활동

9장
탐라·우산국의 발전과 대외교류

논의 주제

한반도를 둘러싼 바다의 근거리 혹은 원거리에 다수의 도서가 분포하는데, 그 관계적 위치에 따라서 본토에 부속된 도서, 공해상에 고립된 도서로 구분할 수 있다. 후자의 경우 일정 크기 이상의 면적을 갖추어 상당수의 인구가 정주하여 국가에 버금가는 독립된 정치체를 이루어가는 해상도서왕국이 있다. 그러한 사례로서 대표적인 예가 제주도의 탐라국, 울릉도의 우산국이 있어 고대문헌기록에 그 존재가 전한다.

이들 해상의 소국은 자체 인구집단을 부양하고 운용하는데 필요한 자원과 시설을 섬 내의 자원을 개발 획득하기도 하지만, 상당부분은 바다를 통해서 외부에서 들여와야 된다. 이들 도서왕국 집단의 사회적 발전을 해상활동과 어떻게 관련되는지를 살펴보고자 하는 것이 이 장의 주제이다.

물론 우산국을 설명하는 데 필요한 문헌기록이 탐라국보다 적을 뿐만 아니라, 그를 대신하거나 보완해줄만한 고고학 조사의 성과 또한 훨씬 후자에 못 미친다. 20세기 초에 일본강점시기에 도리이 류우죠[鳥居龍藏]가 두 섬을 조사하고 동시에 보고문을 낸 이래, 우리 한국인 연구자의 손에 의

해 실시한 전문적인 고고학 조사는 울릉도가 앞섰다.

그 이후 제주도에서 지속적으로 조사가 이루어진 반면, 울릉도에서는 그렇지 못하여, 이제는 제주도의 조사성과를 적극 참고하여 울릉도의 사정을 설명하지 않으면 안되는 지경에 이르렀다. 특히 문헌기록으로 미루어보면 울릉도에 주민이 존재한 것으로 판단되는 6세기 이전의 원시 고대단계에 고고학자료가 제대로 확인되지 않아 더욱 제주도의 고고학적 성과를 참고할 필요가 있다. 서로 다른 지역의 고고학적 조사성과를 비교하는 것은 상호 자료가 충분하지 않아 보완하기 위한 목적에서도 그러하지만, 각 지역의 역사문화적 성격을 제대로 이해하기 위해서도 필요한 작업이다. 그럼에도 불구하고 그동안 제주도에 견주어 울릉도를 고고학적으로 설명한 사례가 거의 없었는 바, 이글에서 이를 시도하고자 한다.

두 섬의 고대 역사문화에 대한 설명은 주로 외부와의 관계에 초점이 맞추어져 있어 왔다. 고고학적 물질문화의 경우도 외부로부터 유입되어 들어 왔거나 그 영향을 받아 만들어진 것이라는 관점에서 주로 설명되어 왔다. 울릉도의 경우 6세기 이후 신라의 필요에 의해 육지로부터 인구 이주가 있었고 물자가 공급되었다는 설명이 그러하다.

그러나 울릉도나 제주도 섬의 주민이나 지역집단의 관점에서 한반도와의 관계를 바라볼 수도 있고, 자체 내재적인 동인에 의해서 조성되는 사회와 문화의 요소가 있음을 주의할 필요가 있다. 자료의 한계 때문에 어려움이 많지만 그러한 관점에서 고고학자료를 통하여 양 지역의 원시고대의 역사와 문화를 설명하고자 하는 것이다.

Ⅰ. 제주도, 울릉도의 지리적 환경

섬으로서 인구집단의 거주에 영향을 미치는 가장 큰 속성은 육지부로부터의 거리와 섬 자체의 면적이다. 우선 거리를 살펴보면 울릉도는 한반도 육지부에서 가장 가까운 삼척으로부터 137㎞ 떨어져 있다. 제주도는 육지부에서 가장 가까운 곳은 해남 땅끝마을로서 82.5km 정도 떨어져 있는 바, 울릉도 거리가 1.7배가 된다. 면적을 보면 울릉도는 73km²로서 제주도의 1840km²에 비하면 25분의 1정도이다. 울릉도의 전체형태는 오각형이

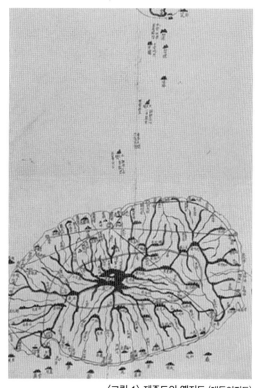

〈그림 1〉 제주도의 옛지도 (대동여지도)

며, 동서직경 10km, 남북직경 9.5㎞, 해안선 길이 56.5㎞정도이다. 제주도의 경우 전체형태는 타원형으로서 동서 60km, 남북 40km로 해안선 길이는 160km 정도이다〈그림 1, 2〉.

이러한 지리적 거리와 면적의 차이는 현재의 거주 인구에서 각각 2만과 50만이라는 차이로 반영되지만, 과거 특히 고대 이전의 경우 거주인구에 더욱 직접적인 영향을 준 것으로 이해된다. 당시 육지부로부터의 유입인구가 차이가 있고, 거주민의 사회구조와 생활방식, 나아가 그들이 남긴 고고학 자료에서도 차이를 보여주는 것이다. 제주도에서는 구석기시대 말기부터 신석기시대 전 기간과 청동기시대, 철기시대에 걸쳐 꾸준히 유적 유물자료가 확인되지만, 울릉도에서는 확실하게 전하는 것은 5세기 이후의

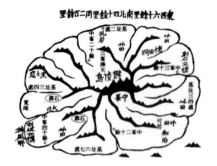

〈그림 2〉 울릉도의 옛지도 (대동여지도)

고고학적 자료로서, 그 이전 것은 발견되지 않았거나 확실하지 않다.

거리가 멀다고 해서 반드시 선사시대의 유적 유물자료가 없다고 보기 어렵다. 예를 들어 서남해상에 있어 육지부 해남에서 121km 떨어진 가거도의 경우 일찍부터 융기문토기가 확인되어, 이미 신석기시대 전기부터 사람들이 거주하였던 증거를 남기고 있다. 물론 육지부에 바로 인접한 진도가 있으며, 이로부터 97km 거리에 있고, 그 사이에 징검다리 역할을 하는 섬들이 얼마간 있어 그렇지 못한 울릉도보다 접근하기가 더욱 용이한 것은 사실이다. 그렇다고 하더라도 가거도는 면적이 9.1km²에 불과한 작은 섬으로서, 그보다 10배 가까운 넓이의 울릉도에서 신석기시대를 비롯한 선사시대의 유물이 발견될 가능성은 충분하다 하겠다.

울릉도와 제주도는 둘다 화산섬이라는 점에서 같다. 따라서 다공질의 현무암으로 대부분 구성되어 있기 때문에, 영구유수천이 거의 발달하지 못하고, 토양의 풍화도가 낮고 토심이 얕다. 용수조건을 갖춘 곳이 한정되어 있으며 관개시설이 절대 필요한 논 농사가 제대로 이루어지지 못하고, 염전 또한 조성되기 어렵다. 또한 양자가 유사한 점은 섬의 한 가운데에 최고봉이 있어 섬의 형상이 아스피데 형 혹은 삿갓 모양을 이루고 있다는 점이다.

이러한 점에서 양 도서 모두 취락 거점지역은 해안의 저지대일 수 밖에 없다. 실제로 제주도에서 지금까지 조사된 중세 이전의 유적을 보면 해발 100m 미만의 해안 저지대에 집중되어 있다. 마찬가지로 울릉도의 경우 대부분 조사된 유적이 삼국시대와 통일신라기와 고분이긴 하나, 전부 해발

50m 미만의 해안 저지대에 입지하고 있다. 남서리 유적의 예처럼 하천 계곡을 따라서 해발 100m 정도로 거슬러 올라가는 사례도 있지만, 인구거주 구역의 상당부분은 해안저지대인 것이다.

또한 대내적으로 마을집단간의 교류와 소통이 해안선을 따라 이루어지며, 대외적으로는 공해상으로 나아가는 거점이 해안지역에 있기 마련이므로, 더욱 주민집단이 남긴 고고학적 자료는 이 지역에 집중된다.

Ⅱ. 1기 [서기전 1세기 이전]

당연한 지적이지만 섬 현지에 사람이 살았던 고고학적 증거가 확보되면 이를 통해서 인접한 육지 어느 곳에서 언제 사람들이 이주하였는지 설명할 수 있는 토대가 마련된다. 문자기록이 전혀 전하지 않는 선사시대의 경우 더욱 그러한데, 앞서도 지적하였다시피 제주도에서는 선사시대의 고고학적 증거가 다수 확보되어 있지만, 울릉도는 그렇지 못하다.

고고학적 증거가 확보되지 못하였다고 하여 육지로부터의 이주가 없었다고 단정할 수 없음은 물론이다. 다만 차선책으로 그러한 이주가 가능한 여건을 검토할 필요가 있는데, 울릉도, 제주도에 가장 가까운 한반도 해안지역에 이주할 수 있는 잠재적 인구집단이 존재하는지, 그 섬이 해안지역에서 보일 수 있는 조망거리 내에 있는지, 그리고 그들이 해상으로 진출할 수밖에 없는 동인 등이 그 대상이 된다.

홍적세 혹은 플라이스토세가 끝나고 연륙된 제주도가 섬으로 된 이후 주민이 거주하기 시작한 것은 적어도 1만년 전이라는 사실이 한경면 고산리 신석기시대 초창기 유적과 유물자료를 통해서 입증된다. 좀돌날석기와 소형 긁개, 첨두기 등의 구석기시대 말기의 전통을 보여주는 석기와 슴베가 달리거나 달리지 않은 이 시대에 새롭게 등장한 소형 화살촉이 그 대표

〈그림 3〉 제주도 신석기시대 초기 고산리유적과 토기
(이청규 사진)

적인 유물이다, 이들 석기와 함께 식물줄기를 보강재로 한 원시형 토기도 발견되었는데, 이러한 유물갖춤새는 비단 고산리 뿐만 아니고, 제주도 북쪽의 삼양동, 오등동 등지에서도 확인된다. 이는 동일 집단이 제주도 전역을 이동하거나 아니면 여러 갈래 나뉘어졌음을 시사해주는 것이다〈그림 3〉.

신석기시대 주민은 비단 초창기 뿐만 아니라, 전기, 중기, 후기, 말기에 이르기까지 제주도에 거주하였음이 도내 여러 곳, 조천 북촌리, 대정 사계리, 한경 하모리 등지에서 발견된 유적유물자료를 통해서 확인된다. 이들 신석기시대 전 기간에 걸쳐 제주도에서 발견되는 토기 등의 유물자료와 유사한 사례가 한반도 특히 남해도서지역에서 다수 분포하여 인구이동을 짐작케 한다.

이처럼 신석기시대에 제주도로의 인구의 유입이 여러 차례에 걸쳐 이루어졌을 때, 울릉도는 어떠한 상황일까. 섬 이주민은 앞서 지적하였듯이 인접한 육지부의 해안도서지역에서 건너가기 마련이므로 동 해안지역의 상황을 살필 필요가 있다. 제주도와 가까운 한반도 남부 해안 도서에 신석기시대 유적이 다수 분포한 것과 마찬가지로 동해안 지역에서도 이미 신석기시대 조기 단계부터 다수의 유적이 분포하는 사실이 확인된다. 북쪽으로 고성 문암리, 양양 오산리, 울진 죽변리 등 신석기시대 조기 유적을 비롯하여 고성 철통리, 경주 대본리 등의 신석기시대 후기의 유적이 바로 그것이다.

동해안에서 울릉도는 가시거리에 있지 않다. 그러나 일정한 거리 이상 바다로 나아가면 울릉도가 보일 수 있다. 신석기시대 동해안 주민이 해상으로 나가는 경우는 양양 오산리 등지에서 발견되는 대형 낚시 바

〈그림 4〉 제주 상모리유적 원경과 출토무문토기
(이청규 사진)

늘을 통해 간접적으로 유추할 수 있다. 이 낚시바늘은 대형의 어류를 낚기 위한 것이며, 동일한 형식의 조합식 낚시는 일본의 서해안 연안지역에서도 다수가 발견된다. 따라서 양지역간의 왕래가 있음을 미루어 짐작할 수 있다. 일단 해상으로 진출하면 자발적 의지에 의해서건 표류성 항해를 통해서건 가시거리에 있는 섬으로 향할 수 있으며, 이를 통하여 신석기시대에 소규모 인구라도 울릉도에 이주할 가능성은 충분히 있는 것이다.

한편 청동기시대에 남해안도서지역에서 제주도로 건너간 사례가 대정 상모리 유적에서 확인된 바 있다〈그림 4〉. 그것은 동 유적에서 진주 대평리를 비롯한 남해안의 것과 동일한 형식의 무문토기를 통해서 짐작할 수 있다. 그러나 앞서 신석기시대와 달리 청동기시대 남해안지역의 주민들의 적극적인 해상어로활동을 보여주는 유물자료가 드물어, 그들이 해상으로 진출하여 멀리 떨어진 섬으로 이주하여 정착하는 경우는 불가피한 경우에

한정할 수 밖에 없는 것으로 판단된다. 그중의 하나는 육지부 현지에서 식량을 생산하기 위한 경작지의 부족으로 인하여 지역집단 간에 갈등이 발생하여, 새로운 식량자원의 공급지를 찾아 나선 경우를 들 수 있다. 학자에 따라서는 상대적으로 한랭한 기후가 도래하여 식량 산출량이 줄어들면서 새로운 영역으로 진출하였을 것이라고 주장하기도 한다.

청동기시대에 동해안 지역에서는 북쪽으로 고성, 강릉 등지에서부터 남쪽으로는 포항, 구룡포, 울산 등에 이르기까지 이른 단계부터 늦은 단계에 걸쳐 많은 마을 유적이 발굴조사된 바 있어, 이들 집단 중 일부가 울릉도로 우발적이라도 건너갔을 가능성을 배제 못한다.

울릉도 남서리에서 지석묘가 확인되었다는 주장을 전적으로 부정하긴 어렵지만, 그 절대연대와 출자를 알아 볼 수 있을 정도로 무문토기가 확인되지 못하고 있다. 설혹 무문토기인들이 육지 동해안에서 울릉도에 건너왔다 하더라도, 그들이 울릉도내에 정착하여 전형적인 지석묘를 축조할만큼 청동기시대 이른 단계에 다수 인력이 확보된 사회로 발전하기는 어려운 것으로 판단된다. 제주도의 경우도 소규모 생활유적은 발견되었지만, 지석묘의 축조는 한반도 육지부보다 훨씬 늦어 기원전 1천년기 후반에 비로소 시작하며, 성행하는 것은 다음 철기시대 이후의 일이다.

Ⅲ. Ⅱ기 [1~5세기]

잘 알다시피 3세기 삼국지 위지 동이전 동옥저조에 바다 '동쪽에 노인들의 말을 빌리면 조난당하여 수십일 가니 한 섬이 있어 사람들이 사는데, 언어가 통하지 않고 7월에 동녀를 바다에 던지는 제사를 지낸다'는 기록이 있다. 대체로 많은 연구자들이 이를 울릉도라고 보는 것이 지배적이나, 기록 그대로 수십일 조난당해서 도달한 섬이라면 다른 지역일 가능성도 전혀 배제 못한다.

제주도에 대한 기록 또한 삼국지 위서 동이전에 전한다. 동 기록 한조에 '주호(州胡)는 마한의 서해 큰 섬에 사는데, 그곳에 사는 사람들은 키가 작고 언어가 한(韓)과 통하지 않는다'고 하였다. 또한 '소와 돼지 치기를 좋아하고, 아래는 없고 윗옷만 입는데, 배를 타고, 중한(中韓)과 교역을 하는 것'으로 전한다. 이 주호기록에 말하는 마한의 서해 큰 섬이 제주도를 가리키는 것이 아니라, 강화도 혹은 묘도 열도를 가리키는 것이라고 주장하는 연구자도 있다.

제주도의 경우 지난 20여년 동안 고고학적 조사가 꾸준하게 이루어지고, 이를 통해서 지역집단의 발전과정은 물론 그 대외 교류에 대해서도 간접적이나마 추정할 수 있기 때문에 앞서 삼국지의 주호관련기록이 제주도라는 사실에 의구심을 갖는 논의도 거의 없었다. 상대적으로 울릉도의 경우 이를 뒷받침할만한 고고학적 증거가 없기 때문에 동 기록이 울릉도를 가리키는 것인가에 대한 의구심이 클 수 밖에 없는 지경에 이르렀다.

제주도에 인접한 남해도서지역에 기원전후한 시기에 이르면 한반도 서북한 지역에서 서해안을 거쳐 남해안, 그리고 일본에 이르는 해상교류활동이 매우 활발하게 전개되는 모습이 문헌기록은 물론 고고학적 자료를 통하여 확인된다. 그 대표적인 고고학 자료가 여수 거문도에서 발견되는 1000여점 가까운 수량의 오수전 화폐를 비롯한 중국 한대화폐이다. 제주도에서도 산지항 동굴유적에서 1세기 전반의 신나라 왕망 때 오수전, 화천, 대천오십, 화포 등의 각종 화폐가 수십매 발견된 바 있다. 따라서 남해안과 제주도 사이를 왕래하는 인구집단의 규모나 왕래 횟수가 급증한 것으로 이해되며, 그 과정에서 제주도에 건너가 정착하는 인구가 늘어난 것으로 보인다〈그림 5〉.

이와 같은 제주도의 사정을 미루어 이 시기의 고고학자료가 제대로 조사되지 않은 울릉도에 대하여 인근 동해안 지역과 관련한 문헌기록과 고

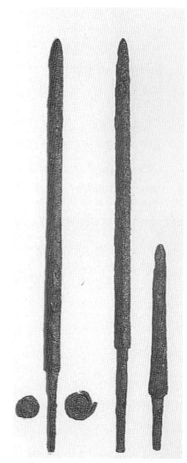

<그림 5> 제주용담동출토 철검
(국립제주박물관, 2005)

고학적 성과를 통해서 가능성 있는 추측을 하면 다음과 같다. 삼국지 등의 고대 문헌기록에 북쪽으로 옥저, 그 남쪽으로 예라는 정치체가 있으며, 후자의 경우 특히 영남지역의 변진한으로부터 철을 교역하였다는 기록이 있을 정도로 해안지역을 따라 교류활동을 활발하게 전개하였던 것으로 추정된다. 또한 강원도 동해안에 고고학적으로도 서기 1~3세기 원삼국기가 되면 강릉 안인리를 비롯하여 도처에서 많은 집자리를 갖춘 마을 유적이 발굴된 사실이 주목된다. 사정이 그렇다고 한다면 제주도와 마찬가지로 이 단계에는 전 단계보다 동해안으로부터 울릉도에 주민 이주가 보다 확대되었을 가능성이 높은 것이다.

우산국과 탐라국은 한국측 삼국사기의 5~6세기 기록에 처음 등장한다. 양자 모두 한반도의 고대국가와 교섭한 사실이 기록되는데, 그 내용에서는 일정한 차이가 있다. 탐라국은 476년 백제 문주왕 때 사신을 보내 조공을 받치고 은솔(恩率)이라는 벼슬을 받는데, 우산국은 512년에 신라의 지방 하슬라주의 군주 이사부(異斯夫)에 의해 무력적으로 복속된다.

탐라의 경우 조공을 받치는 476년은 백제가 한성 도읍을 고구려에 의해 함락당하고 공주로 천도한 그 다음 해이다. 당시 문주왕은 공주의 재지

〈그림 6〉 제주 삼양동 유적 집자리 (이청규 사진)

세력들에 의해 견제를 당하고 급기야는 살해당하기까지 하는 바, 백제왕
실로서는 위급한 시기이다. 따라서 백제가 멀리 해상도서를 무력으로 위
협할 여력이 없는 시점임에도 불구하고 탐라가 자발적으로 조공을 받치러
온 것이다.

이에 대해서 필자는 탐라는 제주도 내의 여러 지역집단을 통합하고, 그
집단을 대표하는 우두머리가 등장하여, 대내적으로 위세를 과시하고, 대
외적으로 정체성을 확립하고자 하는 전략으로 조공외교를 펼친 것으로 판
단한다. 4세기 후반 근초고왕이 지금의 광주까지 내려와 무력시위를 하고,
전남 전역은 물론 제주도까지 복속시켰다고 하는 주장도 있다. 그러나 이
시기에 실질적으로 지배하였음을 방증해주는 백제계 문물은 전남지역은
물론 제주도에서는 거의 찾아 볼 수 없다.

제주도에서는 서기전후한 시기부터 인구가 성장 발전하였음을 보여주
는 고고학적 증거가 풍부하게 발견된다. 이미 서기전 1천년기 중후반에 한
반도 남부의 송국리식 원형주거지와 토기, 석기를 갖춘 주민집단이 이주
하여 제주도에 정착하고, 인구는 물론 마을 숫자를 크게 늘린 현상이 확인

〈그림 7〉 제주도 탐라 전기의 곽지리식 토기 (국립제주박물관, 2005)

되는 것이다. 수백여기의 집자리가 조사된 제주시 삼양동 유적을 비롯하
여, 지금까지 발굴조사를 통해 확인된 집자리의 숫자만 하여도 1000여기
가 될 정도이다〈그림 6〉.

한 구역에 수십기의 집자리로 구성된 단위마을이 뭉쳐 있는 마을유적이
제주도 여러 곳에 조성되었다. 제주 북부에 제주시 삼양천변에 삼양동 마
을, 한천, 병문천 변의 용담동 마을, 외도천변에 외도동 마을, 제주도 남부에
서는 화순천변에 대정 화순 마을, 예래천 변의 예래동 마을, 그리고 강정천
변의 강정마을 등이 대규모 발굴조사를 통해 확인된다. 이와 함께 나오는
토기 또한 외반구연 항아리의 적갈색토기로서 한반도에서 성행한 송국리
식토기가 제주도 현지의 지역형식으로 변형된 곽지리식토기가 함께 한다
〈그림 7〉.

또한 이들 각 마을 유적에는 규모가 크면서 공들여 세워진 다수의 지석
묘가 확인되는 바, 이를 통해 단순 소규모의 부족사회에서 탈피한 복합사
회로서의 원형을 갖춘 시기가 이즈음인 것으로 판단된다. 그 중에서 용담
동과 외도동 마을 유적에서는 수십기의 지석묘가 확인될 뿐만 아니라, 그

구조와 규모가 다른 지역의 사례보다 우월하다. 동 지석묘는 판석형 지석을 10 매 이상 고인 제주도 특유의 형식으로서 육지부의 그것이 늦더라도 청동기시대 후기 혹은 철기시대 전기에 속하는 것과 달리, 그 연대는 기원후 철기시대 후기 혹은 원삼국시대에 해당하는 것이다. 심지어는 그 이후 시기의 것으로 편년된다는 견해도 있는데, 사실이 그렇다고 한다면 5세기 이전 호남 남부지역의 마한과 교류하는 탐라의 고고학적 문화가 이에 해당하는 셈이 된다. 이러한 제주도 지석묘 사회는 공동체의 협동체제를 중시하는 사회로서 우두머리의 권위 기반도 이에 있는 것으로 이해된다.

울릉도는 512년 하슬라주의 이사부에 의한 신라복속관계 기사를 보면, 앞서 본 것처럼 제주도와 달리 한반도의 왕권국가에 자발적으로 조공을 받치는 것이 아니라 타율적으로 복속된 것이다. 당시 신라는 지증왕 때로 대내적으로 지배권력을 안정시키고, 대외적으로 고구려 등과 경합을 벌일 정도로 국력이 신장될 때이다. 그러한 때에 멀리 떨어진 해양도서의 지역집단인 우산국이 신라에 복속되었다는 사실을 어떻게 이해하여야 할까. 혹시 우산 세력이 신라에 위협이 됨으로 그것을 제압하기 위한 것이라고 한다면, 이 관계 기사는 우산의 정치체가 성장한 것임을 방증한다고 할 수도 있다. 그렇지 아니하고, 전적으로 대외적으로 교통상의 중요 거점을 확보하기 위한 신라의 필요에 의한 것이라고 한다면 사정이 다르다.

분명한 것은 앞서 신라에의 복속기록은 이전에 울릉도에 어떤 규모이든 일정한 세력집단이 있음을 전제로 한다. 문제는 이를 입증할만한 고고학적 증거가 확보되어 있지 않다는 사실이다. 제주도의 사례를 보면 지역집단의 존재를 입증할 고고학적 증거는 크게 생활유적과 무덤유적, 그리고 유물로는 토기자료가 있다. 그중 발굴조사를 하지 않더라도 쉽게 확인할 수 있는 자료가 적갈색토기이다.

실제로 원로 고고학자 김원룡(金元龍)은 울릉도 조사보고서에 현포리에서 수습된 적갈색토기가 기법상 김해식토기라 하고, 이에 대응하는 유물일 가능성이 있다고 하였지만, 그도 지적하듯이 실제로는 신라토기와 공반하므로, 그 실 연대는 훨씬 이후의 것이라고 판단하였다. 또한 최근에 동 토기자료를 심층적으로 분석한 이성주(李盛周)에 의해서도 역시 6세기 이전으로 올려 볼 확실한 근거를 찾기 어렵다고 하였는 바, 그렇다고 한다면 아직까지 앞서 삼국지 관련기록을 입증할만한 고고학적 증거를 확보하지 못한 셈이다.

이 당시에 제주도에서 제작되는 토기 역시 굵은 모래가 섞인 거친 태토로 야외소성한 적갈색토기 일색이다. 신라 백제에서 4세기 이후 본격적으로 생산된 회색도기는 제주도 현지에서는 전혀 제작되지 않는다. 제주도의 적갈색토기는 곽지리유적의 출토사례로 대표되므로 곽지리식토기라고 하는데, 그 형식은 서기전 3세기경부터 서기 5세기경에 이르기까지 크게 변하지 않는다. 서기 5세기 이후 10세기까지도 제주도에서 생산되는 것 또한 이전 것과 형식의 차이는 있지만 여전히 동일한 적갈색토기이다. 제주도에서 발견되는 회색도기는 이른 단계에 백제, 늦은 단계에 신라로부터 수입되는데, 대부분의 기종은 반구병과 단지로서 액체내용물을 저장하거나 제의용으로 쓰는 것으로 이해된다. 음식조리용이나 식기로 쓰는 용기는 목기 또는 적갈색토기인 것이다.

따라서 제주도에서 적갈색토기는 1천년 이상 제작되는 바, 이를 고려할 때 울릉도의 경우 적갈색토기만으로 그 정확한 절대연대를 판정하기 어렵다. 울릉도에 5세기 이전의 적갈색토기가 있을 가능성을 배제 못하며, 나아가 그 이전부터 이미 이주하여 정착한 집단이 있으리라고 생각해도 좋지 싶다. 그렇지 않다고 하면 앞서도 지적하였다시피 5세기 이전에 울릉도에 선주민 집단이 없다는 셈이고, 삼국사기 기록과 달리 6세기 전반에 이사부가 통솔하는 신라세력집단이 비로소 우산국에 이주하였다는 셈이 된다.

화산섬으로서 한가운데에 산봉우리가 조성된 제주도, 울릉도 양 섬 모두 마을유적이 제대로 들어설 수 있는 입지여건을 갖춘 구역이 한정되어 있다. 우선 최소한의 용수조건을 갖춘 하천변이고, 평지의 면적이 얼마간 확보되어 있으면서, 울릉도의 다른 지점 또는 한반도와의 해상이동에 보다 유리한 해안 저지대 구역에 마을 유적이 들어설 수 밖에 없다.

그러한 지리적 여건 때문에 당시사람들이 거주한 구역은 서기 5세기 이전이건 이후이건 중복될 가능성이 매우 높다. 실제로 제주도에서 확인되는 상황을 보면 서기 1천년기 전기간 동안 거의 같은 구역에 중복하여 마을이 들어서는 바, 애월읍 곽지리, 구좌읍 종달리, 제주시 용담동 등이 그 대표적인 유적이다. 또한 중세 이후 오늘날까지 큰 마을이나 대도시가 들어선 지역에 이미 원시고대 단계의 유적이 있어, 훼손되거나 파괴되어 거의 없어지다시피 하는 현상이 확인된다.

동일한 구역에 오랫동안 생활유적이 중첩되어 있는 현상은 한반도 내에서도 특히 산악이 많은 강원지역에서 자주 볼 수 있는데, 북한강 상류의 화천, 춘천 일대의 대규모 청동기시대-철기시대 마을 유적의 사례가 그 대표적이다. 그러한 유적 중첩 현상은 입지여건이 한정된 제주도와 울릉도에서는 더욱 일반적인 것으로 이해되며, 그럼으로 후대의 유물과 유구가 전대의 그것을 파괴하거나 서로 혼재하는 경우를 충분히 추정할 수 있는 것이다.

따라서 서기 5세기 이전 울릉도 선주민의 고고학적 증거도 후대에 훼손된 경우가 많으리라 생각되는 바, 주도면밀하고 지속적인 현지조사가 이루어지고, 그에 대한 분석적 검토가 있으면 얼마든지 찾을 수 있는 것으로 판단된다.

문제는 울릉도에서 상당수의 고분군이 발견되는데, 다음에 보듯이 그 대부분이 하필이면 서기 6세기 이후의 것이고, 그 이전 것이 없는 현상을 어떻게 설명할 수 있는가이다. 이러한 사실이 그 이전에 울릉도에 거주하는 인구집단이 소규모에 불과하여 조직적인 공동체를 이루고 있지 않아 여러 사람이 동원되어 봉석(封石)무덤을 축조하지 못하는 상황을 말해주는 것일 수 있다. 실제로 6세기 이후 축조되는 울릉도식 고분은 상당량의 할석 혹은 천석을 운반하여, 석실 혹은 석곽의 구조물을 축조하는 기술과 다수의 노동력이 동원되어야 하는 바, 이는 당연히 상당수의 인구로 구성된 단위마을이나 마을네트워크가 존재하는 것을 전제로 한다.

그런데 여러 연구자들은 6세기 삼국사기 기록을 근거로 이미 그 이전에 주민들이 상당수 있었을 것이라고 주장한 바 있다. 이 의견에 따라 상당수의 인구가 갖추어진 조직적인 사회가 있음에도 불구하고 무덤유적이 확인되지 않았다면, 후대에 흔적을 남기지 않는 무덤, 이를테면 풍장이나 수장 등의 방법으로 시신을 처리하였을 가능성을 생각해 볼 수 있는 것이다. 그러다가 다음에 보듯이 6세기 이후 신라에 복속되면서 적어도 마을의 상위 신분은 신라의 북부지방에 유행하였던 세장방형 석실묘를 모방하여 조성하기 시작한 것이라는 설명이 가능하다 하겠다.

Ⅳ. Ⅲ기 [6~10세기]]

신라가 512년 이사부가 울릉도를 복속한 구체적인 이유와 배경에 대해서 확실하게 전하는 것이 없다. 그러나 당시 고구려와 왜 등과의 관계로 미루어 동 섬의 지정학적, 교통로상의 중요성을 고려하여 신라 중앙정부가 하슬라 주를 통하여 동 섬을 복속케 한 것으로 추정하고 있다.

앞서도 지적하였듯이 탐라국과 우산국과는 한반도 고대국가에 복속하는 과정에 상호 일정한 차이가 있다. 우선 탐라의 경우 5세기말 백제에 평화적으로 복속되고, 백제가 멸망한 후 동맹관계에 있었던 왜와 20년간 교류를 하다가 7세기말 비로소 신라에 복속되는 것으로 알려져 있다.

그러나 5세기말 이후 백제와 조공외교 관계를 맺고 그에 복속되었음을 반영하는 고고학적 증거는 확인되지 않는다. 대체로 소국이 대국과 조공관계를 맺으면, 그로부터 위세품을 전달 받고, 무덤에 부장되는 사례가 종종 확인된다. 제주도에서 6세기 이후 무덤자료가 전무인 상태에서 더욱 그러하지만 백제계 위세품이 거의 확인되지 않는다. 다만 백제 특유양식의 회색도기가 일부 생활유적에서 확인될 뿐으로, 조족문(鳥足文) 항아리편이 그 대표적인 사례라 할 수 있다. 무덤의 조사가 전무하므로 당연히 백제계 무덤 양식을 모방한 무덤이 있었는지 여부를 확인할 길이 없다.

7세기말 신라와 조공관계를 맺은 이후에는 무덤양식 역시 발굴조사 사례가 없어 알 수 없지만, 신라지역으로부터 유입된 각종 신라양식의 회색도기가 확인된다. 제주 곽지리 패총유적, 제주시 삼양동 제사유적, 그리고

〈그림 8〉 울릉도출토 삼국시대 후기 토기
(국립중앙박물관, 2008)

구좌읍 종달리 패총유적의 출토사례가 대표적이다. 서기 7세기부터 10세기경에 이르기까지 인화무늬 장식에 반구의 구연부, 편병과 단지 모양의 각종 기종에 속하는 토기의 사례가 다양하게 확인된다.

울릉도에서도 역시 신라에 복속된 이후 신라와 교류한 고고학적 증거로서 6세기 이후 10세기에 이르는 기간 동안 지속적으로 통일신라양식의 토기가 생활유적은 물론 다수의 고분에서 부장유물로 다량 확인된다〈그림 8〉.

울릉도에서 확인되는 무덤의 구조가 신라지역의 그것과 비교할때 어떠할까. 영남지역에 분포하는 신라의 무덤은 5~7세기경 지역마다 차이가 있

음은 물론, 시간의 흐름에 따라 일정한 변화가 있다. 5세기대에 경주와 그 일정한 거리의 주변에는 적석목곽묘가 유행하는데, 경북 북부나 동해안 지역에서는 적석시설을 갖추지 않은 수혈식 석곽묘가 유행한다. 그러다가 거의 신라 전역에 6세기 후반에 이르면 지상에 석실을 구축하고 연도를 시설한 이른바 추가장이 가능한 횡혈식석실묘로 변한다. 경북 북부지역에서는 횡혈식 석실묘와 달리 여러 사람의 시신을 추가할 수 있는 구조를 갖추었으나 횡구식에 평면 세장방형인 석곽묘가 유행한다.

울릉도에 유행하는 무덤은 대체로 이와 같은 경북 북부지역의 횡구식 세장방형 석곽묘를 모방한 것이라고 할 수 있는 것이다. 그러나 석곽의 구조에서도 약간의 차이가 있지만 무엇보다도 지상 위에 조성한 매장주체부위와 주위로 돌을 쌓은 이른바 봉석(封石)구조를 갖춘 것이 차이가 있다. 이러한 차이는 울릉도가 화산섬이어서 토심이 깊지 못하고, 돌이 많은 지리적 환경과 관련 있어 보인다. 따라서 6세기 이전에 확실하지 않던 우산국 주민의 무덤이 6세기 이후 신라에 복속되면서 그와 가까운 신라의 지방에 유행하는 무덤 양식을 적극적으로 수용한 것임이 분명하다.

이들 무덤의 연대는 부장된 토기를 보아 가장 빠른 것은 6세기 중초반이지만 성행하는 것은 늦어서 8~9세기까지 지속적으로 축조되는 것으로 알려져 있다. 이처럼 6세기 이후 수백년동안 울릉도에 축조된 무덤의 주인공이 과연 앞선 시기부터 현지에 거주하였던 주민집단의 구성원인가에 대한 논의가 당연히 필요하다.

신라에 복속된 이후 한반도 동해안의 하슬라주 주변에서 섬의 지역집단을 관리하기 위한 관리나 군사를 파견하였을 가능성이 충분히 있다. 그랬을 때 이들 무덤이 새로 파견된 사람들의 무덤인지 아니면 기왕에 현지에 있었던 재지주민들의 무덤인지가 논란의 대상이 된다. 각설하고 파견된 관리 등이 현지에서 사망할 정도로 장기 거주할 가능성은 낮은 것으로 생각된다. 만약 울릉도 현지에서 체류하는 기간에 사망하였다 하더라도 고향에 돌아가 장례를 치루는 관습이 있었을 가능성을 충분히 상정할 수 있다. 이러한 가정에 동의한다면 울릉도 고분군은 육지부에서 파견된 사람들의 무덤일 가능성은 적어진다 하겠다. 그렇다 하면 이들 무덤은 모두 울릉도 현지에 정착한 사람들의 무덤이라고 할 수 있겠다.

따라서 6세기 이후 울릉도의 고분도 단기간에 이 곳에 거주했던 사람들의 무덤이라기보다, 상당수의 무덤은 이곳에 장기간 거주하여 정착한 사람들이거나, 앞선 주민의 후손들일 가능성이 많다고 보아야 할 것이다. 물론 단기간 거주하고 생활하다가 이곳에 죽은 사람의 무덤인 경우도 전혀 없다고 볼 수 없다.

이러한 울릉도의 고분과 달리 제주도에서는 이 단계의 고분군이 발견된 적이 없는 사실이 주목된다. 제주도에서 확인된 무덤유적은 5세기 이전의 지석묘와 10세기 이후 고려 때의 무덤 뿐으로, 6~10세기경의 무덤은 거의 확인되지 않는다. 물론 이 단계의 생활유적 혹은 마을 유적은 제주도 전역에 다수가 확인된다. 이른바 고내리식토기라는 보다 정선된 적갈색 심발형토기가 이들이 제작한 것으로 애월읍 고내리, 곽지리를 비롯하여, 제주도 도처에서 확인된다.

그런데 이들 주민의 무덤이 확인되지 않는 것은 당시 육지부에 복속되었다 하더라도, 그들의 무덤인 석곽묘나 석실묘를 모방하지 않았다거나, 아니면 모방 축조하였으나 아직 발견되지 않거나, 일찍 파괴되었기 때문일 가능성이 있다. 제주도에서도 혹시 풍장이나 수장 등의 장송의례가 있었기 때문인 것으로 이해할 수 있다. 그러나 신라지역 고분의 영향을 받은 울릉도의 사례로 미루어 볼 때 보다 가능성이 높은 것은 후자로서, 울릉도처럼 화산암지대로서 토광을 파서 무덤을 안치한 것이 아니라, 지상에 돌을 쌓고 석곽을 만들고 주위와 상부에 적석을 한 봉석묘일 가능성이 있다. 그러다가 울릉도와 달리 고려 이후에도 많은 인구집단이 거주하므로 이들이 형질을 변경하여 경작지를 개간하거나 밭의 경계에 돌담을 쌓는 등의

〈그림 9〉 울릉도 남서리 고분 (이청규 사진)

이유로 이들 봉석묘가 파괴된 것으로 추정된다.

울릉도의 경우 지금까지 확인된 고분군의 중심 밀집지역은 현포동, 천부동, 남서리, 남양리, 사동 등으로, 특히 가장 많은 현포동과 남서리에 그 중심적 역할을 한 마을이 들어섰을 것으로 이해된다. 이들 무덤이 들어선 지리적 구역 내에 당시 생활주거 마을이 들어섰으며, 각 구역의 무덤은 그 구역의 주민들이 동원되어 축조되었을 것으로 판단된다. 이웃 마을의 주민들이 축조에 참여할 경우도 추정해 볼 수 있다. 바꾸어 말하면 무덤은 죽은 사람의 거주구역에서 조성하지만, 노동력은 울릉도 전역 혹은 인접한 마을 구역에서 동원되는 경우가 있었을 것이다. 그러할 경우는 인접마을에 이르기까지 위세를 인정받거나 영향력을 행사할 수 있었던 사람의 무덤으로서 특히 비교적 큰 무덤인 남서리와 현포동 고분군의 사례가 이에 해당된다.

고분군이 집중된 지점을 열거하면 서남쪽의 남서리, 남양리, 태화동, 북쪽으로 현포리, 천부리, 남쪽으로 사동 등이 있다. 그중에서 남서리에서는

〈그림 10〉 울릉도 남양리 고분 발굴상태 (중앙문화재연구원, 2010)

37기, 현포리에 38기가 집중되어 도내 최대의 고분 밀집군을 이루고 있다. 상대적으로 많은 고분들이 있다고 해서 그 지역에 많은 규모의 인구집단이 있음을 직접적으로 말하는 것이 아니다. 그것은 오히려 보다 장기적으로 주민들이 지속하여 거주하였음을 말해 주는 것이고, 그렇게 된 동인은 동 지점이 자원이나 정보 등의 취득에 유리하기 때문이다〈그림 9, 10〉.

제주도의 경우를 살피면 남해안과 대면한 북부 제주의 해안지역에 있는 마을들이 이에 해당한다고 볼 수 있는데, 그 중에서도 제주시 병문천, 산지천, 한천 등을 끼고 있는 제주시 구역을 비롯하여, 동북쪽의 종달리와 서북쪽의 곽지리 등지의 예가 이를 대표한다. 동 유적에서는 이미 서기 1~2세기경에 해당하는 한 대 화폐를 비롯하여 각종 외래유물이 유입된 곳이기도 하다. 7~9세기경에는 신라의 회색도기가 대량 수입 분포하는 구역이기도 하는데, 특히 제주시 용담동과 구좌읍 용천동굴의 제사유적의 사례가 그러하다. 전자는 남해도서로의 안전항해를 기원하는 당시 제주 거점 읍락의 제사유적, 후자는 현지마을의 안녕을 비는 동 지역 일대 마을의 제사

〈그림 11〉 용담동 제사유적 (이청규 사진)

유적으로 추정된다〈그림 11〉.

　　울릉도에서 해상교통의 안전이나 주민들의 안녕을 기원하는 제사유적
으로 추정되는 것은 현포동의 열석(列石) 유적으로 추정된다. 과거에 사찰
관련 건물지로 추정된 바 있지만, 발굴조사 결과 그 자체가 숭배의 대상이
되는 거석기념물일 가능성이 높다고 하겠다. 처음 축조는 언제인지 확실
하지 않으나 중심적 사용시기는 7세기 이후임이 관련된 토기유물의 형식
을 통하여 짐작할 수 있다.

　　사정이 이러할 때 우산국의 중심 읍락은 지금과 달리 울릉도 남쪽이 아
니라, 남서리, 현포동 등의 북쪽 해안지역으로서, 5세기 이전에 그곳에 한
반도 동해안을 왕래하는 토착주민집단의 거점이면서 6세기 이후 신라에
복속된 이후 그 거점 기능은 더욱 강화된다 하겠다. 그러나 6세기 이후 혹
시 신라로부터 지방관리와 군사들이 파견되었다면 그들의 거주구역은 토
착세력의 거점과 차이가 있을 것으로 판단된다. 그러한 가정이 틀리지 않
다고 한다면 한반도를 정동으로 대면하고 있는 태하리 지역이 그러할 가

능성이 있는 것으로 생각된다. 그들은 육지 지향적일 수 밖에 없고, 한반도 동해안을 마주하는 동 지점이 근거지일 가능성이 높다하겠다.

각설하고 남서리나 현포동 등지의 봉석묘를 통해서 우산국 토착세력의 상위층이나 우두머리의 동향을 간접적으로 추정할 수 있다. 지표채집된 동관편이 경주지역과 주변의 여러 영남의 거점지역에서 발견되는 5~6세기경의 출자형 금동관이 아니라, 6세기 후반 이후 동해안 혹은 바로 인접한 내륙 지역에서 제작된 동관 양식으로 추정되고 있다. 이를 통해서 당시 우산국 엘리트가 해상진출 교류의 거점이 되는 삼척, 울진, 강릉 등의 지역에서 구한 위세품을 소유하였던 것으로 추정된다. 그 동관을 소유한 주인공이 제사장의 역할을 하였을 것이라고 여러 연구자들이 주장하고 있는데, 대체로 국가 이전의 소국 이하 수준의 정치체 우두머리라고 추정하는 것이 당연하다. 그가 우산국의 주민들을 무력적으로 지배하거나 조세를 강요하는 강력한 군주는 아니더라도, 집단간의 분쟁을 조정하거나 대외교섭의 책임맡은 신분의 사람일 가능성은 충분히 있다.

무엇보다도 섬의 우두머리는 대외교섭의 책임자로서의 역할이 강조된다. 제주도 탐라의 경우 5세기말에서부터 백제 문주왕과 동성왕에게 조공을 하고, 7세기 후반에 백제가 멸망한 이후, 일본에 20여년 동안 수차례 조공외교를 행사하던 사람은 국주(國主) 혹은 성주(星主)라는 명칭으로 알려져 있다. 일본에 사신을 파견하는 기록 등에서 탐라국에는 위로부터 국주 혹은 성주가 있고, 다음 왕자(王子), 도내(徒內) 등의 차상급 엘리트가 있음이 확인된다. 그리고 적어도 8세기 이후 일정혈연집단이 그 권위를 세습하는 것으로 알려져 있어 오늘날에도 그 후손에 해당되는 혈연집단으로 고, 양, 부 씨 등의 성씨집단이 있는 것이다.

그들은 울릉도가 경북 북부, 영동 해안 지역을 주요 교류 거점을 삼았던 것처럼, 최단거리에 있는 전남 강진과 그 주변을 주요 교류거점으로 삼았다. 그리하여 그곳이 통일신라때 탐라의 나루터라는 의미의 탐진현으로 불리고, 오늘날에도 그 곳 바다로 흘러드는 강의 이름이 탐진강으로 전하는 것이다.

요약

한반도를 둘러싼 동북아시아의 고대 해상왕국으로서 울릉도, 제주도의 사례가 있다. 울릉도는 한반도로부터 동해로 140km 떨어진 섬으로 그 중간에 징검다리 역할을 하는 섬도 없다. 섬의 면적은 100km²도 채 돼지 않는데, 고대에 우산국이 있는 것으로 전한다. 5세기 이전에 주민의 존재를 입증할만한 고고학적 증거는 거의 없다시피 하다. 다만 6세기경에 울릉도 남부, 서부, 그리고 동북부에 봉석묘가 있어 각 지역에 지역집단이 성장하였음을 알 수 있다. 무덤에 부장된 유물은 당시 한반도 동남부에 위치한 신라의 6~8세기 토기가 대부분으로 해상을 통해서 이 지역과 교류하였음이 확인된다.

제주도는 한반도로부터 남해로 100km 떨어져 울릉도보다 가까울 뿐만 아니라, 중간의 징검다리 역할을 하는 추자도 혹은 거문도가 있어 왕래가 훨씬 더 용이하다. 또한 섬의 면적이 1840km²로서 25배나 되는 큰 섬으로 같은 해상 소국이라 하더라도 그 규모와 사회발전정도가 확연하게 다르다. 고고학적으로 보아도 이미 신석기시대부터 청동기시대에 걸쳐 지속적으로 인구집단이 거주한 증거가 확인되며, 이미 기원 직후에는 해안을 따라 여러 곳에 마을이 들어섰음이 각각 발굴조사된 수백기의 집자리를 통해서 확인된다.

서기 1~2세기경에 제주도주민들이 한반도 남해안에 진출하고, 중국 한대의 화폐 등의 외래유물이 수입된 사실이 제주도 내 여러 유적에서 확인된다. 480년경에 백제에 사신을 보내는 등 외교활동도 활발하고, 우두머리

국주가 등장하여 도 전체를 통합하였음이 기록을 통해서 확인된다. 그러나 관료조직이 정비되고, 중앙집권체제를 갖춘 명실공히 고대왕국으로까지 발전하지 못하고 12세기경에 고려에 복속되기에 이르는 것이다.

〈참고문헌〉

국립제주박물관, 2007, 『탐라와 유구왕국』

김원룡, 1963, 『울릉도』, 국립박물관고적조사보고 4책

김하나, 2006, 「울릉도 횡구석실묘의 원류에 대한 연구」, 동아대학교대학원 석사학위논문

강창화, 2007, 「제주 고산리 신석기문화 연구」, 영남대학교 대학원 박사학위 논문

국립중앙박물관, 2008, 『울릉도』, 국립박물관 고적조사보고 제38집

신숙정·이숙정, 2000, 「유적 유물을 통해 본 선사 고대의 울릉도 사회」, 『한 국사의 구조와 전개』, 하현강교수 정년퇴임기념논총

오강원, 2009, 「고대 울릉도 사회와 집단에 관한 몇가지 문제」, 『독도 울릉 도 연구-역사 고고지리학적 고찰』, 동북아역사재단

이경섭, 2006, 「고대 동해안 지역의 정치적 동향과 우산국」, 『신라문화』 39, 동국대학교 신라문화연구소

이병도, 1959, 「탐라와 우산국」, 『한국사-고대편』, 진단학회, 을유문화사

이성주, 2010, 「울릉도의 고분문화와 신라토기-고대국가 신라의 한 지방 으로서 울릉도 지역문화의 특수성-」, 『한반도 고대문화 속의 울릉 도-토기문화』, 동북아역사재단 연구총서 57, 동북아역사재단

이청규, 1995, 『제주도 고고학연구』, 학연문화사

정영화·이청규, 1998, 「울릉도의 고고학적 연구」, 『울릉도 독도의 종합적 연 구』, 영남대학교 민족문화연구소

중앙문화재연구원, 2010, 『울릉도 사동리 고분』, 발굴조사보고 제 165책

중앙문화재연구원 독도박물관, 2009, 『울릉도 남양리 고분』, 발굴조사보고 제151책

최몽룡 외, 1997, 『울릉도지표조사보고서(1)』, 서울대학교박물관

토리이류조 씀 편무영 옮김, 「인종고고학에서 본 울릉도」, 『강원민속고고학』

10장
류큐왕국의 발전과 대외교류

논의 주제

류큐 열도는 한반도와 중국 그리고 일본열도가 접하고 있는 동중국해의 남쪽에 동북에서 서남방향으로 길게 뻗어 경계를 이루고 있다. 제주도가 한반도 본토의 주변도서인 것과 마찬가지로 일본열도의 주변도서라는 점에서 본토와의 해상교류의 관점에서 상호 비교될만하다.

그러한 지리적 위치 때문에 해상을 통하여 일본열도 뿐만 아니라 서쪽으로 대만을 거쳐 중국 남부지역과의 교류가 일찍부터 이루어진다. 더 나아가 중국 왕조에 조공을 하는 등의 외교적인 활동이 문헌기록을 통해서 잘 알려져 있으며, 그와 관련하여 이루어진 무역을 뒷받침하는 고고학적 증거가 많이 전한다.

한편 다소 먼 거리이지만 바다를 통하여 북쪽으로 건너갈 수 있는 제주도와 한반도와도 교류가 있었음이 여러 연구자들에 의해 지적되기도 한다. 조선시대의 단순한 표류와 공식적인 사신 외교 이외에 고려시대의 삼별초 일부 세력이 여몽연합군에 몰려 류큐로 망명하였다는 주장이 최근에 고려명 기와 등의 고고학적 증거를 통해서 제기되기도 한다.

이러한 주변지역과의 해상교류를 이해하기 위해서는 당연한 지적이지만, 류큐열도 자체의 지리적 환경은 물론 사회문화적 변천과정을 제대로 이해하여야 한다. 앞서 우리나라의 제주도처럼 독립된 정치체를 이룬 데에서 한걸음 더 나아가 통일왕국으로 발전하였다. 이에 대하여 고고학적 관점에서 정리가 필요한 바, 이 글에서는 이를 설명하는데 중점을 두고자 한다.

류큐열도에서의 고고학적 문화에 대한 이해를 돕기 위하여 필요한 부분에서는 제주도와 관련짓거나 비교하여 설명할 것이다. 무엇보다도 류큐열도, 제주도 양 지역이 본토와 일정 거리 이상 떨어진 도서지방이기 때문에 본토와의 문화 교류가 제대로 이루어지지 않아, 통시적인 문화변천과정이 본토와 차이가 있다는 점에서 공통된다는 사실이 주목된다. 제주도 선사·고대문화의 편년체계를 무리하게 한반도에 맞추려고 하면 오히려 제주도 문화의 변천과정을 제대로 이해하는데 장애가 된다는 것이 필자의 생각이다. 지리적 여건과 도서성을 보아 류큐도 일본 본토와 차이가 지는 것이 당연하다.

아울러서 두 섬 지역을 비교함에 먼저 알아두어야 할 것은 지리적 위치와 환경이 서로 다르다는 점이다. 무엇보다 류큐는 1000km 넘는 길이로 이어지는 열도로 구성되어 있는 점에서 제주도와 차이가 난다. 그리하여 거의 단일문화권을 형성하고 있는 제주도와 달리 류큐는 자체내 세분된 문화권을 가질 수 밖에 없으며, 이 점 또한 양 지역을 직접 비교하기 전에 살펴 볼 문제이다.

Ⅰ. 류큐의 지리적 환경과 시대구분

1. 지리적 환경

류큐열도(琉球列島)로 알려지 있는 섬들은 대략 200여개로 일본 큐슈 가고시마현의 남쪽에서 타이완의 동쪽 사이 대략 1200km의 거리에 자리하고 있다〈그림 1〉. 이 류큐열도에 대해서는 오키나와[沖繩], 남도(南島), 남

〈그림 1〉 동중국해의 류큐열도 (국립제주박물관, 2005)

서제도(南西諸島), 류구호(琉球弧) 등의 다른 이름으로도 불리기도 하는데, 구체적으로 따지면 이들 지명은 각각 가리키는 공간적 범위가 조금씩 다르다.

우선 류큐열도에 대해서는 오오스미제도[大隅諸島]·도카라열도·아마미제도[奄美諸島]로 구성되는 사츠난제도[薩南諸島]와 그리고 오키나와제도[沖繩諸島]·사키시마제도[先島諸島]로 구성되는 류큐제도를 포함하는 것으로 정의되어 있는 바, 사키시마제도는 다시 미야코제도와 야에야마제도[八重山諸島]로 구성되어 있다. 역사적으로 볼 때 류큐는 원래 류큐왕국의 최대 판도였던 영역, 즉 북쪽으로는 도카라열도, 남쪽으로는 사키시마제도까지를 가리키는 것이므로 앞서의 사전적 정의와 다소 차이가 난다.

류큐열도는 남북으로 1200km 넘는 길이로 길게 분포하므로, 같은 열도에 있더라도 남쪽과 북쪽 간에 기후를 비롯한 자연환경은 물론 주변지역과의 관계적 지리환경에 차이가 있다. 지리학적으로는 바다길이 험난한 도카라 해협과 그 길이가 300km가 넘는 미야코 와지[窪地] 해저지형으로

地域\年代	韓　　　國		日　　　本	
	韓 半 島	濟 州	沖 繩	日 本 列島
紀元前 10000	舊石器時代	舊石器時代	舊石器時代	舊石器時代
紀元前 1000	新石器時代	有文土器時代	貝塚時代	繩文土器時代
	靑銅器時代	無文土器時代		
紀元 0	初期鐵器時代			彌生土器時代
紀元 500	原三國時代	耽羅時代		古墳時代
	三國時代			奈良時代
	南北國時代			平安時代
紀元 1000	高麗時代		구스쿠時代	鎌倉時代
		耽羅郡濟州牧時代		南北朝時代
紀元 1500	朝鮮時代		琉球時代	室町時代

〈그림 2〉 류큐열도와 제주도의 시대구분 (이청규)

써 류큐열도가 2분되어, 북류큐·중류큐·남류큐로 구분된다. 북류큐는 다네가시마[種子島], 야쿠시마[屋久島]와 그 주변의 섬, 중류큐는 아마미오오시마[奄美大島]·오키나와 본섬과 그 주변의 섬, 남류큐는 미야코[宮古]·이시가와[石垣] 섬과 그 주변의 섬으로 구성된다. 기후적으로 보면 북류큐는 온대, 중·남류큐는 아열대에 속한다.

이러한 지리학적인 지역구분에 대응하여 고고학적인 관점에서도 류큐열도를 북부권, 중부권, 남부권으로 구분하고 있다. 즉 북부권은 일본 죠몬·야요이문화의 영향을 받는 큐슈문화권에 속하며, 중부권은 큐슈의 영향을 받으면서도 독자적인 문화를 형성한 지역이고, 남부권은 필리핀 대만의 영향을 받는 지역이다. 바꾸어 말하면 3개의 문화권 별로 중세이전에 주변지역으로부터 받는 문화적 영향이나 교류양상이 다르다는 것이다.

이처럼 류큐왕국이 성립되기 이전의 이른바 원(原)류큐시대에 보면 북부와 중부는 일본 큐슈의 죠몬과 야요이문화의 영향을 받지만, 남부의 사키시마 제도는 그렇지 않은 점을 볼 때, 남부권은 그 이북의 중부, 북부권과 구분된다 하겠다. 상대적으로 다음 류큐 왕국시대에 와서는 남부와 중부는 동일한 문화권에 편입되고, 북부권은 제외된다. 그리고 사츠마번[薩摩

藩] 침공 이후에는 북부와 중부의 아마미 섬은 사츠마의 관할에 속하는 바, 같은 중부권에 속하는 아마미와 오키나와는 구분되는 변화를 겪게 되는 것이다.

2. 시대구분

류큐 고고학 편년의 첫번째 제안자는 다와다 신쥰[多和田眞淳]으로서, 그는 오키나와 각지를 답사하여 수집한 자료를 토대로 하여 1956년 류큐열도의 선사시대를 패총시대라 규정하고, 전·중·후·만기의 4기로 구분하였다. 그 당시로서는 가장 이른 전기는 나하시[那覇市] 죠가구[城岳] 패총에서 출토한 명도전(明刀錢)을 근거로 죠몬시대 말기로 보았으며, 만기에 대해서는 중국 송대의 수입도자기로써 일본 본토의 헤이안 이후의 시기에 병행하는 것으로 보았다. 이 편년의 지리적 범위인 류큐는 중부권과 남부권을 포함한 것이지만, 나중에는 남부권이 편년의 대상지역에서 제외되고, 만기는 이른바 쿠스쿠[クスグ:城]시대로 대체되었다.

1978년에 다카미야 히로에[高宮廣衛]는 다와다의 편년과 일본본토의 편년관을 대비하여 이른바 잠정편년안을 발표하고, 그후 3차에 걸쳐 수정을 하여 오늘에 이르게 되었다. 그의 초기 편년안은 전기·중기·후기의 삼시기 구분체계였으나, 히가시하라[東原] 패총에서 일본 죠몬 전기와 초창기의 토기가 확인된 것을 계기로, 그에 상응하는 초기를 추가하여 4시기체계로 변경한 것이다. 그후 두차례 수정을 거듭하여 만들어진 1984년의 편년안은 죠몬시대를 전기, 야요이시대 이후의 시기를 후기로 대별하고, 전기를 5기, 후기를 4기로 세분한 것인바, 기본적으로 그의 편년관은 일본 본토의 죠몬·야요이문화와의 관계 속에서 짜여진 것이다.

이에 대해서 아사토 스스무[安里進]는 오키나와 선사문화가 외부로부터 영향을 받기 쉬운 토기문화를 기준으로 할 경우 일본본토와의 동질성이 강조되지만, 자연환경과 밀접하게 관련된 생업경제를 각각 고려한다면, 이질성이 강조될 수 밖에 없다고 주장한다. 따라서 다카미야와 달리 오키나와 독자적인 편년안을 설정할 수 있다고 주장하였는데, 실제로 그에 부응하는 편년체계는 2천년대에 들어와서도 제시되지 않고 있다.

시라키하츠미[白木原和美]도 일본 본토 중에서도 간토[關東] 지방 중심의 편년체계를 류큐에 막바로 준용시키는 것은 문제가 있다 하여, 독자적인 6기의 시대구분안을 발표하였다. 그의 편년안을 살피면 1기는 큐슈의 토기문화의 남하로 류큐의 토기문화의 기초가 열리는 시대로서 죠몬시대 초창기에서 조, 전기에 상응한다고 한다. 2기는 류큐 독자의 토기문화가 형성되는 시대로 죠몬 전기말에서 중기에 상응하고, 3기는 류큐 토기문화가 본격적으로 전개되는 시대로 죠몬시대 후기라고 한다. 4기는 문화의 내용이 급속히 변화 발전하는 시대로 죠몬시대 만기에서 야요이시대에 걸치는 시대, 그리고 5기는 야요이시대 말에서 고분시대초부터 헤이안시대 초에 걸치는 시기, 끝으로 6기는 왕조를 형성하며 경제적 문화적으로 도약하는 시대로서 류큐문화의 완성기로 규정하고 있다. 그러나 이러한 그의 시대구분론도 따지고 보면 앞서 다카미야의 편년안과 크게 차이가 없는 바, 대체로 1~3기는 패총시대 전기, 4~5기는 패총시대 후기, 6기는 쿠스쿠시대에 대응된다 하겠다.

기본적으로 류큐 편년에 가장 큰 문제는 패총시대 후기가 일본 본토의 야요이시대, 고분시대, 헤이안시대의 3시대를 커버한다는 것이다. 일본 본토에서는 수전농경과 금속문화가 야요이시대에 도입되고, 고분시대에는 대형 고분들이 축조되고, 도기·철기문화가 크게 발달하며, 나라시대를 거쳐 헤이안시대에 이르면 명실공히 고대, 중세국가로 크게 발전하는 1천년 넘는 기간에 류큐에서는 수전농경, 철기·도기문화, 고분문화의 진전이 거의 없다는 것이다. 상대적으로 수렵채집문화가 상당히 지속되는 경향을 보이고, 석기·토기문화가 바뀌어지지 않으며, 대형 고분이 전혀 축조되지 않는다.

이러한 점은 제주도의 경우와 비교될 수 있다. 제주도는 대체로 서기후 한 시기부터 고려의 1개 군으로 전락되는 12세기경까지 탐라(耽羅)라는 독립적인 정치집단을 유지하고 있어, 탐라시대라고 일컬을 수 있다. 그시대에 제주도에서도 도기가 생산되지 않고, 벼농사의 증거도 확실하지 않으며, 철기 생산도 제대로 이루어지지 않을 뿐만 아니라, 한반도에 유행한 대형고분도 축조되지 않는 것이 류큐의 패총시대 후기와 비슷한 것이다.

한편 류큐의 선사시대 혹은 패총시대의 종말은 이른바 쿠스쿠[クスグ]시대의 개시와 맞물리는 것이 특징적이다. 쿠스쿠라 함은 류큐의 독특한 성새(城塞) 유적으로 대체로 오키나와 각지에 할거하는 아지[按司]라고 불리는 영주와 같은 인물의 거성(居城)으로 알려지고 있는데, 일부 쿠수쿠 중에는 제사를 지내는 성역으로서의 기능을 하였다고 보는 견해도 있다. 이로써 표상되는 시대를 쿠스쿠시대로 규정하고 있는데, 이시대에 류큐를 중심으로 아마미제도는 물론 사키시마제도가 동일한 문화권을 이루면서 류큐문화권이 처음으로 성립되게 된다.

쿠스쿠시대의 고고학적 증거로서, 첫째 다량의 탄화미나 보리와 철제 수확도구 낫 등의 농경관계유물, 둘째는 호(壺)·옹(甕)을 주요 기종으로 하는 적갈색 광저토기(廣底土器)의 출현, 셋째는 류스에키[類須惠器]라고 하는 도기 요업생산의 개시, 넷째는 도기·돌솥[石鍋]·중국 도자기 등의 교역과 유통의 발달 등이 제시되고 있다. 이러한 쿠스쿠시대의 개시가 최근까지는 대체로 12세기경을 전후로 하여 이루어지는 것으로 이해되고 있어 왔다. 그러나 아사토 스스무는 광저토기와 돌솥, 류스에키, 그리고 탄화미 출토가 10세기 전후하여 이루어지고, 상대적으로 쿠스쿠는 13세기를 거슬러 올라가지 않는 것으로 추정된다고 하여, 쿠스쿠시대는 다시 10세기 전후하여 경제적 발전기, 13세기경으로 정치적 전개기의 2단계로 구분하여야 한다고 주장한다.

쿠스쿠시대의 종말에 대해서도 논란이 있다. 대체로 광저형토기를 이 시대의 표지로 삼고 종말 기준을 삼아 왔는데, 이 시대는 본격적인 역사시대인만큼 문헌적 사실에 근거해야 한다고 주장하고, 그래서 그는 1429년경의 삼산통일(三山統一)을 그 기준으로 삼자고 주장한다. 쿠스쿠시대 후기에 산북·중산·산남의 지역권을 중심으로 3대세력이 경쟁하는 삼산분립시대가 도래하고, 1429년에 삼산세력이 통일되는데, 그러면서 발전된 관료조직을 갖춘 류큐왕국이 형성한다는 것이다. 제주도에서는 관료조직이 뚜렷하고 왕권이 확립된 고대왕국체제를 갖추지 못하고 한반도 본토의 중앙집권국가의 지방으로 바뀐 점에서 류큐와 차이가 난다.

II. 일본과의 관계: 야요이와 고분문화

일본 본토의 야요이문화는 유물로 보면 기본적으로 야요이토기를 표지로 하며, 한반도계 마제석기·청동기·철제품 등이 보급되는 시기이다. 그러나 무엇보다도 야요이문화는 생업측면에서 벼농사로 특징지워지는바, 전단계 죠몬시대의 채집경제단계와는 다른 집약농경의 시대가 되는 것이다.

이러한 일본 본토의 야요이문화의 토기가 류큐에서 확인된 최초의 예는 1963년에 이에지마[伊江島] 구지하라[具志原]패총에서 확인한 남큐슈의 야마노쿠치식[山ノ口式]토기이다. 그리고 1966년 다카미야가 발굴조사한 시만시[滿市] 마에사도[眞榮里]패총에서 큐슈의 이타츠케(板付)2식의 토기가 수습되었음이 오다후지오[小田富士雄]에 의해 확인되면서 류큐에서의 야요이문화는 분명한 존재처럼 되었다. 그는 이 패총에서 합린마제석부 등의 야요이계 석기가 셋트를 이루어 동반출토되므로 큐슈지방의 농경문화가 보급되었을 가능성이 높다고 주장하였으며, 다카미야도 동 유적의 입지와 자연환경으로 보아 수도경작이 시행되었을 가능성이 있다고 하였다.

가와구치사다노리[河口貞德]도 아마미오오시마의 가사리죠[笠利町] 사우치[サウチ] 유적에서 큐슈지방의 야요이 전기말의 다카하시[高橋] 1·2식

〈그림 3〉 오키나와출토 일본계 원시고대토기 (오키나와현립박물관)

의 토기가 출토될 뿐만 아니라, 유적의 입지등으로 보아 아마미섬에 야요이 농경문화가 정착하였다고 보았다. 1987년 발굴조사를 통해서 혼베죠[本部町] 구지겐[具志堅] 패총에서도 큐슈의 야요이토기가 상당수가 발견되고 동유적 주변에 근년까지 논이 있는 점을 근거로, 패총시대 후기에 야요이식 논이 조성되었을 가능성이 점쳐지기도 하였다.

최근까지 야요이토기가 류큐 열도 중부에서 발견된 예는 40여점이 넘고, 앞서 보듯이 수도경작을 비롯한 야요이 문화의 정착을 주장하는 학자들이 적지 않지만, 그러나 아직 논농사와 관련된 직접적인 증거는 아직 발견되지 않고 있다. 지금까지 발견된 가장 오랜 벼농사의 직접 증거는 아마미오오시마 스미요손[住用村]에서 출토한 볍씨자국이 있는 스에키 토기편으로 10세기 이후 쿠스쿠시대에 속하는 것이다.

이처럼 패총시대 후기의 류큐문화가 한편으로 야요이 문화의 요소가 영향을 받았음에도 불구하고, 그 생업방식은 전통적인 수렵채집경제가 우세한 점과 관련하여 학자들간에 서로 상반되는 관점이 있다.

우선 일본 규슈의 야요이문화요소의 유입을 중시여기고, 수전농경의 가

능성이 높으므로, 이 단계의 류큐문화를 속야요이문화[續彌生文化]로 규정
짓자는 견해이다. 또다른 관점은 비록 야요이문화 속성이 유입되었다고
하더라도 벼농사가 함께 보급되었을 가능성이 없다는 증거가 더 많다는
입장에서 동 단계의 문화를 속죠몬문화[續繩文文化]라고 보는 견해이다. 유
적의 입지를 보면 논으로 부적합한 석회암지대인 경우가 많으며, 토기 기
종의 구성을 보더라도 농경사회 특유의 호형토기가 적다는 것이 지적되고
있다. 또한 패총이 많고 출토유물중 어망추 등의 어로도구가 다량 출토되
는 점으로 보아, 죠몬문화의 특성인 수렵채집경제의 성격이 강하다는 점
을 주목하는 것이다. 사하라 마코토[佐原眞]도 이 입장에서 류큐의 패총후
기문화를 남도 속죠몬문화[南島 續繩文文化]로 규정한 바 있다.

관점이 어떻든간에 류큐에 야요이계문화의 유입은 어떻게 이루어진 것
일까 하는 의문에 대한 적절한 해답이 요구되는데, 이에 대해서는 류큐산
조개로 만든 팔찌장식의 교류관계를 연구한 기노시타 마사히코[木下尙子]
의 주장이 주목된다. 그에 따르면 류큐산 조개팔찌가 일본 큐슈지역의 야
요이시대 유적에서 다량 발견되는데, 대체로 사츠마[薩摩]반도부터 류큐
중부사이에서 중계지가 있다고 한다. 조개자체는 류큐 중부 지역에서 조
달되고 1차가공되지만, 제품화되는 곳은 소비지라는 것이다. 그래서 류큐
의 야요이 토기는 다른 야요이계 유물과 함께 조개팔찌 소재와의 교환품
으로서 유입된 것이라고 주장한다.

그에 의하면 서북큐슈와 기타우라[北浦]의 무덤과 형식·장법·부장품등
에서 공통하는 점이 많은 요미다촌[讀谷村] 모멘바루[木綿原]유적에서 조사
된 석관묘 7기는 기타우라인[北浦人]의 무덤이지, 류큐 주민의 것이 아니라
는 것이다. 그리고 이들이 류큐산 조개를 일본 본토에 수출한 장본인이라
는 것인데, 이러한 맥락이라면 류큐에서의 야요이문화 요소는 큐슈의 야
요이문화 담당자가 남긴 것이 된다.

고분시대 이후에도 류큐산 조개가 일본 본토는 물론 한반도 남부지방

의 고분에서 부장되
는 것이 확인된다〈그
림 4〉. 또한 류큐 북부
의 다네가시마의 히
로다[廣田]유적에서는
야요이 중기부터 후
기에 걸쳐 류큐산 조
개로 만든 패찰(貝札)

<그림 4〉 한반도 출토 오키나와산 고대 조개 말장식 운주
(국립제주박물관, 2005)

과 팔찌가 다량 출토된다. 이와는 상대적으로 일본 본토유물은 류큐 중부
지역 이남에서는 전단계보다도 훨씬 드물게 나오는 바, 따라서 이 지역은
거의 조개 조달처에 머문 셈이다.

결론적으로 말하면 야요이시대도 그렇지만 고분시대에 이르러서도 일
본 본토문화가 류큐에 정착하지 못했다고 보는 견해가 지금까지의 조사결
과로만 보면 상대적으로 우세하다. 그러나 일본 큐슈 산의 하지키[土師器]
가 1992년 아마미오오시마의 마츠노토[マツノト]유적에서 출토한 예가 있
으며, 이케다 에이지[池田榮史]가 지적하듯이 야요이문화 유적에 대한 조사
횟수나 규모에 비해 고분시대 유적의 조사가 제대로 진행되지 않은 사실
도 고려해야 한다.

7세기 이후 일본본토가 율령국가체제로 전환되면서 문헌기록을 살펴보
면 류큐는 야마도 정권에 조공을 받치는 주변국으로 변한 것으로 되어 있
다. 율령국가 체제의 행정구역에 직접 편입되는 것은 다네카고시마, 야쿠
시마를 비롯한 류큐 북부권이다. 이를 방증하는 자료로서 규슈 타자이후
[大宰府] 유적에서 출토한 목간(木簡) 유물이 있는데, 동 목간에 '엄미(俺美)'
명문이 있어 본토와 오키나와와의 교류, 조공관계를 방증한다.

Ⅲ. 중국과의 관계-도자와 화폐

오키나와에서 발견된 가장 오랜 중국화폐는 전국 연나라 명도전이다. 이 명도전은 일본 열도는 물론 우리나라에서는 청천강 이북에서 발견되었지만 제주도를 포함한 그 이남에서는 정확한 출토상황과 함께 정식보고된 바가 없다.

1점은 1924년에 발견된 것으로 나하시 표고 32m의 석회암 작은 구릉 상에 있는 죠가구[城岳]패총에서 발굴된 것으로 석촉 등의 석기와 함께 출토되었다고 한다. 다른 1점은 1992년에 오키나와 본섬의 구지가미손[具志頭村] 구지가미 성[具志頭城]아래 석회암 동굴 내에서 출토한 것으로, 미국인이 금속탐지기로 태평양전 당시의 폐금속을 수집하다가 발견한 것이다. 발견당시에는 유물포함층이 확인되지 않았으나, 원래는 문화층이 있었을 가능성을 전혀 배제하지 못한다고 한다. 그밖에 요나시로[与那城] 야게나[屋慶名] 패총에서 명도전 1점이 발견되었다고 보도된 예가 있으나, 정식보고되지 않아 확실하지 않은 예가 있다.

명도전은 크게 세형식이 있는데, 오키나와 발견 명도전 2점은 중국 요령성과 서북한 지방에 주로 발견되는 것과 형식상 통한다고 한다. 그러나 전국시대 당시에 오키나와가 명도전이 주로 통용된 중국 화북과 동북지방, 한반도 북부와 거리상으로 보아 표류성 항해에 의한 것이면 몰라도 직접 교류한 증거라고 보기는 어렵다.

출토상황이 확실하게 알려져 있지 않지만 일본 본토에서는 사가현[佐賀縣]의 가라츠시[唐津市]와 히로시마현의 미즈하라시[三原市]에서도 출토한 예가 있다 한다. 또한 죠가구패총에서 명도전과 함께 큐슈계 죠몬만기토기가 출토된다고 하므로 오키나와 명도전은 큐슈지방을 경유하여 가져온 것일 가능성도 배제할 수 없다 하겠다.

전국시대를 지나 진한(秦漢)시대 것이 분명한 화폐로서 오키나와에서 발

견된 예는 드물다. 중
국화폐인 오수전(五銖
錢)도 오키나와 여러
유적에서 발견되었는
데, 그 대부분은 연대
가 확실하지 않거나
보다 늦은 시기에 속
하는 것이다. 이와는
달리 우리나라 제주
도에서는 제주시 건
입동에서 화천(貨泉)

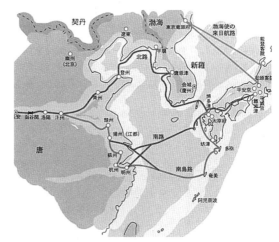

〈그림 5〉 오키나와와 주변지역과의 교류 (오키나와교육위원회, 2000)

·대천오십(大泉伍十)·화포(貨布)·오수전 등 신나라 왕망때 화폐가 수십매
가 일괄 발견되었으므로 서기 1세기경의 것임이 확실하다. 또한 제주도는
삼국지 기록에 중한(中韓)과 교역한다고 전하고 있는 바, 한반도 남부를 중
계로 하여 한군현 지역과 긴밀하게 교역하였으며, 제주도 왕망전(王莽錢)은
그러한 배경에서 한군현으로부터 직접 유입되었을 가능성이 많은 것이다.
다만 그 화폐의 전달자가 중국 상인인지, 제주도민이었는지는 별도로 검토
해야 할 문제이나, 사실이 어떻든 오키나와에서는 한대에 제주도만큼 적극
적으로 중국이나 중국군현지역과 교역하였다고 보기 어렵다.

오키나와에서 중국 화폐가 본격적으로 수입된 것은 8세기를 전후한 당
나라 때이다. 당시 중국화폐는 개원통보(開元通寶)로서 1959년 가데나[嘉手
納] 노구니[野國] 패총에서 5매 출토 확인한 것을 필두로 오키나와 제도에
서 8개소, 아마미 제도에서 2개소, 야에야마 제도에서 3개소 등 총 13개소
유적에서 발견되었다. 출토매수는 1~3매, 5~6매 또는 10매 전후가 보통인
데 야에야마 제도의 이시가와시[石垣市]의 사키에다 아가사키[岐枝赤崎] 패
총에서는 27매가 출토하였다.

일본에서는 중국 당나라에 견당사선(遣唐使船)을 10회정도 파견하였고, 8세기경에는 남로를 개설하여 견당사선이 류큐에 기항하였는바, 앞서의 개원통보는 이 견당사선을 통하여 유입되었을 가능성이 많은 것이다. 견당사 폐지 후에는 이른바 류큐는 사무역 시대로 들어가는데, 9세기 이후 주변 해상로를 경유하는 상선의 대부분이 중국의 배이었으므로, 견당사선 이외에도 중국배가 이 류큐에 기항하였을 가능성은 충분하다고 한다. 따라서 일본 본토와 오키나와간의 중국 상인이 주도하는 사무역을 통해서 이러한 개원통보가 입수되었을 가능성이 많다고 보겠다〈그림 5〉.

다카미야는 다른 민족지 예로 보아 류큐에서는 이 시기에 도내 자체는 물물교환방식으로 상품거래를 하지만, 중국제 수입품을 구입할 때는 이 중국 개원통보를 사용하였을 것이라고 추정하였다. 그러므로 개원통보가 발견되는 7~12세기경의 패총시대 후기는 일종의 화폐경제의 도입기로 볼 수 있다고 주장한 바 있다.

오키나와에서 중국에서 구입하는 교역품 중에서 단연 앞서는 것은 도자기이고, 중세에 오키나와에서 발견되는 무역도자기 중에 90% 이상의 중국 도자기이다. 그러나 개원통보가 발견되는 당시의 중국 도자는 오키나와에서 드물게 발견되는 편이다. 다만 야에야마제도의 이리오모테시마[西表島]의 출토예가 있는데, 이는 9세기를 중심으로 한 당대 후기에 중국 호남성(湖南省) 장사(長沙)의 동관진(銅官鎭) 가마에서 제작된 것으로 오키나와 자체에서 본격적인 수요가 발생하기 전의 것으로 추정된다. 이 도자기는 앞서 본 개원통보와 함께 중국의 상인들을 통해서 입수되었을 가능성이 있는 것으로 보여진다.

우리나라 제주도에서도 8~9세기 당대 청자가 제주시 용담동 유적에서 발견된 바 있다. 당시 전남 완도에는 장보고(張保皐)의 청해진(靑海鎭)이 있어 중국-한국-일본의 교역에 중요한 역할을 하였다. 아울러 용담동에서는 다량의 신라토기가 당대 중국 청자와 함께 발견되기 때문에 제주도 발견

의 당나라도자는 전
남 완도 등의 한반도
남부를 경유해서 들
어 왔을 가능성이 높
다. 그것은 오키나와
에서 중국상인이 직
접 들어온 결과 개원
통보가 발견되는 것
과 맥락을 달리하는
것이다.

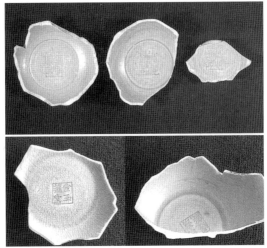

〈그림 6〉 제주도와 아마미오오시마 해저유적 출토 남송도자기
(제주국립박물관, 2007)

　류큐에서 본격적
인 발굴조사를 통하
여 발견되는 송나라 중국도자는 11세기말 12세기초의 백자완으로 온나손
[恩納村] 아츠다[熱田] 패총을 비롯하여 오키나와에서 약 40개소 유적에서
발견되었다. 그리고 12세기후반에서 13세기경에 들어와서 중국의 용천요
(龍泉窯)와 동안계(同安窯) 청자가 오키나와에서 다량 출토되어 이때부터 류
큐에서는 중국도자 교역이 본격적으로 이루어졌음을 확인할 수가 있다.

　이 단계에는 류큐 각 지역에 토착세력인 아지[安司]들이 발호하고 이들
이 중국과 교역을 하는데, 그것은 사무역 수준이었다. 이러한 상황에서 중
국 도자 무역선이 류큐열도에 빈번하게 기항했을 것으로 추정되며, 그 대
표적인 예가 우겐손[字檢村] 구라사키[倉木崎] 해저유적의 예이다. 이 유적
은 아마미 섬의 서쪽 우겐손만[字檢村灣] 입구에 있는데, 남송 때 도자기를
대량 실은 배가 난파된 곳으로 1996년과 1997년에 조사되었다. 이 유적에
서는 송대 도자기와 함께, 1점의 오키나와 아마미섬의 독특한 가네구식[兼
久式] 토기가 함께 발견되었는데, 이 사실에 주목한 다무라 고우이치[田村晃
一]는 동 중국 도자가 아마미 현지인과 교역하였을 가능성도 충분히 있다

고 지적하였다.

이 유적에서 발견된 도자기는 그 대부분이 대접류로서 '하빈유범(河濱遺範)', '금옥만당(金玉滿堂)' 명문이 있는 예가 다수 포함된다. 똑같은 명문의 자기는 오키나와 본섬의 나하시 등 여러 유적에서 발견된 바 있어, 더욱더 당시의 송대자기를 실은 중국 무역선이 류큐 현지에 기항했을 가능성을 높여 준다 하겠다. 동 명문의 남송도자는 제주도에서 한경면 신창리 수중유적에서 다량 발견된 바 있어, 남송도자기는 당시 제주도와 류큐열도 주변의 동중국해를 사이에 두고 빈번하게 교역되었음을 짐작하게 한다〈그림 6〉.

그런데 류큐가 중국 도자 교역에 주도적으로 참여하는 것은 14세기에 들어와서이다. 그것은 중국에 명이 들어서면서 주변의 140여개소의 나라와 부족을 책봉하고, 조공관계를 맺게 되는데, 류큐도 이에 포함되면서 대중국의 조공무역이 활성화되기 때문이다. 중국 측에서는 당시에 책봉관계를 맺은 나라 이외에는 조공무역을 인정하지 않았으며, 중국 내의 일반민에게도 해외무역을 금지하는 이른 바 해금정책을 실시하였다고 한다.

이때는 각지의 아지 혹은 수장세력들이 산발적으로 사무역을 추진했던 전 단계와 달리, 수장세력이 중산·산남·산북의 이른바 삼산세력으로 통합되면서 이들을 중심으로 공무역이 활발하게 전개된다. 기록을 보면 1372년 중산왕(中山王)에 의해 조공무역이 개시되고, 이어서 산남·산북의 왕도 1380년, 1383년에 각각 시작하는 것으로 되어 있다.

조공무역을 통하여 다량의 명대 도자기 류큐에 수입되는데, 이들 도자기는 류큐 자체의 소비만을 위한 것은 아니고, 중계무역의 상품으로서 이용되기도 하였다. 류큐가 다른 지역보다 중계무역지로서 각광을 받은 것은 당연히 그 지리상의 여건에 있는데, 동중국해상에서 도자기 생산 공급지인 중국 남부지방과 수요지인 일본을 징검다리식으로 연결하고 있기 때문이다. 그럼으로 오키나와 본섬의 수백여 곳되는 쿠스구 유적을 비롯하여 전지역에 중국도자가 다량 출토하여, 류큐는 무역도자의 왕국이라는 별칭이 붙을 정도에 이른다. 그러나 이러한 조공무역은 1475년 이후 류큐 사신의 중국내 소요사건을 계기로 그 규모과 축소되고, 1567년 명나라의 대외 해금정책이 해제되면서 그 중계무역지로서의 위상을 상실하게 된다.

Ⅳ. 한국과의 관계 - 도자와 기와

류큐에서 한반도로부터 건너 온 것으로서 확실한 고고학적 증거는 류큐 각지의 크고작은 쿠스쿠 혹은 성(城) 관계 유적에서 다량 발견되는 '계유년고려와장조(癸酉年高麗瓦匠造)' 명문의 기와이다〈그림 7〉. 오키나와에서는 동 기와가 계유년에 해당하는 1273, 1393년 등 어느시기에 제작되었는지 학계의 의견이 분분하다. 1273년설을 취하는 이케다 에이지교수는 한국의 고려 삼별초 해체와 관련하여 설명하고 있는데 반해, 1393년설을 주장한 입장에서는 여말 선초의 교체기에 유민집단의 유입으로 설명하기도 한다.

1270년에 강화도에 있었던 고려 강도정부가 개경으로 환도할 때, 삼별초 군부세력이 남하하여 원에 대항하였는데 그 근거지가 진도 용장성이다. 최근에 동 유적의 발굴조사를 통해서 류큐의 우라소에[浦添] 등 여러 쿠수쿠 유적에서 단판의 연판문을 주문양으로 하고 주연에 원점문대를 양각 표현한 와당과 유사한 형식이 출토된 사실이 확인되었다〈그림 8〉. 이를 근거로 삼별초를 중점 연구한 윤용혁(尹龍爀)은 1271

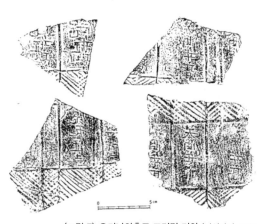

〈그림 7〉 오키나와출토 고려명 기와 (니시다니, 1981)

〈그림 8〉 오키나와 출토 고려계 추정 연판문와당
(국립제주박물관, 2007))

년 진도 용장성이 여몽연합군에 의해 함락될 때 그 일부 세력이 오키나와섬에 이르렀다고 추정하는 것이다. 더 나아가 류큐의 여러 쿠스쿠 성곽이 고려 양식을 수용하게 된 계기가 되었다고 주장하는 연구자도 있다.

전남 남해안에서 오키나와 본섬까지는 직선거리만을 따져도 850km를 넘는다. 또한 동 루트를 항해하기 위해서는 동서로 흐르는 쿠로시오 해류를 횡단하면서 수십 일을 가야한다. 따라서 삼별초세력이 오키나와에 직접 가는 것은 거의 표류성 항해에 의하였을 가능성이 큰 바, 실제로 삼별초 집단의 오키나와 진출을 주장하는 연구자들도 이에 동의하고 있다. 동항로가 근세에 이르기까지 제대로 개발되지 않았음을 고려할 때 더욱 그러한 바, 따라서 당대 첨단기술인 나침판을 이용한다 하더라도 당초부터 오키나와를 목적지를 분명하게 정하고 항해의 길을 나섰다고 보기는 어려운 것이다. 그렇지 않고 오키나와를 목적지로 분명히 정하고 항해에 나섰을 경우 이미 잘 알려진 루트, 즉 북규슈 해역을 거쳐 류큐열도 북부에 위치한 아마미 오오시마를 거쳐 오키나와에 이르는 방법이 있다. 이러한 루트를 이용하려면 일본 규슈는 물론 류큐 북부의 여러 지역 세력의 협조를 얻지 않으면 쉽지 않은 것은 물론이다. 따라서 동 고려 계유명 기와를 1273년에 삼별초와 관련지어 단정적으로 설명하기에는 보다 많은 근거가 제시될 필요가 있다 하겠다.

기와 이외에 류큐에서 발견되는 한국 도자기는 총 30여편이 않되는 것으로 중국 도자기에 비해 매우 적다. 한 유적 당 발견되는 숫자의 비율도 아주 낮아서 예를 들면 1992년 슈리성[首里城] 성곽의 조사에서 총 265점의 도자기중 1점만이 한국계 자기인 것이다.

오키나와에서는 이들 자기를 고려청자라고 전부 보고하고 있지만, 실제로 우리나라에서는 그 대부분이 분청자기로 분류되는 것이다. 모두 인화상감수법으로 장식된 조선시대 분청자기 계열로서 일부 상감청자에 속하는 것이 있지만, 그 연대를 보면 14~15세기에 속한다〈그림 8〉. 이 때에는 앞서 본 것처럼 류큐가 중국 명나라의 책봉국이 되어 조공무역을 활발하게 전개하고, 아시아지역의 중계무역지로서 두각을 나타나던 시대이다. 이러한 상황속에서 한국의 도자기가 류큐에 유입되었다는 것이다.

주목되는 것은 그 기종이 전부 대접편이라는 점이다. 중국이나, 동남아시아 지역에서 수입되는 그릇 중에는 대접말고도 병이나 항아리 등이 많은 것과 대조적이다. 두말할 것도 없이 당대에 한국에서는 대접 이외에 항아리, 병, 접시 등 다양한 기종이 제작되었는데도 류큐에서는 대접만이 선택적으로 수입되었다.

발견되는 유적을 보면 그 대부분이 쿠스쿠유적이거나 그와 유사한 성격의 고지마[古島]유적이다. 이들 유적은 류큐지역 중 당대의 중심적 위치에 있는 곳으로서 당대 지배세력과 관련되었다. 그렇다고 한다면 당시에 류큐에서 일정한 계층 이상에서 많이 사용한 외국의 도자기 중 대접으로는 한국의 고려청자 혹은 조선분청의 대접을 어느 정도 선호하였음을 알 수가 있다.

문제는 이들 도자기를 공급한 담당자가 누구인가 하는 문제인데, 나하 포구에 구전되는 설화중에는 이와 관련하여 한국 상인에 얽힌 내용이 있다. 한국에서 온 상인이 팔려고 하는 도자기를 너무 값을 낮추어서 살려고 하니까, 화가 나서 싣고 온 도자기를 바다에 모두 버리고 갔다는 내용인

〈그림 9〉 슈리성의 정전과 성곽 (이청규 사진)

바, 이를 통하여 보면 한국상인의 류큐 내도의 가능성이 얼마든지 있다 하겠다. 특히 비슷한 시기에 고려와장조 명문의 기와가 류큐 전역에서 출토한 점을 미루어 볼 때 더욱 그러한 것이다. 동 기와의 출토는 어떤 식으로든 조직적으로 한국사람이 류큐에 들어 왔음을 말해주는 것이다.

그러나 전남 신안 앞바다 원나라 해저 침몰선의 경우를 생각해 보면 달리 생각할 수도 있다. 동 도자 무역선은 14세기 원대의 중국 배로서 배에 실었던 그 대부분의 자기는 중국 원나라 제품인데, 그중에 일부는 고려청자도 있었던 것이다. 이 배는 중국을 떠나 한국 서남지역을 경유해서 일본으로 가는 배로 추정되는 바, 류큐의 고려청자 혹은 분청자기도 중국 상인이 타고 다닌 배를 통하여 유입된 것일 가능성도 있다 하겠다.

또 다른 가능성은 류큐 상인이 직접 한반도를 내왕하여 취했을 가능성이다. 기록에 보면 한국에 류큐에서 사신을 보낸 사실이 있는 바, 사신을 통해서 이들을 수입할 가능성도 배제 못하는 것이다. 그러할 경우 그 교역의 경유지는 큐슈일 가능성이 높은데, 또 한편으로 류큐의 상인이 그곳에 건너가 그곳에 유입된 한국 고려청자를 구입해서 오는 것으로 추정해 볼 수 있겠다.

요약

일본과의 관계를 살필 때 야요이시대의 벼농사문화와 고분시대의 스에키·고분문화는 류큐에 제대로 정착하지 못한 것으로 되어 있다. 류큐산의 조개제품의 교역에서 알 수 있듯이 그 교역의 주체는 지금까지 알려진 바로는 큐슈나 류큐열도 북부권을 거점으로 삼은 것으로 이해된다. 중국과의 교류는 화폐와 도자를 중심으로 살필 수 있는 바, 본격적으로 류큐에 중국화폐와 도자기가 유입되는 것도 대체로 당나라 때인 8~9세기부터이다. 그러나 중국과의 도자교역은 다음 쿠스쿠시기 시작 무렵인 12~13세기로서 각지역의 수장세력들에 의해 본격적으로 이루어진다.

동중국해상에서 중계무역지로 두각을 나타내는 것은 14세기대에 들어와서인데, 중국의 조공관계를 맺으면서 중산·산남·산북의 삼산세력을 중심으로 진공무역의 형식을 취하면서이다. 이들이 삼산세력은 중산을 중심으로 통합되어 통일왕조를 이루고, 명실공히 고대국가로 발전한다.

따라서 류큐는 제주도와 달리 고대국가 단계까지 이르렀는바, 그것은 중국, 일본과 상대적으로 훨씬 먼 거리에 떨어져 있으면서 더 너른 면적의 섬이 다수가 있는 지리적 여건이 작용한 것으로 보인다. 상대적으로 중국과 일본 등 선진 대국과 더욱 활발한 해상 무역활동을 통해서 권력자들의 입지를 굳건히 한 것으로 보이며, 이러한 점에서 울릉도는 물론 제주도와 차이가 난다.

한편 한국의 문물로서 류큐에 유입된 대표적인 것으로 고려기와를 들 수 있는데, 이에 대해서는 학자에 따라서는 고려 후기 1273년 제주도에서의 삼별초 붕괴직후이거나 혹은 고려말 조선초인 1393년경에 유이민이 들어 온 것이 계기가 된 것으로 이해하고 있다. 류큐에서 발견되는 한국도자는 조선초의 것으로 추정되는 청자 혹은 분청 대접이 대부분으로 한국상인이 실고 왔을 가능성이 가장 높으나, 중국상인 혹은 류큐인이 운반해 올 가능성도 전혀 배제 못한다.

고려계가 분명한 기와와 도자기가 한반도에서 오키나와로 건너간 것에 대하여 해상루트와 전래 과정이 각각 다른 시기에 별개로 이루어진 것도 고려되어야 하겠지만, 동시에 이루어질 가능성도 배제 못하는 바, 이에 대해서는 장래 연구를 기다릴 수 밖에 없겠다.

〈참고문헌〉

[국문]

국립제주박물관, 2005, 『한국-일본 오키나와의 조개제품을 통한 선사시대 문화의 재발견』

국립제주박물관, 2007, 『탐라와 유구왕국』

윤용혁, 2009, 「오키나와 출토의 고려 기와와 삼별초」, 『한국사연구』 147

이청규, 2000, 「고고학을 통해 본 류구와 주변지역과의 교류」, 『비교문화연구』 6-1, 서울대 비교문화연구소

임영진, 2012, 「오키나와 구스쿠의 축조 배경 : 삼별초 세력의 이주」, 『호남학연구』 제52집, 전남대학교 호남학연구원

양수지, 1993, 「조선 류큐관계 연구-조선전기를 중심으로」, 한국정신문화연구원 박사학위논문.

池田榮史, 1998, 「물질문화상으로 본 한국 제주도와 류큐열도의 교류-고려시대를 중심으로」, 『耽羅文化』 19, 제주대학교 탐라문화연구소

_____, 2011, 「沖繩における高麗瓦研究と今後の展望」, 『13세기 동아시아 세계와 진도 삼별초』 2010 국제학술대회 발표요지, 진도군·목포대학교박물관

[일문]

降矢哲男, 2000, 「遺跡出土高麗靑瓷」, 『南島考古』 19, 沖繩考古學會

高宮廣衛, 1978, 「沖繩諸島における新石器時代の編年(試案)」, 『南島考古』 6

龜井明德, 1993, 「南西諸島貿易陶磁器流通經路」, 『上智アジア學』 11

金武正紀, 1998, 「沖繩出土の貿易陶磁器」, 『考古學ジャナル』 427

那覇市立壺屋燒物博物館, 1998, 『陶磁器に見る大交易時代の沖繩とアジア』

當眞嗣一, 1975, 「沖繩諸島の考古學研究(年表)」, 『琉大史學』 7, 琉球大學史學會

木下尚子, 1996, 『南島貝文化の研究-貝の道の考古學』, 法政大學出版局

白木原和美, 1992,「琉球弧の考古學−奄美と沖縄諸島を中心に」,『琉球弧の世界』, 小學館

西谷正, 1981,「高麗・朝鮮 兩王朝と琉球の交流−その考古學的研究序説」, 『九州文化研究所紀要』26

安里進, 1990,『考古學からみた琉球史(上)−古琉球世界形成』, ひるぎ社

知念勇, 1991,「繩文時代から平安時代の沖縄諸島」,『新版 古代の日本 3 −九州・沖縄』, 角川書店

沖縄縣立博物館 , 1985,『特別展 グスク』

沖縄県教育委員会, 2000,『概説 沖縄の歴史と文化』

맺음말

해상공간에서 선사시대부터 중세에 이르기까지 인류의 활동을 설명하는데 고고학적 접근이 상당부분 필요한 것은 앞서 지적한 바와 같다. 우리나라처럼 3면이 바다로 둘러싸인 한반도의 경우 해상에서의 생계활동과 통교가 중요하므로 더욱 그러하다. 그럼에도 불구하고 정작 고고학 연구자들의 관심이 그렇게 많지 않은 것은 그들의 연구대상이 육상에 치중해 있기 때문이다.

이러한 한반도 주변 바다에서의 활동에 대하여 고고학적으로 가능한 설명을 이 책에서 제시하고자 하였는 바, 그 상당부분은 국내의 여러 분야 연구자들 뿐만 아니라, 국외의 많은 연구자들의 성과물을 정리한 것이다. 특히 8장의 국내 난파선의 조사 성과와 관련된 내용은 국립해양문화재연구소와 소속 연구원의 연구성과에 전적으로 의존하였다.

국외의 해상활동과 관련된 내용은 이 분야에 문외한인 필자로서 더욱 그러한데, 그 대표적인 사례가 1장의 전세계의 해상활동에 대한 내용으로, 케임브리지 대학 맥도날드 연구소가 펴낸 연구성과물을 적극 활용하였다. 그밖에도 중국의 난파선 유적 발굴성과나, 일본의 배모양토기에 대한 내용물도 두 나라 연구자의 성과물에 크게 의존하였음을 다시 한번 밝힌다. 이처럼 다른 국내외 연구자의 성과물을 대폭 활용한 이 책에 필자의 독자적인 연구성과가 반영된 내용이 충분하지 않음을 토로할 수 밖에 없다.

또한 필자가 독자적으로 꾸린 것 중에 3개의 장은 기왕에 다른 지면을 통하여 발표한 내용을 상당한 부분을 재활용하고 이 책의 주제와 관련된 내용을 수정 보완한 것인 바, 4장의 청동기시대-초기철기시대의 해상활동, 9, 10장의 탐라국과 우산국, 그리고 류큐왕국의 발전에 대한 고고학적 설명이 그러하다. 특히 류큐왕국에 대한 상당부분은 2000년 초에 3년간 류큐대학팀과의 공동 학술조사 성과물로서, 최근의 성과를 반영하지 못한 큰 문제점이 있음을 고백하지 않을 수 없다.

그러한 빈약함은 전적으로 필자 개인 능력의 부족과 게으름 탓이지만, 한편으로 개인 연구자의 처지로서는 한계가 많음을 반영한 것이기도 하다. 아울러 근대 이전의 인류 해상활동이라는 광범위하면서 막연한 주제에 대해서 접근을 함에 여러 분야의 연구기관과 학계가 나서지 않으면 힘든 사실을 말해주는 것이기도 하다. 이러한 맥락에서 앞서 서술한 각 10장의 별로 장래 추진되길 바라는 대표적인 과제를 나름대로 제시하고자 한다.

우선 1장에 소개한 전 지구상의 해상활동에 대한 조사 연구성과에 대한 우리 학계의 관심이 크게 부족하므로, 이에 대한 방책이 필요하겠다. 지금까지는 기껏해야 동아시아 중심으로 연구자와 기관의 교류와 학술발표가 있었을 뿐인 바, 아시아의 다른 지역은 물론 유럽과 아메리카 등과 보다 적극적인 학술교류가 필요한 것이다.

2장의 한반도 주변 해역의 환경에 대해서는 무엇보다도 해양지질학자와의 긴밀한 협조가 필요하다. 또한 전통적인 어로와 항해기술에 대해서는 국내의 연안도서 현지에 이를 생업으로 한 주민들을 라포(rapport)로 하여 조사하는 작업이 시급한 것이다. 국립해양문화재연구소와 목포대 도서문화연구원 등과 같은 연구기관에서 이와 관련된 조사가 추진되고 있지만, 보다 적극적이고도 규모를 확대한 노력이 요망된다.

3장의 신석기시대 해상활동과 관련해서는 토기 등의 인공유물에 대한 연구에 비해 상대적으로 학계의 관심이 부족하였음을 지적하지 않을 수 없다. 동아시아는 물론 태평양 연안의 신석기시대 해상활동과의 비교 연구는 더욱 그러한 바, 관련학회와 연구자들의 보다 적극적이고 장기적인 노력이 필요하다고 하겠다.

이와 비슷한 상황은 4장의 청동기시대, 초기철기시대의 해상활동 부문에서도 확인된다. 내륙에서의 유적과 유물의 발굴사례가 워낙 많아 그럴

수 밖에 없지만, 해상교류와 이주의 관점에서 접근하는 노력이 절대 부족하다.

5장의 경우 한반도에 초기국가가 형성될 무렵에 한반도 주변의 해상항로가 본격적으로 개척되는 바, 이를 입증하여 주는 해안도서지역의 유구와 유물이 주목될 수 밖에 없다. 이와 관련해서 일부 발굴조사의 성과가 있지만, 그 숫자도 적을 뿐만 아니라, 이를 통한 체계적이고도 총체적으로 시도된 설명이 빈약한 편이다. 무엇보다도 연안과 도서지역에서 장기적으로 수행되는 고고학적 기초조사가 필요한 바 이는 앞서 3, 4장의 신석기-초기철기시대에도 해당된다.

6장의 고대국가 단계의 해상활동에 대해서는 더욱 그러하다. 무엇보다도 해안도서지역의 포구와 제사 유적에 대한 고고학적 발굴조사에 적극적으로 나서야 할 것이다. 또한 당대 국가의 발전 기반에 국제적인 해상교류가 뒷받침하고 있음을 인식하여, 관련 국가의 연구자들 간에 보다 활발한 공동연구가 필요한 바, 그것은 역사학, 해양학, 지리학 등 각 분야의 전문가의 도움을 받지 않으면 안 된다.

7장에서 다룬 고대의 배모양토기를 대상으로 당대 선박을 복원하는 작업과 관련해서는 동아시아는 물론 고대 이집트와 메소포타미아, 지중해 등 세계 각지에 비슷한 사례가 많음에 주목해야 한다. 그렇게 하여 이들 배모양의 토제, 청동제, 목제 유물을 종합 정리 비교하는 작업이 필요하다. 그러한 작업을 통해서 비로소 한국 고대 배모양토기가 갖는 정보를 제대로 해석할 수 있는 것이다.

8장에서 보듯이 해상활동에서의 고고학이 결정적으로 기여할 수 있는 주제는 난파선 유적의 발굴조사이다. 우리나라는 국립해양문화재연구소가 있어 이를 전담하여 다루고 있는 바, 한반도 해역에 대한 수중발굴 작업에서 큰 성과를 내고 있다. 그러나 수중발굴조사의 기술은 물론 조사를 통해서 얻어진 성과에 대해서 유럽을 포함한 국외 학계와 기관과 보다 적극적으로 교류해야 한다. 그래야만 전지구적인 관점에서 우리나라의 선박제작과 항해기술의 역사를 제대로 이해할 수 있다고 생각된다.

9장의 울릉도와 제주도, 10장의 류큐열도에 대한 고고학적 접근은 한반도주변의 해상활동을 설명함에 바다로 둘러싸인 도서지역 사회에 대한 이해가 중요함을 강조하기 위해서 시도되었다. 최근에 우리나라에서 도서지역의 육상발굴이 많이 진전되고 있지만, 그 성과를 해양역사나 해상활동과 관련하여 설명하는 작업은 거의 이루어지지 못하고 있다. 여기서 다룬 우리나라의 최대의 섬 제주도조차 지난 30년간 많은 발굴조사가 이루어졌지만, 이를 구체적이고도 체계적으로 대외적인 교류과정 혹은 해상활동과 설명하는 노력은 많지 않은 것이다. 울릉도는 물론 다른 도서지역에 대해서는 전 시기에 걸친 고고학적 자료의 확보가 더 시급하다. 그러면서 해상을 통한 교류의 관점을 체계적으로 설명하고 정리하는 작업도 중요함을 주의할 필요가 있다.

우리나라와 근대 이전에 왕래가 있었던 류큐 열도는 물론 보다 한반도에 가까우면서 이 책에서 미처 다루지 못한 쓰시마 등과의 해상교류에 대해서는 무엇보다도 현지의 고고학적 전개과정을 충분히 숙지하는 것이 우선되어야 한다. 그렇지 않으면 교류가 이루어졌을 당시의 고고학적 맥락에 대해서 제대로 설명할 수가 없으며, 더 나아가 당대의 역사문화적 상황과 연결이 용이하지 않게 된다. 아울러 앞서 1,2장과도 관계된 내용이지만 해당 도서의 자연지리와 문화지리상의 위치에 대해서도 충분한 이해가 필요함을 지적하지 않을 수 없다.

이상 기술한 내용을 통해서 시사한 것처럼 이 책의 출간은 한반도 주변의 해상을 공간적 범위로 하는 중세 이전 주민들의 활동을 구명하는데, 그동안 이룩된 대강의 연구성과를 설명하고 나름대로 향후의 과제가 무엇인지 확인되는데 주된 목적이 있다. 그러한 목적에 급급하여 내용의 완성도가 낮을 뿐만 아니라 오류가 많음에도 불구하고 감히 용기를 내어 책을 펴

낸 것이다.

　지금도 관련된 각 분야에서 많은 연구성과가 제시되었지만, 아무쪼록 장래 이 분야에 관심을 갖고 노력하는 다수의 젊은 연구자들이 나서서 보다 충실한 연구성과가 나오길 기대한다. 바야흐로 미래에 세계의 해상강국으로 위상을 추구하는 우리나라에서 해양역사와 고고학 분야에서 충분하게 축적된 조사연구성과를 바탕으로 할 때, 제대로 목적하는 바를 성취할 수 있음을 관련 연구자는 물론 국가기관에서 이해하여 주길 바라면서 글을 끝맺고자 한다.

이청규李淸圭

서울대학교 고고학과를 졸업하고 동대학원 고고미술사학과 고고학전공
석·박사 학위를 취득하였다. 서울대학교박물관, 호암미술관 연구원을 거
쳐, 제주대학교 사학과 교수를 역임하였으며, 현재 영남대학교 문화인류
학과 교수로 재직하고 있다. 한국의 청동기와 철기시대를 주로 연구하였
으며, 중국과 일본과의 교류와 해양도서지역의 고고학에 대해서 관심을
갖고 있다. 저서로는 『제주도 고고학연구』, 『다뉴경과 고조선』, 『요하문명
의 확산과 중국동북지역의 청동기문화』(공저), 역서로는 『고대문명의 이
해』, 논문으로는 「청동기를 통해 본 고조선과 주변사회」, 「요동과 한반도
청동기문화의 변천과 상호교류」, 「한일청동기의 비교」 등이 있다.

해상활동의 고고학적 기원과 전개

인   쇄   2016년 2월 23일 초판 인쇄
발   행   2016년 2월 29일 초판 발행

글 쓴 이   이청규
발 행 인   한정희
발 행 처   경인문화사
등록번호   제10-18호(1973년 11월 8일)
주   소   파주시 회동길 445-1 경인빌딩 B동 4층
대표전화   031-955-9300   팩 스   031-955-9310
홈페이지   http://kyungin.mkstudy.com
이 메 일   kyunginp@chol.com

ISBN   978-89-499-1194-6 93910
값 26,000원